翁世華著

文史哲學集成

楚辭考校

文史哲出版社印行

楚辭考校 / 翁世華著. -- 初版 -- 臺北市：
文史哲, 民 105.06 印刷
頁; 21 公分（文史哲學集成；162）
ISBN 978-957-547-368-6（平裝）

文史哲學集成 162

楚辭考校

著 者：翁 世 華
出 版 者：文 史 哲 出 版 社
http:// www.lapen.com.tw
e-mail：lapen@ms74.hinet.net
登記證字號：行政院新聞局版臺業字五三三七號
發 行 人：彭 正 雄
發 行 所：文 史 哲 出 版 社
印 刷 者：文 史 哲 出 版 社
臺北市羅斯福路一段七十二巷四號
郵政劃撥帳號：一六一八〇一七五
電話886-2-23511028・傳真886-2-23965656

實價新臺幣四六〇元

一九八七年（民七十六）五月初版
二〇一六年（民一〇五）六月（BOD）初刷

ISBN 978-957-547-368-6 00162

楚辭考校目次

壹、「皇考」考——離騷「朕皇考曰伯庸」解詁

一、前　言

屈原者，古帝高陽顓頊之苗裔（註一），祝融芊姓之末胄（註二），戰國楚雄之一代忠臣也。其行事，史記本傳載之雖翔，然其生卒年月、家世眷屬等，俱邈而無徵。致使近世經師碩儒，疑古興風。或則狂言曰：「屈原並無其人」（註三）；或則譏此絕代之詩宗爲：「箭垛式的人物」；或則誣衊此耿耿於懷、忠貞不渝之荆楚宗臣爲：「一個理想的忠臣」耳（註四）。其尤甚者，乃進而聲斥楚辭爲詩經之旁支，一派之「天學」，秦始皇之所作也。其餘屈子之詩，則泰半乃秦博士所爲之仙眞人詩（註五）。靈均果而有靈，寧能死而瞑目？然則正史所載，確爲死生無稽。世傳端午之節，龍舟競渡、彩絲楝糉之俗，亦先正則而有之。後人爲追念此一「人民之詩人」，乃遺諸屈原耳（註六）。實則屈子果卒於此五月初五之日乎？迄無定說（註七）。即此離騷：「攝提貞於孟陬兮，惟庚寅吾以降。」之句，亦緣後世學者詁訓之不同，致對屈子生辰之推算，差距匪細（註八）。

至於屈子之眷屬，載籍無傳，惟尙可從屈賦中略闚其鱗爪。然此一鱗半爪之史料，亦復以後世學

者詮釋之歧異，致令謹審之士不肯遽信。如離騷云：「女嬃之嬋媛兮，申申其詈予。」舊說以女嬃爲原姐（註九）；或又以女嬃爲原妹（註一〇）；尤有進者，或竟以女嬃爲屈原之賤妾（註一一）；或又以女嬃爲女巫（註一二）。近世學者又或有以女嬃爲女伴、侍女（註一三），爲一老嫗（註一四）等。總之，衆說紛紜，莫衷一是。然若以女嬃爲女巫、女伴、侍女、老嫗說爲可信，則屈子幾無一知名之女性親屬矣。

離騷又云：「朕皇考曰伯庸」。王逸以下千數百載，識者皆據以爲屈子之父名伯庸。蓋以此爲屈子自述之語，信而無疑。詎近世學者，因劉向九歎：「伊伯庸之末冑兮，諒皇直之屈原」一語，却謂伯庸非原父，乃爲屈原之先祖（註一五）；乃爲楚之始封受命之君熊繹（熊盈）、亦卽祝融（註一六），蓋以「皇考」爲「先祖」、「太祖」故也；或又乃以伯庸爲屈原之「大父」、「王父」、「卽今稱的祖父」，蓋以「這個『皇考』不會是遠祖」（註一七）故也。凡此等等，咸因對「皇考」二字之誤解而起。二字義解之差，致坐大謬如此。筆者雖能薄而材謭，亦不得不辨正是非。爰爲斯考，以就正於大雅君子焉。

二、離騷「朕皇考曰伯庸」解詁

離騷：「朕皇考曰伯庸」，原本玉篇卷十八，頁十九，第一四二—三面（註一八），舟部「艅」

字注野王案引之，「⿰舟关」蓋「⿰舟并」之俗變。今俗又作「朕」。說文云：「⿰舟并，我也。闕。」清人姚文田、嚴可均說文校議云：「⿰舟并、胼從舟，取義于舟，訓我乃假借。疑我字之上尚闕本訓，不但闕從舟聲」。姚、嚴疑「我字之上尚闕本訓」，得之。而段注謂：「妄人補我也二字，未知許說字之例也」。蓋亦指本訓而言。至朱闓章說文釋疑所謂：「段以我也二字爲妄人所補，殊近武斷」，則又未解許、段二家之微義矣。「朕」之訓「我」，雖見尚書、爾雅（註一九），所用究仍不失爲引伸之義也。段注云：「按朕在舟部，其解當曰舟縫也。從舟并聲。何以知爲舟縫也？考工記函人曰：視其朕，欲其直也。戴先生曰：舟之縫理曰朕，故札續之縫亦謂之朕。所以補許書之佚文也。本訓舟縫，引伸爲凡縫之偁。凡言朕兆者，謂其幾其微，如舟之縫，如龜之垪也。目部瞽字下云：目但有朕也。謂目但有縫也。」戴震釋舟之縫理爲朕，甚當。誠足以補許書之佚文。此亦今本說文之所謂「闕」者也。今按許書朕字闕本訓，亦可由原本玉篇「⿰舟关」字注野王引淮南子許君注語得其旁證。野王釋朕爲：「自稱，我也；又曰：朕，身也；朕，予也」之後，復引淮南子詮言訓云：「行无迹，遊無朕。許叔重曰：朕，兆也」。許君注淮南子既用「朕兆」義，其說文解字所收「朕」字，自不應無此義。必其原本有而今本闕無疑。又由野王之未及見說文此義，知此義之闕，爲時必早。而許君注淮南「朕兆」一義，正可補許氏說文一書之佚文也。

大廣益會玉篇云：「朕，直荏切。天子稱」。去本訓而僅取秦始皇「天子自稱曰朕」之義，失之。又注文視原本簡甚。

日本京都帝國大學影舊鈔本文選集注殘卷（下稱唐寫本文選）「朕」作如字。

王逸楚辭章句云：「朕，我也。」蓋用引伸義。洪補云：「蔡邕云：朕，我也。古者上下共之。（華按：唐寫本文選引陸善經曰：朕，我也。古者貴賤共之也。）咎繇與帝舜言稱朕。屈原曰朕皇考。至秦獨以爲尊稱。漢遂因之。唐五臣注文選云：古人質與君同稱朕。又以伯庸爲屈原父名，皆非也。原爲人子，忍斥其父名乎？」洪說頗有可商也。五臣注文選濟曰：「屈原自稱也……父死後稱之曰考」云云，說本王注。叔師曰：「皇，美也，父死稱考。詩曰：既右烈考」。引詩出周頌雝語。云：「既右烈考，亦右王母」。朱熹詩集傳云：「烈考，猶皇考也」。又王逸謂：「父死稱考」，五臣濟曰：「父死後稱之曰考」云者，並本禮記。曲禮下云：「祭王父曰皇祖考，王母曰皇祖妣，夫曰皇辟。生曰父、曰母、曰妻；死曰考、曰妣、曰嬪」。孔疏云：「前是宗廟之祭，加其尊稱，故父母並曰皇也。此謂非祭時所稱也」。爾雅釋親亦云：「父爲考，母爲妣」。郭注引禮記語爲訓。又云：「今世學者從之」。惟於「皇」字無說。今按原本玉篇引「考」字作「考」唐寫本文選亦作「考」，形本古籀。其上加「皇」字，除尊稱而外，尚有懿美之意。說文云：「皇，大也」。皇又通煌，光明也。詩小雅采芑云：「朱芾斯皇，有瑲葱珩」。毛傳云：「皇，猶煌煌也」。是以「皇考」又作「烈考」，蓋取光明之意。詩周頌雝云：「既右烈考，亦右王母」。鄭箋云：「烈，光也。子孫所以得考壽與多福者，乃以見右助於光明之考與文德之母歸美焉」。

「伯庸」之「庸」字，唐寫本文選作「庸」。

王逸曰：「伯庸，字也。屈原言我父伯庸，體有美德，以忠輔楚，世有令名，以及於己」。五臣注文選濟曰：「伯庸，原父名也」。洪補以爲皆非也。緣以原爲人子，不應斥其父之名。洪說亦似是而非也。王夫之楚辭通釋云：「伯庸其字，古者諱名不諱字」。船山先生意亦有未盡。陳垣史諱舉例：「避諱改字例」云：「改字之例顯於秦。……秦楚之際月表端月注索隱曰：『秦諱正，謂之端』。瑯玡台刻石曰：『端平法度』、『端直敦忠』，皆以端代正也」。（註二〇）其說甚碻。郭沫若金文叢考：「諱不始於周人辨」亦主避諱之事始于秦。氏云：「蓋古者不諱嫌名也。……再以古器證之，……令彝之令，與𨟭卣之𨟭均明公臣屬，而均直稱其名。又魯頌閟宮言『保彼東方』、『保有鳧繹』、『眉壽保魯』，均稱其祖名而不諱。……再徵之列國之器。吳者減鐘『攻歔王皮難之子者減』、越姑馮句鑃『姑馮昏同之子』……楚中子化盤『中（楚簡王名）子化用保楚王，用征梠』、許子璋鐘『群孫斨子璋』、邾公釛鐘『陸𩓐之孫邾公釛』。凡此均直稱其祖若父之名，生死俱不諱。……最近出土之𠫑羌鐘乃韓列侯時器，銘言『𠫑辟韓宗敽』，余謂卽列侯名。史記稱列侯名取，取乃敽之壞字。（說詳下專釋）是則戰國初年姬姓國之陪臣，猶直稱其君名而不諱也。統上諸證，余可得一結論，曰：諱不始於周人。由此結論更可得一斷案，卽避諱之事始於秦」（註二一）。郭說雖可一匡洪補之譌誤，再補船山與陳垣二氏之不足。然欲成爲斷案，則尚有可商也。左傳桓公六年：「周人以諱事神。名終將諱之」。杜注云：「君父之名，固非臣子所斥」。孔疏云：「自殷以往未有諱法。諱始於周。周人尊神之故。爲之諱名。以此諱法，敬事明神。故言周人以諱事神。……終將諱之，謂死後乃諱之。……既言以諱事神，則是神名必諱。文王名昌、武王名發。詩雝禘大祖，祭文王之庿也。其經曰：『克昌厥後』。周公制禮，臨人有昌本之菹。七月之詩，周公所作，經曰：『一之日觱發』。烝民詩曰：『四方爰發』。皆不以爲諱。而得言之者，古人諱者，臨時言語有所辟耳。至於制作經典，則直言不諱。曲禮曰：詩書不諱。臨文不諱。是爲詩爲書，不辟諱也。由作詩不諱，故祭得歌之。尙書牧誓云：今子發武成。云周王發武王。稱名告衆，史官錄而不諱。知於法不當諱也。……古者諱名不諱字。禮以王父字爲氏。明其不得諱也。屈原云：『朕皇考曰伯庸』。是不諱之驗也」。據此是諱始於周者，謂口諱也。詩書文筆之諱，蓋始於秦耳。郭氏之論，得失兼半。足見王注稱「皇考」爲父死之稱，伯庸乃原父字之論爲不可移也。

三、「皇考」考

(一)「皇考」爲「遠祖」、「太祖」、「先祖」乎？

伯庸爲屈原父之字，近人聞一多、王泗原二氏並非之。聞氏「離騷解詁」：「朕皇考曰伯庸」條云：「案本書九歎逢紛篇曰：『伊伯庸之末胄兮，諒皇直之屈原』。是劉向謂伯庸爲屈原之遠祖，與王逸以爲原父者迴異。同上離世篇曰：『兆出名曰正則兮，卦發字曰靈均』。云原之名字得於卦兆，則是卜於皇考之庿，皇考之靈因賜以此名此字也。向意不以伯庸爲屈原之父，於此益明。同上愍命篇又曰：『昔皇考之嘉志兮，喜登能而亮賢。……』據此，則原之皇考，又似楚先王之顯赫者。夫原爲楚同姓，楚之先王卽原之遠祖，固宜。此向不以伯庸爲原父之又一證也。……『皇考』之稱，稽之經典，本不專屬父庿。詩周頌雝篇，魯、韓、毛三家皆以爲禘太祖之樂章，而詩曰：『假哉皇考』，此古稱太祖爲皇考之明徵。以彼例此，則離騷之『皇考』當卽楚之太祖。……是離騷之『皇考』又卽楚始受命之君，故其人如九歎愍命篇所述，乃似楚之先王。……至於楚之太祖，究係何王？『伯庸』之稱，是名是字，則史乘缺略，驟難臆斷，容專篇論之」（註二二）。竊以爲聞氏此說有二謬：一爲誤解兼曲解劉向之本旨；二爲坐斷章取意之失也。所謂曲解，乃劉向之作九歎，原有模擬與復述屈子離騷自序世系之旨趣也。如離騷云：「帝高陽之苗裔兮，朕皇考曰伯庸」。而九歎逢紛則擬之云：「伊伯庸之末胄兮，諒皇直之屈原。云余肇祖于高陽兮，惟楚懷之嬋連」。屈子之序祖先也，上則舉遠祖高陽以溯源，下則舉先父伯庸以明直屬。標舉上下兩極限，甚明。而劉向撮取此旨，謂若楚之遠祖高陽（上限），今之聖上（爲原設詞也）懷王（下限），乃屈原之嬋連族親也。聞氏未解此旨，竟曲爲之說云：「劉向謂伯庸爲屈原之遠祖」。寃哉枉也。子政奚自而有此意？夫知劉向者，莫過於王逸。以叔師去子政未遠故也。劉向九歎愍命云：「昔皇考之嘉志兮」，王注云：「言昔我美父伯庸，體有嘉善之德」。同上遠逝又云：「承皇考之妙儀」，王注亦云：「承美先父高妙之法，不敢解也」。劉向辭意，王逸章句，均極彰明恰切，而聞一多乃曲解、誤解之不饜，且復援引詩周頌雝之「假哉皇考」，以爲「古稱太祖爲皇考之明徵」。其注脚又謂王闓運已主此說在先。殊不知此詩之所謂「皇考」，縱係「太祖」（實則非是），而屈子之所謂「皇考」，斷非彼「太祖」可與倫比。此則細審雝篇語可知，不容聞氏强詞奪理也。況雝篇所謂「太祖」，實指周文王；其所謂「皇考」，則武王稱其先父文王之詞也？聞氏非淺學之士，何致粗疏若此！引文截取上句，而略其下句：「綏予孝子」。此非僅斷章取義，直是斷句取義矣。按周頌雝篇語云：「假哉皇考，綏予孝子」。朱熹詩集傳云：「皇考，文王也；孝子，武王自稱也」。是「皇考」與「孝子」對文，自認「孝子」之武王，稱其先父文王爲「皇考」、此屈子：「朕皇考曰伯庸」本意之所自出，豈容聞氏之曲解詭辯哉?!

至於王闓運與聞一多俱以雝篇「假哉皇考」一語爲「古稱太祖爲皇考之明徵。以彼例此，則離騷之『皇考』當卽楚之太祖」。又引漢書韋玄成傳曰：「禮，王者始受命，諸侯始封者爲太祖」，以爲離騷之「皇考」，又卽楚始受命之君云者，則又王聞二氏之誤解也。按詩周頌雝序云：「雝，禘大祖也」。毛傳云：「大祖，謂文王」。孔疏云：「雝者，禘大祖之樂歌也。謂周公成王太平之時，禘祭大祖之庙。詩人以今之太平，由此大祖，故因其祭，述其事，而爲此歌焉」。其詩云：「假哉皇考，綏予孝子」。鄭箋云：「皇考，斥文王也。文王之德，乃安我孝子，謂受命定其基業也」。孔疏亦云：「釋詁云：皇，君也。此大祖宜爲一代始王。故知嘉哉君考，斥文王也。閔予小子皇考與皇祖相對，故知皇考爲武王。此則下有烈考爲武王，故知皇考爲文王」。又如上述，朱子詩集傳亦云：「皇考，文王也；孝子，武王自稱也」。是此所謂「皇考」，確指受命之君、一代始王之「大祖」文王姬昌，與屈原之皇考伯庸不可同日而語，而「皇考」亦斷非楚之始封受命之君、抑楚之太祖，明矣！

㈡詩經稱「皇考」爲「先父」例

考詩經之不以「皇考」爲「遠祖」、「太祖」，而以「皇考」爲「先父」者，其例不止如上述。周頌閔予小子云：「於乎皇考，永世克孝；念玆皇祖，陟降庭止」。鄭箋云：「於乎我君考武王，長世能孝，……念此君祖文王，上以直道。事天下以直道，治民信，無私枉」。據毛詩序：「閔予小子，嗣王朝於庿也」。及毛傳：「嗣王者，謂成王也。除武王之喪，將始卽政，朝於庿也」。又朱子詩集傳：「成王免喪，始朝於先王之庿，而作此詩也。閔，病也。予小子，成王自稱也」等，知成王稱其先父武王爲「皇考」，稱其先祖父文王爲「皇祖」，而自稱爲「予小子」，此不容曲解之事實也。周頌訪落云：「休矣皇考，以保明其身」。鄭箋云：「美矣我君考武王，能以此道尊安其身。謂定天下，居天子之位」。據毛詩序：「訪落，嗣王謀於庿也」，及孔疏：「訪落詩者，嗣王謀於庿之樂歌也。謂成王既朝庿而與群臣謀事，詩人述之而爲此歌焉」。又朱子詩集傳：「成王既朝於庿，因作此詩，以道延訪群臣之意。言我將謀之於始，以循我昭考武王之道」。知成王稱其先父武王爲「皇考」。亦卽鄭玄所謂「君考」、朱熹所謂「昭考」者也。是「皇考」一詞，詩經所見悉指亡父，無例外者也。

㈢詩經稱「皇祖」爲先祖父或及其以上之先人例

「皇祖」、除上述閔予小子：「念玆皇祖」爲先祖父之代詞而外，亦兼指歷代先祖而言。如小雅信南山云：「獻之皇祖，曾孫壽考，受天之祜」鄭箋云：「皇君祜福也。獻瓜菹於先祖者，順孝子之心也。孝子則獲福」。據毛詩序：「信南山，刺幽王也。不能修成王之業，疆理天下，以奉禹功，故君子思古焉」。知幽王時人稱成王爲「皇祖」。是此「皇祖」乃指幽王祖父輩以上之先祖無疑。若據上述信南山「皇祖」與「曾孫」對文觀之。則此「皇祖」又係曾祖父輩以上先祖之代詞，亦卽下文朱熹所謂「群公」者也。大雅瞻卬云：「無忝皇祖，式救爾後」。鄭箋云：「後謂子孫」。「子孫」與「皇祖」對文，則此「皇祖」，又係「先祖」之代詞。又孔疏云：「王當美德固之，無使辱汝君祖之先王，因此美德以救汝後世之子孫，使之保守王位，無喪邦國也」。所謂「君祖之先王」，亦卽祖父輩以上之歷代祖先也。毛詩序云：「瞻卬，凡伯刺幽王大壞也」。毛傳云：「凡伯，天子大夫也。春秋魯隱公七年，冬，天王使凡伯來聘」。凡伯時人稱周室之先祖幽王爲「皇祖」，宜也。魯頌閟宮云：「皇皇后帝，皇祖后稷。……」鄭箋云：「皇皇后帝，謂天也。成王以周公功大，命魯郊祭天亦配之以君祖后稷」。詩又云：「周公皇祖，亦其福女」。鄭箋云：「此皇祖，謂伯禽也」。朱熹詩集傳云：「皇祖，謂群公」。又據毛詩序：「閟宮，頌僖公能復周公之宇也」。則是僖公時人稱其先祖周公爲「皇祖」，亦宜然。

(四)楚之太祖究係何王？

綜上所述，詩經稱「皇考」爲「先父」，稱「皇祖」爲「先祖父」或「先祖」，辭意甚明，不容誤解。而聞氏竟視若無睹，抑必刻意曲解，則斷句取義之嫌難辭，宜其云「楚之太祖，究係何王？『伯庸』之稱，是名是字，……縣難臆斷」也矣。且周人稱文王爲「太祖」，成王稱文王爲「皇祖」，稱其先父武王爲「皇考」，考諸毛詩序，亦未有例外者。必欲稱「太祖」爲「皇祖」，自無不可。然安得謂：「古稱太祖爲皇考」耶？至於楚之太祖究係何王？饒氏宗頤，與路氏百占等特有說焉。饒氏據史記楚世家以爲此太祖，即楚之先祖祝融；又以「融」、「庸」同音通假，則此祝融亦即屈子離騷之所謂「伯庸」。氏進而謂此祝融者，乃楚國創業之君熊繹（又作熊盈）也。蓋以「融」、「庸」、「盈」、「繹」四字同屬喉音喻紐，聲類相同故也。所謂「伯庸」、「祝融」，不過名上加爵位與狀詞；所謂「熊繹」、「熊盈」，不過名上加姓耳云云。（註二三）衞瑜章亦以「皇考」爲「先祖」，而楚之先祖爲熊繹。其「離騷集釋」一文云：「聞從劉說，允合古義。皇考既爲楚之先祖，其熊繹乎？楚世家：『當周成王之時，擧文、成勤勞之後嗣，而封熊繹於楚蠻。封以子男之田，姓芉氏』左昭十二年載右尹子革對楚子云：『昔我先王熊繹，辟在荆山，篳路藍縷，以處草莽，跋涉山林，以事天子』。楚之始封創業之君爲熊繹，是史有明文」。（註二四）

史記楚世家開篇云：「楚之先祖，出自帝顓頊高陽。高陽者，黃帝之孫，昌意之子也」。此可爲屈子離騷首句：「帝高陽之苗裔兮」之注脚。亦可一匡聞氏、饒氏與衞氏等有關楚先祖（太祖）異說之譌謬。惟祝融者何？一說即此帝高陽（註二五）；一說爲芉等八姓之祖（註二六）；一說爲司火正之官——火神也（註二七）；一說爲南方神、南海神（註二八）；一說爲古皇（卽三皇）之一（註二九）等等，莫衷一是。雖然如此，迄未有以祝融爲伯庸、爲熊繹（熊盈）、猶饒衞二氏之怪異者。至於熊繹，雖爲楚人始封創業之君，然在楚人心目之中，其地位遠不及鬻熊之尊高。例如楚世家載楚武王三十七年：「楚熊通怒曰：吾先鬻熊，文王之師也，早終。成王擧我先公，乃以子男田，令居楚」。楚世家又載楚成王三十九年：「滅夔。夔不祀祝融、鬻熊故也」。是楚人所敬重之先祖爲鬻熊、爲祝融，而非熊繹。則族外人又焉得妄指熊繹爲楚之先祖也？

㈤金文稱「皇考」、「皇祖」例

王泗原曰：「皇考不是父。……先秦，父不稱皇考。……『考』上加『皇』則決不用來稱父。同樣，『祖』上加『皇』也決不用來稱祖父。……離騷里的皇考卽大父，卽王父，卽今稱的祖父」。（註三〇）王氏以爲「皇考」一名，雖見於禮記，「但都沒有做證據的價値」（註三一）。「所以不能據禮記來解離騷里的皇考」。王氏既不信禮記，玆可略而不提。王氏擧詩周頌、閔予小子、訪落諸篇之所謂「皇考」，與小雅信南山、大雅瞻卬、魯頌閟宮等篇之所謂「皇祖」，「是互文同意，卽大祖、卽先祖、卽先王。……皇考自是先祖。皇考、皇祖、皇王用在一篇而且是互文同義。這是考證皇考意義的最寶貴的材料。金文里的皇考及皇祖也大都是這樣的」。王氏誤解詩經各篇所謂「皇考」爲大祖、爲先祖、爲皇祖，謬同聞氏，已如上述，玆不贅及。至謂：「金文里的皇考及皇祖也大都是這樣的」，則又大謬不然矣！實則周人稱「皇祖」爲祖父或祖父以上之先祖，稱「皇考」爲父，「皇母」爲母，概不混淆。且「皇考」絕非「皇祖」，父祖有分，倫常不亂，此於周人之彝銘，亦歷歷可徵者。如

郘公孜人鐘云：「隹〔郘正〕二月〔初吉乙丑〕，上郘公孜人〔乍其龢鐘、用〕追〔孝于氒〕皇且（祖）可公，〔于農〕皇考農公。〔用易（錫）眉〕壽，〔萬年〕無疆。子子孫孫〔永寶用亯〕。」

郭鼎堂曰：「此稱『皇考農公』，而不平侯錳稱『皇祖農公』，又稱『皇考屖𨑂公』，知平侯之考亦曾爲郘公者，即此孜人也」（註三二）。又如：

郘公平侯錳云：「隹郘八月初吉癸未，郘公平侯自乍（作）隮錳，用追孝于氒皇且（祖）農公，于氒皇考屖𨑂公。用賜（錫）眉壽，萬年無疆，子子孫孫，永寶用亯」。

郭氏曰：「平侯乃孜人之子，觀孜人于農公稱考，而此稱祖，可知。又此『皇考屖𨑂公』即孜人」。

據此，可知彼等之輩分與關係如下：

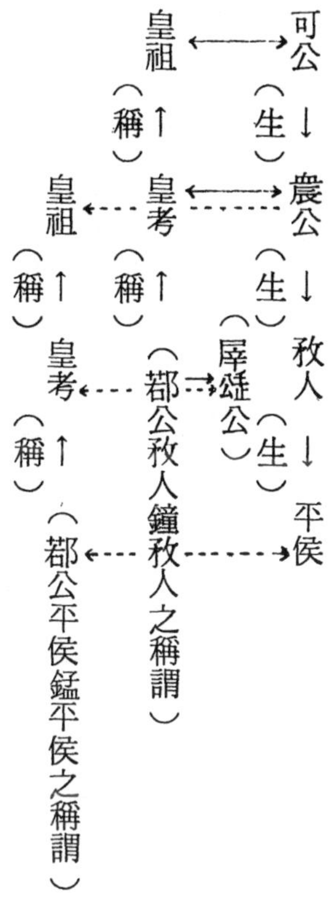

就上表觀之，則此春秋時秦、楚界上之小國上鄀，其君平侯與敄人之世襲，可歷歷而譜矣（註三三）。而平侯、敄人稱其父爲皇考，稱其祖爲皇祖，皆條而不紊，倫而不亂。又如膳夫克鼎（又名大克鼎）云：

「克曰：穆穆朕文且（祖）師華父，悤𧥄（冲讓）氒心，寍靜于猷，盄悊（淑哲）氒德，肄克龏保氒辟龏王。……永念于氒孫辟天子」。

郭氏曰：「『肄克龏保氒辟龏王』句謂故能敬輔其君恭王。知克之祖師華父乃恭王時人」（註三四）。楊樹達亦曰：「按氒指師華父，作器者之克稱師華父爲朕文祖，知克爲師華父之孫，故稱氒孫。辟，君也，氒孫辟，謂克之君也。……永念于氒孫辟天子，謂永念於其孫所事之天子也」（註三五）。由此可見作器者之克，與師華父之關係爲祖孫，故克於銘文中自稱「孫」，而稱師華父爲「祖」。至於此銘作「文祖」亦猶「皇祖」然，皆懿美之詞，無他義也。如小克鼎云：「克乍朕皇且（祖）鼄季寶宗彝」。郭氏曰：「鼄季當卽師華父之字」（註三六）。則此稱「皇祖」，彼稱「文祖」，均可。（並詳見下文）。再者，「皇考」與「文考」亦可互稱。如師遽毁云：「王乎（呼）師朕易（錫）師遽貝十朋。遽拜䭫首，敢對揚天子不伓休，用乍文考旄弔（叔）𨻻毁」。又師遽彝云：「王乎（呼）宰物（利）易師遽□圭一，環章三。師遽拜䭫首，敢對揚天子不顯休，用乍文且（祖）也公寶𨻻彝」。二銘所稱「文考」亦卽「皇考」，「文祖」亦卽「皇祖」。（並詳見下文）。然同爲師遽所作之器，前者奉獻於其考旄弔（叔），後者奉獻於其祖也公，一一銘別，絕不糅混。以父與祖之輩分有別故也。

至於王泗原所舉各器，稱「皇考」者，有之；稱「皇文考」者，有之；稱「皇祖」者，有之；稱「皇祖文考」者，有之；稱「皇祖皇妣、皇母皇考」者，亦有之。凡此，均周人銘勳製器時稱謂之常例。惟「皇考」自「皇考」（亦稱「文考」、「剌考」、「穆考」、「皇文考」等，詳見下文），「皇祖」自「皇祖」（亦稱「文祖」、「剌（烈）祖」等，詳見下文），絕不淆亂。且「皇考」爲父，「皇祖」爲祖，或祖父以上之先人（一如王氏所謂：「皇祖是統稱先祖」），亦倫次井然，絕無「皇考即先祖」（王氏語）之事。甚至一器之中，同時指稱「皇祖皇妣、皇考皇母」者，亦無例外。如𬰆鎛（或作𩏂𬰆鎛、齊鎛）云：

「隹王五月初吉丁亥，齊辟𩏂弔（鞫叔）之孫，適仲之子（𬰆）乍子仲姜寶鎛。用𣄨矦氏永命萬年。𬰆保其身。用亯孝于皇祖聖弔、皇祉（妣）聖姜，于皇祖又成惠弔，皇祉又成惠姜，皇丂（考）適仲、皇母。……𩏂弔又成褮（榮）于齊邦」。

此器銘文兼涉作器者𬰆之四代（包括其本人）人物之名、字、號及其稱詞（註三八）。最爲明晳，而王氏竟昧於事實，斷章取義，曲爲之解，不亦妄乎？殊不知此𩏂叔又成之孫——𬰆，稱其祖父爲：「皇祖又成惠弔（叔）」，稱其祖母爲：「皇祉（妣）又成惠姜」。而此適仲之子——𬰆，稱其父爲：「皇丂（考）適仲」，稱其母——子仲姜爲：「皇母」（註三九）。均甚明審，豈有王氏所謂：「皇考皇母稱祖妣」之事？至於銘文所謂：「皇祖聖弔（叔）、皇祉（妣）聖姜」者，則𬰆之曾祖父母也（註四〇）。由此可見周人於祖、曾祖及其以上之祖先，皆稱「皇祖」、「皇妣」。郭氏曰：「古人凡祖以上均稱祖」（註四一）。得之。惟「考」則指父，絕不與「祖」糅混不分者也。雖然，此「考」或「祖」之上，每有加上懿美之詞如：皇、文、剌（烈）、穆等字者。其例甚夥。如：

1.「皇考」又稱「文考」

1. 稽卣：「稽拜䭫首，對揚師雒父休，用乍文考日公寶障彝」。
2. 彔戜卣：「彔拜䭫首，對揚白（伯）休，用乍文考乙公寶障彝」。
3. 彔毁：「彔乍氒文考乙公寶障毁。子子孫孫其永寶」。
4. 彔伯戜毁：「彔白戜敢拜手䭫首，對揚天子丕顯休，用乍朕皇考釐王寶障毁」。

郭沫若曰：「彔戜之考為乙公，此復稱釐王，蓋乙公乃庙號，釐王乃生稱。舊說多以甲、乙為生名，譙周則以為庙主，云：『夏殷之禮，生稱王，死稱庙主』。（殷本紀索隱引）今以卜辭攷之，凡祭祖如父母均稱甲、乙，而諸婦祔祭則稱姓字。（詳銘刻彙攷續編，骨臼刻辭之一考察）蓋婦無專庙，故無庙號也。今改從譙周。彔伯父稱釐王，與上𠦪伯毁𠦪伯父稱幾王同。王國維云：『古者諸侯在其國自有稱王之俗，不得盡以譖竊目之』。（觀堂別集補遺：「古諸侯稱王說」。）其說至塙」（註四二）。由此足見凡稱「文考」與「皇考」乃兩可者也。

5. 郐王義楚鍴：「隹正月吉日丁酉，郐王義楚羼（擇）余吉金，自酢（作）祭鍴。用亯于皇天，及我文考，永保怠（予）身，子孫永寶」。

此銘稱「我文考」，亦猶「朕皇考」，與今人稱：「我父親」、「我先父」同。如：

6.虢叔旅鐘：「虢叔旅曰：『丕顯皇考叀弔穆，秉元明德御于氒辟，𧰼屯（渾沌）亡敃（愍）。

旅敢戠帥井（型）皇考威義（儀）□𨖍（御）于天子，𨔵天子多易旅休。旅對天子魯休揚，

用乍朕皇考叀弔大𣞤龢鐘。皇考嚴才（在）上」。

此銘稱「皇考」者凡四：或則聯名，或則不聯，或則稱「朕」，或則不稱，用法視實際之需要，得有不同。然則叀弔（叔）爲虢叔旅之父（考）者，一也。

2.「皇考」又稱「皇文考」

7.牧𣪕：「牧拜䭫首，敢對揚王丕顯休，用乍朕皇文考益白（伯）寶障𣪕。

然絕非如王泗原所說：「說『朕皇文考』如同說『不顯朕皇且』（周盄和鐘）。『文』與『不顯』是稱美的辭」（註四三）。此「考」爲牧之父益伯，彼且（祖）乃周盄和之父以外、祖父以上之祖先，不得混同也。雖然，「文」與「不顯」並爲稱美之辭。不但如此，「剌」、「烈」與「穆」等字，亦皆爲稱美之辭。是以「皇考」又得稱「烈　考」與「穆考」等。

3.「皇考」又稱「剌（烈）考」、「穆考」

8.大𣪕：「大拜䭫首，敢對揚天子不顯休，用乍朕皇考剌白障𣪕」。

9.大鼎：「大拜頶首，對揚天子不顯休，用乍朕刺考己白（伯）盂鼎」。

郭氏曰：「刺考己白，即段之皇考刺白。刺乃生稱，己乃庙號」。（註四四）郭說甚碻。是「皇考」得稱「刺考」。又如：

10.師虎段：「虎敢拜頶首，對揚天子不杯魯休，用乍朕刺（烈）考日庚隮段」。

11.揚段：「揚拜手頶首，敢對揚天子不顯休，令（余）用作朕刺（烈）考憲白寶段」。

12.單伯鐘：「單白昊生曰：『不顯皇且刺考，逨（來）匹（辟）先王，勞勤大令（命）。』」

13.晉公盦：「隹王正月初吉丁亥，晉公曰：『我皇且鄸（唐）公〔雁〕受大命，左右武王。……

我刺考□□。」

14.伯克壺：「白大師易白克仆世夫。白克敢對揚天右王白友，用乍朕穆考後仲隮壴（壺）。」

以上所舉各式之考，有聯名者，如8、9、10、11、14.等例均是。有不聯名者，如12、13.等例均是。

4.「皇祖」又稱「文祖」、「刺（烈）祖」

至於「皇祖」，用法亦如「皇考」，且其稱美之詞亦同，可作「文祖」、「刺（烈）祖」等式。其例如下：

15.師晨鼎：「晨𩒨（拜）頶首，敢對揚天子不顯休令，用乍朕文且（祖）辛公隮鼎」。

16.大克鼎：「克曰：『穆穆朕文且師華父……克拜頶首，敢對揚天子不顯魯休，用乍朕文且師華父寶䵼彝」。

17.小克鼎：「克乍朕皇且釐季寶宗彝」。

18.彔𣪘：「白雒父來自㝬，蔑彔休，易赤金。對揚白休，用乍文且辛公寶䵼𣪘」。

19.師匒𣪘：「匒䭫首，敢對揚天子休，用乍朕刺且（烈祖）乙白咸益姬寶𣪘」。

20.召伯虎𣪘其二：「對揚朕宗君其休，用乍朕刺（烈）且𠟭公嘗𣪘」。

以上各式之祖，均係聯名。或屬生稱，如16、17、20.等例是；或指庙號，如15、18、19.等例是。蓋屬專稱，特啚孝于某祖者也。

5.「祖考」連稱——泛指歷代祖先例

另有「祖考」連稱，泛指歷代祖先或先人者。其例亦不尠。如下：

21.彔伯㦰𣪘：「王若曰：『彔白（伯）㦰，䌛乃且（祖）考又（有）𠦪（捪、勞、勳）于周邦，右（佑）閃（闢）三方。叀弘（惠弘）天令（命）。……用乍朕皇考釐王寶䵼𣪘。」

郭氏曰：「此言『乃祖考有𠦪于周邦，佑闢四方，叀弘天命』、則㦰之先人復曾有功于周室；蓋㦰子耶被成王征服後卽臣服于周，有所翼贊也」。（註四五）此「祖考」乃周王泛稱彔伯㦰有功于周室祖先之詞。雖則兼賅銘後所提彔伯㦰之「皇考釐王」而言，然決不得混「祖」爲「考」。蓋此𣪘乃彔氏特爲其考釐王而製；而周王賜彔氏䰙鬯、金車、金厄、馬等物，乃以彔氏之祖先有功于周室之故，不得混爲一談也。又如：

22.㫚鼎：「王若曰：『㫚，令女更乃且考𤔲卜事，易女赤⊗□（市）□（旂），用事』。……㫚用絲（玆）金乍朕文考弃白𩰫中鼎」。

23.㫚壺：「王乎（呼）尹氏册令㫚曰：『更乃且考乍冢𤔲土（司徒）于成周八𠂤（屯）。易女䰜（秬）鬯一卣、玄衮衣、赤市、幽黃、赤舄、攸勒、䜌旂，用事』。㫚拜手䭫首，敢對揚天子不顯魯休令，用乍朕文考釐公障壺」。

以上二例，其「祖考」之用法，亦與21.例者同。所謂「祖考」，乃周王册 命㫚時，對其祖先之稱詞。所謂「文考」，則作器人㫚對受器人弃白、釐公，亦卽㫚之父之稱詞。或疑㫚安得有二父耶？實則此乃同一人之字與號殊之故。郭氏曰：「此（卽㫚壺）與㫚鼎自是一人之器。或說㫚鼎稱『文考弃伯』，此稱『文考釐公』，不得爲一人。案弃伯乃字，釐公乃號，不足異。又鼎言『更乃祖考𤔲卜事』，而此言『更乃祖考作冢𤔲徒于成周八𠂤』。蓋以太卜而兼司徒」。（註四六）郭說是也。㫚氏爲其父弃伯釐公製器，自得稱「考」，與周王册命時泛稱㫚之祖先爲「祖考」不同。又如：

24.師虎𣪕：「王若曰：『虎，𢦏（載）先王既令乃𠭯（祖）考事（仕）、啻（嫡）官𤔲ナ右戲緐荆。今余隹帥井（型）先王令，令女叓（賡）乃取考。啻官𤔲ナ右戲緐荆，苟夙夜勿灋（廢）朕令。……虎……用乍朕剌（烈）考日庚障𣪕」。

25.豆閉𣪕：「王曰：『……用併乃且考事……。』……用乍朕文考釐弔（叔）寶𣪕」。

26.趩𣪘：「王乎（呼）內史册令趩㪅氒且考𦨶」。

27.克鐘：「克敢對揚天子休，用乍朕皇且考白（伯）寶𨐐鐘。」

28.師𣪕𣪘：「白龢父若曰：『師𣪕，乃且考又（有）爵于我家。……』……𣪕……用乍朕文考乙仲將𣪘」。

29.克盨：「克其用朝夕亯于皇且考。皇且考其數數𧷸𧷸，降克多福，𩕳壽永令，㽙（俊）臣天子」。

30.單伯鐘：「單白昊生曰：『不顯皇且剌考，逑匹先王。爵堇（勞勤）大令。余小子肇帥井朕皇且考歆（懿）德』」。

31.番生𣪘：「不顯皇且考，穆穆克誓氒德。……番生不敢弗帥井皇且考不伓元德……」。

32.師訇𣪘：「王若曰：『師訇……乃聖且考克𠂇（左）右先王。……』……訇……用乍朕剌且（烈祖）乙白咸益姬𨼙𣪘」。

33.井人妄鐘：「井人妄曰：『覭盄（淑）文且皇考。克質（哲）氒德。……』……妄不敢弗帥用文且皇考穆穆秉德。」

34.王孫遺者鐘：「王孫遺者𢍰其吉金，自乍龢鐘。……用亯台（以）孝于我皇且文考，用𣂷𩕳壽」。

35.𠑇兒鐘：「隹正九月初吉丁亥，曾孫𠑇兒，余迭斯于之孫，余幾路之元子曰：『於虖……台（以）追孝侁且（先祖），樂我父兄……』……」

由以上各例觀之，「祖考」之用法，亦甚自由。有但作「祖考」者，如24、25、26、28.等例均是；有作「皇祖考」者，如27、29、30、31.等例均是；有作「皇祖剌考」者，如30.例是；（註四七）有作「聖祖考」者，（註四八）如32.例是；有作「文且皇考」者，如33.例是；有作「皇且文考」者，如34.例是；亦有但作「先祖」，以與「父兄」對文者，如35.例是。據此則益見「祖」之不能混「父」而言之。亦卽「皇祖」之斷非「皇考」也。又「祖考」之連稱，可用於第一身，如27.之「𦨶皇且考」（註四九）、30.之「𦨶皇且考」、34.之「我皇且文考」等是；亦可用於第二身，如24.、25.與28.之「乃且考」、32.之「乃聖且考」等是；又可用於第三身，如26.之「氒且考」、29.之「其……皇且考」與「皇且考其」、31.之「皇且考……氒」與33.之「文且皇考……氒」等均是。凡此，均爲泛稱祖先、先人，而不專稱抑別指某祖先之例。

6.「祖考」連稱——特指祖與父例

此外又有「祖考」連稱，而義不聯，其「祖」自「祖」、「考」自「考」者。此類用法，一般專指祖與父，且多聯名、字、或號。例如：

36.鬲從盨：「鬲從乍𦨶皇且丁公，文考叀公盨」。

37.鬲攸從鼎：「從乍𦨶皇且丁公，皇考叀公𨺅鼎」。

38.吳尨父毁：「吳尨父乍皇且考庚孟𨺅毁」。

39.伊毁：「伊用乍𦨶不顯文且皇考徲弔（叔）寶𨺅彝」。

上述36.與37.二銘所載，爾攸從之祖爲丁公，考爲叀公，不容誤解。爲此類用法之正例。亦有省略稱之者，如38.例之「皇且考庚孟」。郭氏曰：「祖與考不聯（華按：此謂義不聯也），庚爲祖，孟爲考」。（註五〇）得之。雖然如此，此類用法，易致誤解。尤有甚者，如39.例之「文且皇考徲叔」，彼徲叔究爲伊之祖耶？考耶？殊不可解也。惟此例甚尠見。然則亦不可據此而謂「皇祖」即是「皇考」也。

7.「祖、妣、考、母」連稱例

金文中亦習見「祖、妣、考、母」連稱之詞例。「祖妣」常指祖及其以上之兩性先人，而「考母」則常指父母而言。此則有別於後世所謂「父死稱考，母死稱妣」之禮俗也。豈周人稱「考母」，原爲便於對父母之生稱乎?!雖然如此，彝銘中所見此類習語，亦皆「祖妣」自「祖妣」，「考母」自「考母」，條而不紊者也。其例如下：

40.陳逆簠：「佳王正月初吉丁亥，少子塦逆曰：『余塦𧻚子之裔孫，……羼氒吉金，台（以）乍氒元配李姜之祥器。……台亯、台耆（孝）于大宗皇禖（祖）皇祀（妣）皇丂（考）皇母，乍（祚）希（匄）永命，須（眉）壽萬年」。

41.耣鎛：「齊辟鞷弔（鞫叔）之孫，適仲之子（耣），乍子仲姜寶鎛。……耣保其身，用亯用孝于皇祖聖弔、皇祀（妣）聖姜，于皇祖又成惠弔、皇祀又成惠姜，皇丂（考）適仲、皇母」。

42.叔夷鐘：「不顯穆公之孫，其配襄公之妣，而鍼公之女，雩生弔（叔）尸（夷），是辟于齊侯之所。……尸用饮（作）鬻（鑄）其寶鐘。用亯于其皇祖皇礼（妣）、皇母皇考，用旂（祈）釁壽，霝命難耇（老）。不顯皇祖，其乍（祚）福元孫」。

43.師趛鼎：「佳九月初吉庚寅，師趛作文考聖公、文母聖姬隮彝」。

44.召伯虎𣪕其一：「𤔲氏吕壺（符）告曰：『吕君氏令（命）』，曰：「令老（考）止公僕𩫏（附庸）土田，多諫（債），弋（必）白氏從許（縱許）。公宕其叁，女𠟭宕其貳，公宕其貳，女𠟭宕其一。……」……。』𥂝白虎曰：『余既𧽊㚐我考我母令（命），令弗敢𤔔（亂）、令或（又）至（致）我考我母令』。琱生𠟭堇（瑾）圭」。（註五一）

由以上各例觀之，「祖妣」亦作「皇祖皇妣」，多用於對祖父、母及曾祖父、母（如41.例）之稱詞；「考母」亦作「皇考皇母」、「文考文母」或「我考我母」，多用於對父、母之稱詞。且多聯稱祖、妣、考、母之名氏或庙號。又以先「祖」後「妣」、先「考」後「母」爲序。其中祇42.叔夷鐘例外。銘文云：「夷用饮鑄其寶鐘，用亯于其皇祖皇妣、皇母皇考，用旂眉壽，霝命難老」。楊樹達曰：「按皇祖皇妣，先祖後妣，皇母皇考，獨先母而後考者，倒其文，取與下壽老爲韵，此猶詩小雅頍弁倒言舅甥爲甥舅，大雅既醉倒言子孫曰孫子矣」。（註五二）楊說甚是。

此類　孝於兩性先人之彝銘，其稱謂之詞亦可省略。例如：

45.寰盤：「寰拜頟首，敢對楊天子不顯叚（嘏）休令（命），用乍𦨶皇考奠白奠姬寶盤」。（註五三）

46.鄦矦𣪘：「隹五年正月丙（丙）午，鄦矦少子析乙（鳦）孝孫丕巨𩐁（蛤）趣（取）吉金妳（而）乍皇妣㠯君中妃祭器八𣪘。永保用亯」。（註五四）

47.蔡姞𣪘：「㣇（蔡）姞乍皇兄尹弔（叔）𨽍𩱦彝。尹弔用妥（綏）多福于皇考德尹叀姬，用𢋍匃壽，綽𥨎（綰）永命」。

上述45.寰盤銘稱寰制器亯孝于其父鄭伯與母鄭姬，省作「𦨶皇考」；47.蔡姞𣪘銘稱蔡姞制其皇兄尹叔之器，用綏多福于其父德尹與母叀姬，（註五五）亦省作「皇考」。至於46.鄦矦𣪘，銘稱子孫（析乙與丕巨）合取吉金而作器，以用亯于彼等祖父、母（㠯君與中妃）之祭器，則省作「皇妣」。如此省略，雖亦金文之所習見，然不足以亂「祖妣」爲「考母」也。

四、結　論

綜上所述，足證先秦兩周之世，父必稱考，生稱、廟號皆然。「考」字之上，可加懿美之詞，如：「皇」、「文」、「剌（烈）」、「穆」等字，而作「皇考」、「文考」、「剌（烈）考」、「皇文考」等。母則稱「母」，亦生稱、廟號兩可。偶或可省略。惟於母則未見稱「妣」者。「母死稱妣」，疑爲秦以後之制也。「母」字之上，亦可加懿美之詞，如：「皇」、「王」、「文」等字，而作「皇母」、「王母」、「文母」等。「皇考」獨用（卽非作「祖考」）時，絕非「是稱除父以外的先人」

（王泗原語）。是「考」絕非「先祖」、抑「太祖」也。

「祖」與「妣」，先秦稱祖或及其以上兩性先人之稱詞也。「祖、妣」之上亦可加懿美之詞，如：「皇」、「文」、「剌（烈）」等字，而作「皇祖」、「皇妣」，「文祖」、「文妣」，「剌（烈）祖」等。惟「祖考」連用時，則常泛稱祖以上之先人，多不兼賅父輩。此恐爲王氏訛謬之所從出也。而王氏之訛不止此。氏對劉向九歎逢紛：「伊伯庸之末胄兮，諒皇直之屈原」句之說解，亦極矛盾之至。王氏曰：「末胄卽小子，皇考卽大父。所以離騷里的皇考卽大父，卽王父，卽今稱的祖父」。（註五六）須知「末胄」既是「小子」，則伯庸（屈原之皇考）安得爲靈均之祖父哉？況劉向確「言屈原承伯庸之後，信有忠直美德，甚於衆人也」。（註五七）聞一多誤以「劉向謂伯庸爲屈原之遠祖」，（註五八）尤不可解。殊不知劉向稱遠祖，別作「皇祖」也。如九歎離世云：「就靈懷之皇祖兮，愬靈懷之鬼神」。王註云：「言己所言忠正而不見信，願就懷王先祖告語其冤，使照己心也」。正合前述先秦稱遠祖之語例。九歎遠逝云：「躬純粹而罔愆兮，承皇考之妙儀」。王註云：「言己行度純粹而無過失，上以承美先父高妙之法，不敢解也」。九歎愍命又云：「昔皇考之嘉志兮，喜登能而亮賢」。王註云：「言昔我美父伯庸，體有嘉美之德，喜升進賢能，信愛仁智以爲行也」。是知子政者，莫過於叔師，而知靈均者，又莫過於子政也。蓋以劉、王二氏去古未遠，其解說自爲切合眞實也。後世學者爲標新立異，而不惜斷章取義，甚或斷句取義，以曲解典籍者，不足取矣。

註釋

註一　見史記楚世家；又屈原離騷云：「帝高陽之苗裔兮，朕皇考曰伯庸」。

註二　參見傅斯年：「新獲卜辭寫本後記」跋一文中之：「楚之先世」。（傅孟眞先生集第四册，中編下，第一九二——二一七頁）。

註三　見廖季平楚辭新解（謝無量楚辭新論引）；又見聞一多：「廖季平論離騷」一文引。（聞一多全集㈠，第三三五——三三八頁）。

註四　見胡適：「讀楚辭」。（胡適文存第二集卷一，第九一——九七頁）。

註五　見同註三。

註六　參見續齊諧記。荆楚歲時記、太平寰宇記一四五引襄陽風俗記；以及聞一多：「端午考」、「端節的歷史教育」、「人民的詩人——屈原」等文。（聞一多全集㈠第二二一——二六一頁）。

註七　參見游國恩楚辭概論：「屈原傳略」所附「屈原年表」及其屈原一書中所作之推算；陸侃如：「屈原評傳」；郭鼎堂：「屈原考」；衞瑜章：「屈原生卒考」。（以上各篇俱見屈原，香港上海書局出版，作家與作品叢書之一）；又參郭鼎堂：「屈原研究」一文。（歷史人物，第一——四五頁）；張汝舟：「談屈原的生卒」；浦江清：「屈原生年月日的推算問題」。

（以上二篇俱見楚辭研究論文集第一集，作家出版社，一九五七年，第二五四——二九〇頁，浦文又見浦江清文錄，人民文學出版社，一九五八年，第二五五——二八八頁）等。

註　八　參見王逸楚辭章句（以下簡稱王注）：「離騷經章句」；洪興祖楚辭補註（以下簡稱洪補）；朱熹楚辭集注（以下簡稱朱注）：「離騷經第一」以及註七所引各文。又見陳湯：「屈子生卒年月表」；劉師培古曆管窺；林庚：「屈原生卒年考」，以及何錡章屈原離騷研究附三：「自『攝提貞於孟陬兮』推算屈原生日」，第八八——九五頁。等。

註　九　王注云：「女嬃，屈原姐也」。洪補云：「說文云：嬃，女字也。音須。賈侍中說：楚人謂姐爲嬃。……水經引袁山松云：屈原有賢姐，聞原放逐亦來歸，喻令自寬，全鄉人冀其見從，因名曰秭歸。縣北有原故宅。宅之東北有女嬃廟。擣衣石猶存」。朱註、王夫之楚辭通釋、林雲銘楚辭燈、戴震屈原賦注、蔣驥山帶閣注楚辭等皆從之。

註一〇　周易鄭注云：「屈原之妹名女嬃」。詩桑扈疏引鄭玄云：「屈原之妹名女嬃」。惟說文「嬃」字段注云：「妹字恐姐字之譌」。

註一一　張雲璈選學膠言引文選集解云：「嬃者，賤妾之稱，比黨人也」。姜亮夫屈原賦校注（第四七——五二頁）從之。曰：「寅按：此說較舊說女嬃爲屈原姐妹爲允」。氏且特作「女嬃爲賤妾說」以考之。

註一二　漢書廣陵厲王胥傳云：「當使女巫李女嬃，使下神祝詛。女嬃泣曰：『孝武帝下我』。左右皆伏」。師古曰：「女嬃者，巫之名也」。周拱辰離騷拾細亦以女嬃爲女巫。曰：「與靈氛之詹卜同一流人，以爲原姐，謬矣」。

註一三　郭鼎堂曰：「女嬃今姑譯爲女伴，疑是屈原之侍女」。（見屈原賦今譯，頁一八九註六）。王泗原亦曰：「我認爲女嬃就是侍女」。（見離騷語文疏解，第一三六——一四〇頁）。

註一四　游國恩：「楚辭女性中心說」云：「這『女嬃』不過是一個假設的老太婆——與他有相當關係的老太婆。說得文雅一點，只是師傅保姆之類罷了」。（見楚辭論文集第一九一——二〇四頁）。

註一五　見聞一多：「離騷解詁」。（聞一多全集(二)第二九一——三一二頁）。

註一六　見饒宗頤楚辭地理考第七——十頁；衞瑜章：「離騷集釋」。（見游國恩等：楚辭集釋第一——四十二頁）。

註一七　見王泗原離騷語文疏解，上海文藝聯合出版社，一九五四年，第一四——二五頁。

註一八　卷、頁數依原本玉篇之舊。阿拉伯號數乃筆者新編，正、續編二册面數連續，爲翻檢之便故也。

註一九　尚書皋陶告禹、禹答皋陶並自稱曰朕。爾雅釋詁上云：「朕，我也；朕，身也；朕，予也」。

註二〇　見燕京學報第四期。

註二一　見金文叢考第一册，人民出版社，一九五二年改編，一九五四年出版，第一一三——一一九頁。

註二二　見古典新義，或聞一多全集(二)第二九一——三一二頁。

註二三　參見饒宗頤楚辭地理考第七——十頁。

註二四　見游國恩等：楚辭集釋第一——四十二頁。

註二五　傅斯年曰：「離騷曰：『帝高陽之苗裔兮』，此高陽之帝，當是祝融。帝而曰陽，陽而曰高，與火正之義正合」。（見傅孟眞先生集(四)第二〇五頁）。

註二六　國語鄭語云：「祝融亦能昭顯天地之光明，以生柔嘉材者也。其後八姓，於周末有侯伯」。韋昭注云：「八姓，祝融之後。八姓：己、董、彭、禿、妘、曹、斟、芉也」。又見傅斯年：「新獲卜辭寫本後記」跋一文。（傅孟眞先生集(四)第一九三——二一七頁）。

註二七　史記楚世家云：「高陽生稱。稱生卷章。卷章生重黎。重黎爲帝嚳高辛居火正。甚有功。能光融天下。帝嚳命曰祝融。共工氏作亂，帝嚳使重黎誅之，而不盡。帝乃以庚寅日誅重黎。而以其弟吳回爲重黎後，復居火正，爲祝融」。國語鄭語云：「夫黎爲高辛氏火正。以淳燿敦大，天明地德，光照四海，故命之曰祝融。其功大矣」。禮記月令云：「孟夏之月……其帝炎帝，其神祝融」。鄭注云：「祝融，顓頊氏之子曰黎，爲火官」。孫希旦集解云：「祝融，在地火行之神。黎爲火正，其官亦曰祝融。祝，續也；融，明也，盛也。祝融者，言火德之繼續而光明也」。左傳昭公二十九年：「火正曰祝融」。淮南子時則訓云：「赤帝祝融之所司者，萬二里」。許愼註云：「祝融，顓頊之孫，老童之子吳回也。一曰黎，爲高辛氏火正，號爲祝融，死爲火神也」。王轂苦熱行云：「祝融南來鞭火龍，火旗焰焰燒天紅」。

註二八　漢書楊雄傳載雄河東賦云：「麗鉤芒與驂蓐收兮，服玄冥及祝融」。師古曰：「鉤芒，東方神；蓐收，西方神；玄冥，北方神；祝融，南方神」。管子五行云：「昔者黃帝得蚩尤而明於天道。……得祝融而辨於南方。……祝融辨乎南方。故使爲司徒」。注云：「謂主徒衆，使務農也」。太公金匱云：「南海之神曰祝融」。

註二九　漢武梁祠堂畫像題字：「祝誦氏無所造作，未有耆欲，刑罰未施」。路史禪通紀云：「祝誦氏一曰祝龢，是爲祝融氏，未有耆欲，無所造作」。註云：「白虎群儒通義以伏羲、神農、祝融爲三皇。宋衷論三皇，亦數祝融而出黃帝。武梁祠堂畫像先伏羲氏、次祝誦氏，次神農氏、乃及黃帝、顓頊，蓋有所本」。

註三〇　說見王氏：離騷語文疏解，第一四——一二五頁。

註三一　括號內所引俱屬王氏語，以下亦然。

註三二　見兩周金文辭大系考釋第一七五頁。

註三三　左傳僖公二十五年：「秋，秦晉伐鄀。楚鬥克屈禦寇以申息之師戍商密」。杜註云：「鄀本在商密。秦楚界上小國。其後遷於南郡鄀縣」。郭鼎堂兩周金文辭大系考釋（第一七四頁）云：「今案鄀有上鄀與下鄀，本段稱上鄀，而下鄀公諴鼎稱下蠚，可證。彼鼎出於上雒（今陝西商縣），地與商密接壤。則此秦晉所伐者實下鄀」。又參陳槃春秋大事表列國爵姓及存滅表譔異（增訂本）、中央研究院歷史語言研究所出版，第四册第三五一——三五二頁。

註三四　見兩周金文辭大系考釋第一二一頁。

註三五　見積微居金文說，考古學專刊，甲種第一號，科學出版社，一九五九年，第六三——六五頁。

註三六　同上註三四，第一二三頁。

註三七　此器潘祖蔭攀古樓彝器欵識下卷第一頁稱：「齊鎛」：郭鼎堂兩周金文辭大系考釋第二〇九——二一一頁稱：「⿰黍命鎛」；楊樹達積微居金文說第一〇〇——一〇三頁稱：「⿰阝⿱𦥯土⿰黍命鎛」。

註三八　郭鼎堂曰：「⿰阝⿱𦥯土叔乃⿰黍命祖字，其號爲惠叔，其名爲又成。知者，以下言『又成惠叔』，又言『⿰阝⿱𦥯土叔又成』。古人名字並舉時，率字上而名下」。（兩周金文辭大系考釋第二一〇頁）。

註三九　楊樹達曰：「皇考適仲皇母，於皇母不舉其名，蓋⿰黍命之作器，本爲其母，所稱子仲姜者，即其母也」。（積微居金文說第一〇一頁）。

註四〇　郭鼎堂曰：「列舉祖妣二世者，聖叔聖姜，乃⿰黍命之曾祖」。楊樹達亦曰：「按⿰黍命爲作器者之名。聖叔聖姜乃其曾祖父母；又成惠叔、又成惠姜，即鮑叔牙與其婦，則⿰黍命之祖及祖母也」。（見同上註所引二氏之書）。

註四一　見同上註。

註四二　見同上註所引郭書第六四頁。

註四三　見離騷語文疏解第十六頁。

註四四　見兩周金文辭大系考釋第八八頁。

註四五　見同上註，第六二頁。

註四六　見同上註。第一〇〇頁。

註四七　此銘二稱「祖考」前作「皇祖剌考」，後作「皇祖考」，蓋行文省略，於義一也。

註四八　稱「聖」，亦懿美之詞。

註四九　郭鼎堂曰：「皇祖考白，謂皇祖皇考，伯其爵稱。祖考不連文。或說『考伯』乃皇祖之字，亦可通」。郭意可備一說。

註五〇　見兩周金文辭大系考釋第二四六——七頁。

註五一　此器有二：其一作於周宣王五年，另一作於六年。銘文各異，惟所記情事似相牽連。各家著錄多兼而收之。如郭鼎堂兩周金文辭大系考釋第一四二——一四五頁；孫詒讓古籀遺論卷三頁二一——二七；于省吾雙劍誃吉金文選卷上之三頁十六——七。等。

註五二　見積微居金文說第四八——九頁。

註五三　薛尚功歷代鐘鼎彝器欵識第十卷載伯姬鼎，銘文與此器同。僅「用乍朕皇考奠白奠姬寶盤」句作「用乍朕皇考奠白姬隮鼎」。「姬」上奪一「奠」字。

註五四　此器羅振玉貞松堂吉金圖、楊樹達積微居金文說均作鄦侯少子段。

註五五　郭氏曰：「蔡姞之母爲叀姬，則姬姞互爲婚姻可知」。（見兩周金文辭大系考釋第一七七頁）。

註五六　離騷語文疏解第二三一——二三三頁。

註五七　見王註九歎章句。

註五八　見聞一多全集㈡：「離騷解詁」第二九三——四頁。

貳、說文引楚辭考

一、弁　言

楚辭離騷、九章思美人與惜往日各篇並云：「芳與澤其雜糅兮」；九章懷沙云：「同糅玉石」；橘頌云：「青黃雜糅」；九辯三云：「惟其紛糅而將落兮」；九辯六云：「霰雪紛糅其增加兮」。其中「糅」字楚辭一書凡七見，皆作如字，無例外者。且王逸章句、洪興祖補注與朱熹集注等注文亦皆作「糅」。惟考原本玉篇卷九食部第一百十三「粈」字注云：「女久反。楚辭：『芳與澤其雜粈』。王逸曰：『粈，雜也』。說文：『雜飯也』。或爲粈字，在米部」。所引楚辭原文與注文並作「粈」。據此，知傳世楚辭各本之爲晚出，而原本玉篇所據之爲原古，由說文食部之有「粈」字，米部之有「粈」字，而獨無「糅」字可證也。（註一）尤有進者，據此亦可揆知許慎所目擊之楚辭，原爲西漢子政之所纂輯，然爲東漢叔師之所未及見、抑見而亦未遑章句注釋之古本也。其理甚明，可由下列數事證知：

一曰：綜許書所引楚辭文凡七事，與王逸所注楚辭皆無關；

二曰：說文一篇下艸部「蓍」字叔重曰：「楚辭有蓍蕭艸」。今傳楚辭各本概無「蓍蕭艸」之文也；

三曰：說文四篇上雈部「蒦」字引楚辭離騷曰：「求矩蒦之所同」。今傳楚辭各本「矩矱」俱作「榘矱」，與許君所見本不同也；

四曰：說文十二篇上手部「𢶏」字引楚辭離騷曰：「朝𢶏批之木蘭」。現傳楚辭各本「𢶏」俱作「搴」，「批」作「阰」，與許君所據本亦不同也；

五曰：說文十二篇下弓部「彈」字引楚辭天問曰：「夫芎焉彈日也」。（註二）今傳楚辭各本天問俱作「羿焉彃日」。「芎」、「羿」既殊，句首、末亦復無「夫」，「也」二字也。

由上列五事，知現傳楚辭各本皆與許君所見本不同。而許君所目覩並援據以入說文之本，東漢之際已成古本。奚啻與叔師所傳之本殊，亦且與漢時通行之今文異體也。（見下文）說文「蓍」字下許愼謂：「楚辭有蓍蕭艸」。段玉裁云：「按今楚詞無蓍蕭。惟宋玉九辯云：『白露既下白艸兮，奄離披此梧楸』。梧楸蓋許所見作蓍蕭。正百艸之二也」。是許所見之本與現傳楚辭各本不同也。馬宗霍云：「許所據蓋爲古本」。（註三）是也。又說文雈部「蒦」字下引離騷「矩矱」與手部引「𢶏」（今本作搴）、「批」（今本作阰）等字，均今說文所無。（除「𢶏」字外）。是其字在當時已不通行，不在許書所收之例；或爲許書所失收；又或是否如王師叔岷所疑：許君引用古書，刻意改用本字或古字？疑不能明。然則許君所據之爲古本，無庸置疑者也。

二、論說文解字成書在楚辭章句之前

知許君援據以入說文之楚辭，爲東漢時古本，與叔師所傳之本異者，又可由許氏說文成書在王氏章句之前得一旁證也。

許、王二氏同爲東漢人，其傳並見范曄后漢書。二氏雖爲同代共世之人，生卒年代史無明載。然許君之爲前輩，王氏之爲后學者，猶可約略稽考知之。尤以許書之先於王注獻上爲有確徵也。后漢書儒林列傳第六十九下云：

「許愼，字叔重，汝南召陵人也。性淳篤。少博學經籍。馬融常推敬之。時人爲之語曰：五經無雙許叔重。爲郡功曹；擧孝廉。再遷；除洨長。卒於家。初，愼以五經傳說，臧否不同。於是撰爲五經異義。又作說文解字十四篇，皆傳於世」。（註四）

傳中於許君之生卒年無說，其說文解字十四篇究作於何時，亦未明言。許愼子許沖上說文表云：「今愼已病，遣臣齎詣闕。……建光元年九月己亥朔二十日戊午上」。（註五）王先謙后漢書集解儒林許愼列傳引錢大昕曰：「沖上表在安帝建光元年九月，其時愼已病，當卒於安帝之末也」。又引惠棟曰：「書斷云：安帝末年卒」。按安帝（一〇七—一二五）末年値公元一二五年。是二家並說許君卒於公元一二五年也。然愼傳云：「除洨長，卒於家」。知愼卒於洨長一職之任內也。王氏集解引蘇與曰：

「沖上表，或尚未爲洨長　否則不容舍命官，而廑列辟僚。當是病愈，始除洨長耳」。蘇說有理。而沖表未稱愼除洨長一官亦宜然。蓋沖表上於建光元年（公元一二一年），時愼已病。距其卒年安帝末年，卽建光四年（公元一二五年）尚有五年之久。五年之中除洨長職，亦甚近情理也。是沖表與愼傳所記合。至作說文解字一書，沖表載之尤詳：「臣父故太尉南閣祭酒愼，本從逵受古學。……愼博問通人，考之於逵，作說文解字。……凡十五卷，十三萬三千四百四十一字。愼前以詔書校書東觀。敎小黃門孟生李喜等，以文字未定，未奏上」故也。（註六）嗣於安帝建光元年（公元一二一年），逮病且死，則自謂不能致力，始命子沖奏上。知許君說文一書，自和帝永元十二年（公元一〇〇年）始稿，十有一年而成，復展轉稽延至安帝建光元年（公元一二一年）始奏上，前後經歷廿二年（一〇〇—一二一）。

試再論王逸叔師及其楚辭章句之年代。后漢書文苑列傳第七十上云：

「王逸，字叔師，南郡（華按：王氏章句第十七九思序作南陽）宜城人也。元初中，擧上計吏，爲校書郞。順帝時，爲侍中。著楚辭章句，行於世。其賦、誄、書、論、及雜文，凡二十一篇。又作漢詩百二十三篇。子延壽，字文考，有雋才。少遊魯國，作靈光殿賦。……曾有異夢。意惡之。迺作夢賦以自厲。后溺水死。時年二十餘」。（註七）

傳中於逸之生卒年亦無說。其傳世之楚辭章句一書，著作年代亦未記載。惟按許愼於安帝末年（公元一二五年）卒後，王逸始於順帝時（公元一二六—一四四年）任侍中，是叔師爲叔重晚輩之確證也。

又據王逸楚辭章句前十六卷每卷卷目之下均題曰：「校書郎臣王逸上」云云。（註八）知此十六卷本之楚辭章句一書乃逸於安帝朝元初年間（公元一一四—一二〇年）爲校書郎任內之所撰。至於九思一篇，則氏后於順帝朝（公元一二六—一四四年）任侍中時之所作也。九思章句第十七下題曰：「漢侍中南郡王逸叔師作」，可證。（註九）由此又可證許愼於和帝永元十二年粄造說文，十有一年而成之后（公元一〇〇—一一〇年），王逸始於安帝朝元初年間（公元一一四—一二〇年）撰楚辭章句十六卷。許書既著成在王注之前，則說文引騷與王注之騷無關，勢所必然。然則王逸傳本竟異於說文所引楚辭古本若此，殊爲費解。蓋逸乃愼之晚輩，時代既相近，且爲專治屈賦之碩學，焉能未見許愼所援據之本？其必見而未採歟？抑許愼徵引古書，刻意悉予改用本字或古字歟？此則王師叔岷教授之卓見，華愚而不敏，容當注意及之。

三、說文引楚辭考

㈠離騷第一

朝搴阰之木蘭兮

說文十二篇上手部「攓」字云：「拔取也。南楚語。從手，寒聲。楚辭曰：『朝攓批之木蘭』。」

華案：「南楚語」三字說文繫傳所無。鈕樹玉說文解字校錄曰：「繫傳脫南楚語三字」。田吳炤說文二徐箋異云：「韵會引有南楚語三字，是小徐本舊有，今本敗失」。據方言「南楚曰」云云及大徐本各本皆有「南楚語」三字觀之，小徐本不當獨無。則舊有今脫之說得之。

楚辭「辭」字，各本引皆作「詞」，惟獨段注本引作「辭」。又「彈」字與「護」字下引亦並作「辭」。然「䜧」、「顥」、「嬃」、「婞」各字下引則又有作「詞」與「䛐」者。考「辭」、「詞」二字原本形異意殊。無奈二字兩周以來已混而不分。此則筆者別有專論及之。茲不贅及。（註一〇）

「朝搴」「搴」字，說文引作「批」，從手，寒聲。考說文無「搴」字，但有「攓」字耳。是「搴」為「攓」之省簡，抑或體也。（註一一）今楚辭一書無「攓」字，但有「搴」字，及其近似字：「謇」、「蹇」等字。（註一二）據此，則許君所見楚辭當為舊本，且視現存楚辭各本皆為遙古也。惟考爾雅一書亦無「攓」字，但有「搴」字耳。（註一三）且其義訓「拔、取」，亦與楚辭一書所用「搴」字之義合。證明現存爾雅一書之為晚出，未必為先秦或秦漢間之原帙也。此外，玉篇正文亦作「搴」，重文則作「攐」，注云：「出說文」。蓋傳寫之譌也。（註一四）惟原本玉篇卷十九水部「汀」字注引楚辭九歌湘夫人云：「搴汀洲兮杜若」。字正作「搴」，與今本楚辭合。敦煌唐寫本切韵殘卷廿六獮，廣韵廿八獮並「搴」「攐」兼收，而無「攓」字，則又傳玉篇之訛也。集韵廿八獮以攓為正，云：「亦作搴，俗作攐。非是」。此又足匡玉篇、切韵與廣韵之謬也。

今按「搴」字現存楚辭各本皆作如字，並與底本同。諸如王注馮紹祖本、文選所載離騷唐寫本、六臣註本、胡氏刻本、洪補楚辭四部叢刊本、惜陰軒叢書本、朱注卅三叢書本、古逸本、錢氏集傳知不足齋本，文徵明書離騷帖、陳第屈宋古音義、王夫之通釋、林雲銘楚辭燈、蔣驥山帶閣注楚辭、李光地離騷注、方苞離騷正義、戴震屈原賦注、龔景瀚離騷箋、陳本禮屈辭精義、江有誥楚辭韵讀、朱駿聲離騷補注、王闓運楚辭釋、馬其昶屈賦微，佘雪曼離騷正義、沈祖緜屈原賦證辨、姜亮夫屈原賦校注等是。（以下凡與底本同者不復一一列舉）。無有作「攐」者。惟洪補引說文作「攐」。底本（即朱鑑本）引說文作「捲」，淮南子亦作「捲」，（註一五）「捲」乃「攐」之俗變。朱注古逸本則作「批」，當從之。朱注卅三叢書本引說文作「㥶」，蓋「攐」之壞字。淮南子與文子又作「攓」（註一六）錢氏離騷集傳云：「搴，許叔重作攓」。非也。疑涉方言「南楚曰攓」而譌。姜氏校注誤同。其校與注並云：「說文作攓」。有失詳愼。佘雪曼離騷正義云：「蓋本字作攐。搴從寒省。而攐則后起字耳」。既謂本字在前矣，不應又謂「后起字」在後，以自相矛盾若此。蓋所謂后起之「攐」字，實乃「攓」字之譌。又莊子駢拇篇「擢德搴性」，「搴」今本譌作「塞」。王念孫云：「塞與擢義不相類。塞當爲搴形近而誤。擢搴皆拔取之也」。（註一七）郭慶藩莊子集釋云：「隸書手字或作扌（若舉字作舉，拳字作拳之類），故搴字或作搴形，與塞相似，因譌而爲塞矣」。郭說有理。朱駿聲離騷補注云：「搴當作攐」。是也。

「阰」字說文大徐各本引並作「批」；而小徐各本引則並作「阰」。（惟小徐說文解字繫傳四部叢刊本引同大徐本作「批」）。又集韵二十八獮、類篇手部、韵會十六銑引說文此條亦並作「阰」。段注本引亦作「阰」。注云：「阰，各本作批。今依韵會與楚辭合。但說文無阰字耳」。徐承慶說文解字注匡謬謂段君「批改阰」。鈕樹玉說文解字校錄云：「批，蓋㧙之省。今離騷作阰。王注云：『山名』。說文無阰」。姚文田、嚴可均說文校議亦云：「說文無批字。今楚辭作阰，說文亦無。求其形近。批疑作坒。……即土部坒字」。按說文手部確無「批」字。但有「㧙」字。許愼云：「反手擊也。從手，毘聲」。段注云：「左傳曰：『宋萬遇仇牧于門，㧙而殺之』。玉篇所引如是。今左傳作批，俗字也」。「㧙」字之俗省作「批」，唐人已有先例。如文選卷十八嵇叔夜琴賦「觸㧙如志，唯意所擬」，李善注（胡氏刻本）引說文曰：「批，反手擊也，與㧙同」。六臣注本引說文同。惟無「反」字，蓋脫引也。善注所據，疑爲唐時說文之通俗本。姑不論作「㧙」抑作「批」，此「反手擊」之訓，於離騷此句「朝搴批之木蘭」之義。則毫無可取。馬宗霍說文解字引群書考云：「嚴可均說文校議謂『求其形近，批疑作坒。即土部坒字』。今案坒者地相次比也。義頗相近。隸書從土從自之字多相亂。嚴氏之言，似可備一說」。王筠說文釋例云：「嚴氏謂說文無批字，楚辭當作坒。即土部坒字。其說楚辭自是」。王鳴盛蛾術編說字云：「批，山名也。當作阰」。王筠說文句讀又云：「埤蒼：阰山在楚」。吳玉搢說文引經考亦云：「廣韵：阰山在南楚。批，疑誤」。隸書從土與從自之字既多相亂，則從土與從「才」（手旁）之字因形近尤其易譌也。此蓋「批」字所以致譌之由。其致誤之過程如下表：

阰‖坒（坒）↓批

王注、洪補與朱注等並謂此「阰」字乃南楚阰山之專名，且有埤蒼、廣韵等書所載以爲據。然戴震屈原賦注則云：「小阜曰皉，大阜曰阯」。以「阯」爲平常一大山之通名，似亦未爲不可。例如離騷云：「朝搴阰之木蘭兮，夕攬（擥）洲之宿莽」。其中「洲」與「阰」爲對文。而「洲」者，王注云：「水中可居者曰洲」也。與九歌湘君「蹇誰留兮中洲」、「采芳洲兮杜若」、湘夫人「搴汀洲兮杜若」、九章思美人「搴長洲之宿莽」、悲回風「望大河之洲渚兮」等「洲」爲類，皆爲平常一洲渚之通稱，則戴義似亦可備一說也。

「兮」字說文引無。此許君略之也。引楚辭各句亦皆略「兮」字。

女嬃之嬋媛兮

說文十二篇下女部「嬃」字云：「女字也。從女，須聲。楚辭曰：『女嬃之嬋媛』。賈侍中說：楚人謂姐爲嬃」。

今案：「從女，須聲」四字大徐本在賈侍中說「楚人謂姐爲嬃」之下。又現存說文各本引離騷此句，除略「兮」字外，無不與底本合者。雖楚辭各本之間。文字偶有出入，差別究爲不大。如「嬃」字無有不同者，僅唐寫本文選作「嬃」，蓋俗省也。而「嬋媛」則各本多作如字。間或有注引「一作撣援」云者，不知所據何本也。惟楚辭及說文以外之他書，引及離騷此文或論及其事者頗有出入耳。如「女嬃」「嬃」字，有作「嬬」、「娟」、「嫂」及「須」等者；「嬋媛」有作「蟬媛」、「嬋娟」、「嬗媛」，「嘽咺」、「擅徊」、「撣援」等者，不一而足。字既不同，義隨字遷。各家訓釋，紛繁龐雜，不能不辨。先論「嬃」字：

周易歸妹六三爻辭曰：「歸妹以須；反歸以娣」。阮元校勘記云：「石經岳本閩監毛本同。釋文須，荀陸作嬬」。非也。廣韵十虞：「嬬，妻名也」，與須待之須義迥別。鄭注云：「須，有才知之稱。天文有須女；屈原之妹名女須」。周禮天官序「胥十有二人」賈公彥疏引鄭注周易云：「屈原之姐名女嬃。彼須字與此異者，蓋古有此二字通用，俱得爲有才智也。」詩小雅桑扈「君子樂胥，受天之祜」，孔疏引鄭注周易與段注引同：亦作「屈原之妹名女須」。阮元毛詩注疏校勘記「屈原之妹名女須」條云：「閩本、明監本、毛本同。案姐誤妹，下同，是也」。說文段注「嬃」字不亦云：「妹字恐姐字之譌」，是也。小雅桑扈孔疏又引鄭志答冷剛云：「須，才智之稱。故屈原之妹以爲名。是胥爲才智之士。胥、須古今字耳」。此「妹」自當一仍阮、段之說，爲「姐」字之譌。竊疑乃涉周易爻辭「歸妹以須」之「妹」字而譌也。若上文周禮賈疏引則不譌。據此，則離騷「女嬃」王逸註云：「屈原姐也」，亦不譌也。雖「須」與「嬃」字有從女與否之別，其爲屈原姐則一也。馬宗霍說文解字引群書考（卷一第四十三頁）云：「據此，是屈原姐名古但作須，爲叚借字。凡女子之名皆得施之」。此說確甚。許愼云：「嬃，女字也」。是其證也。許愼又云：「賈侍中說楚人謂姐爲嬃」。段注云：「賈語蓋釋楚辭之女嬃」。意謂此「女嬃」乃原姐之專名，非「嬃」字之通義也。由「楚人謂姐爲嬃」一語，今集韵與洪興祖楚辭補注並引作「楚人謂女爲嬃」，可證也。傅雲龍說文古語考補正云：「嬃之本義爲女字。楚人上無一曰字，則姐當作女。……作女，可據以訂正。古語云：嬃不專屬姐。即如女嬃，離騷王逸注：『屈原姐也』。通作須。袁山松、酈道元說並同。鄭志答冷剛云：『須、才智之稱，故屈原之姐以爲名』。而詩正義引鄭注周易云：『屈原之妹名女須』。是說與漢高后女弟呂須正合。段氏疑鄭注姐譌妹，非也」。段氏、阮氏疑姐譌妹之不誤，說已見上文。傅氏引古語「嬃不專屬姐」云者，亦不誤也。然既謂王逸以屈原姐注離騷之「女嬃」爲是，又以詩正義引鄭注周易「屈原之妹名女須」爲不譌。似此，則女嬃（須）究爲屈原之姐耶？抑爲屈原之妹耶？傅氏不應自相矛盾若此！雖然，「嬃」不專屬姐，妹亦得稱「嬃」，一如漢高后之女弟名爲須者是也。（註一八）然則屈原之姐固名女嬃，而呂后之妹（女弟）亦得名呂嬃（王鳴盛引陳平傳作女嬃），不得據此而以女嬃爲屈原之妹也。傅氏謬矣。

朱季海楚辭解故「女嬃之嬋媛兮」條下云：「方言第十二『娋、姐也』。錢繹箋疏：『廣雅：娋、姐也。玉篇作䅳，云：姐也。廣韵：䅳，齊人呼姐。說文：嬃，女字也。……嬃、娋，語之轉』。今謂錢說是也。楚人讀胥部字或如侯，故娋作嬃。……錢氏又云：『易：歸妹以須。疏引鄭注：……屈原之妹名女須。史記呂后記：太后女弟呂嬃。又樊噲傳：噲以呂后女弟呂嬃爲婦。是妹亦稱嬃』。今按此說非是。嬃之爲姐，自賈侍中以下無異詞，以子雲所記別國方言證之而益信。鄭氏易注亦本當作姐。今詩疏引易注及鄭志並作妹者，緣易『歸妹』字致誤耳。……若呂嬃云者，正說文所謂『女字』也。何關女弟，輒相附會」！嬃既爲女字，則爲婦女之所得而通稱共用之字也，姐、或妹稱之，並爲兩便。實無害於女嬃之爲原姐。呂嬃之爲呂后妹也。朱說有偏激之嫌。

「嬃」字既不啻姊妹得而通稱，且凡女子亦皆得而通稱共用者也。后之學者，因昧於是理，乃徒生妄想，致異說紛紜，莫衷一是。如除上述王注女嬃爲原姐，或誤以爲原妹之外，尚有以女嬃爲賤妾（侍女）、媵妾（陪嫁之女）、神巫、女祝、老嫗保姆：女伴、衆女等說，異端迭起。其中似亦有言之成理者，要皆與屈辭義乖，非靈均之原旨也。（註一九）

試再論「嬋媛」。今說文各本引離騷此句並作如字。惟集韵十一模、韵會七虞引說文此條「嬋」並作「蟬」。從蟲不從「女」。鈕樹玉說文解字校錄云：「是也。前者新附考未經檢出」。姚文田、嚴可均說文校議則云：「說文無嬋字，當作撣援。楚辭章句：『嬋媛，猶牽引也』。一作撣援」。洪補、朱註亦並引一本作「撣援」。錢氏集傳知不足齋叢書本、卅二叢書本並引一本作「撣援」。而隨庵叢書本則引一本作「禪援」。白帖一九、合璧事類前集二六並引「媛」作「娟」。事文類聚后集一一引「嬋媛」作「娟娟」。張亨離騷輯校曰：「誤並同」。除此之外，楚辭各本「嬋媛」二字皆與底本同。又文選卷廿三謝玄暉同謝諮議銅爵台詩「嬋媛空復情」下善注引九章哀郢云：「心嬋媛而傷懷兮」。王逸曰：「嬋媛，牽引也」。是唐人所見本「嬋媛」二字之正文與注文已作如字矣。（註二〇）

至於「嬋媛」二字之義訓，注家各殊。王注云：「嬋媛，猶牽引也」。又云：「言女嬃見己施行不與衆合，以見放流，故來牽引數怒重詈我也」。文選五臣翰曰：「言我行不合時，故牽引古事而罵詈我」。朱註云：「嬋媛，眷戀牽持之意」。朱氏楚辭辨證上又云：「騷經女嬃之嬋媛，湘君女嬋媛兮爲余太息，哀郢心嬋媛而傷懷，悲囘風忽傾寤以嬋媛，詳此二字，蓋顧戀留連之意，王註意近而語疎也」。朱氏所謂「意近而語疎」者，蓋指王氏訓騷經、湘君與哀郢之「嬋媛」爲「猶牽引」，而釋悲回風之「嬋媛」則爲「心覺自傷而又痛惻也」。其語固疎矣，其意則未必近也。尤以「牽引」爲勉強。王氏蓋易「嬋媛」爲「撣援」而訓之也。沈祖緜屈原賦證辨（上卷第十三頁）云：「楚辭屢言嬋媛，王注以牽引釋之，非也。牽引猶樊援，與下文申申其篤余義不相屬」。朱氏釋騷經「嬋媛」爲「眷戀牽持之意」，猶不免拘泥王氏「牽引」之訓。嗣於楚辭辯證方修正爲「顧戀留連之意」，於文義始較爲近似也。其釋悲回風「嬋媛」爲「悲感留連之意」，尤稱允當。至錢氏集傳之「淑美貌」、王氏通釋之「婉而相愛也」，並涉臆想之詞，雖合情理，未必爲原文之本義。（註二一）至林雲銘以爲「柔態牽戀之貌」，則調和兩王之訓而一之之說也。陳本禮所謂「賢淑貌」者，蓋涉水經注「屈原有賢姐」語而附會之。朱駿聲補注「猶扶將」之說，則傳王注「牽引」之訛也。劉永濟通箋云：「按王訓嬋媛爲牽引，疑王本同一本作撣援。不知形狀之詞，義取於聲，從手從女，初無分別。嬋或從亶，作嬗；或從蟲，作蟬。媛或從素，作緩；或從肙，作娟，皆舒徐姸冶之意也」。劉氏謂形狀之詞，義取於聲，固是。然釋「嬋媛」爲「舒徐姸冶之意」，則又望從女之文爲訓，未有實據也。何錡章屈原離騷研究（第一二二頁）亦云：「劉氏釋嬋媛爲舒徐姸冶，則非。亦未得其意」。是也。

此外，聞一多楚辭校補（「離騷解詁」所說同）謂：「嬋媛當從一本作撣援。說文曰：『嘽，喘息也』。……喘緩言之曰嘽咺。……撣援卽嘽咺。……亦卽喘」。胡小石亦謂：「嬋媛卽嘽咺也」。（註二二）何錡章屈原離騷研究又以「嬋媛，撣援，同爲憚愋之同音通假字，蓋皆從單、爰得聲故也。……連言之曰『憚愋』，心中驚懼憂恨貌。嬋媛，卽憚愋，楚辭中數見，哀郢：『心嬋媛而傷懷兮』，最易見出嬋媛卽憚㥔假字，其義確爲心中驚懼憂恨貌」。各氏之論，大同小異：不外怒罵、哀痛、恐懼、憂驚、離恨等感情之形狀詞，並由此等感情變化所引起之喘息。其字從手、從女、從心、從口皆無分別，蓋以聯綿字，其義存干聲故也。（註二三）「嬋媛」、「撣援」、「嘽咺」既是一詞之異體，自不必拘泥於聞氏所謂：「嬋媛當從一本作撣援」，亦卽現傳楚辭各本「嬋媛」二字之不譌也。（註二四）

曰鮌婞直以亡身兮

說文十二篇下女部「㛈」字云：「很也。一曰見親。從女，𡴘聲。楚辭曰：鮌㛈直」。

華案：「婞」字說文各本正文皆篆書作。惟許氏釋文則大徐本隸變作「婞」，小徐本楷化作「㛈」。而說文解字繫傳四部叢刊本乃譌作「嬌」。以「𡴘」、「喬」形近易誤故也。邵瑛說文解字群經正字以爲正字直須作㛈。因𡴘與幸迥然爲兩字也。又大徐本無此「一曰見親」四字。（註二五）苗夔說文繫傳校勘記云：「鉉本無此四字。按此說爲嬖幸字」。段君亦註云：「小徐有此四字。按凡親幸嬖幸當作此婞」。又於「楚辭曰：鮌婞直」下注云：「離騷文。此證很義」。是「婞」有「很直」與「親幸」二義也。馬宗霍以「很直」爲本義，而以「親幸」爲其反義。（註二六）雖未必信然；然以爲許君所引楚辭但證本義云云，說與段君所謂「此證很義」意合。是也。據此，則小徐「一曰見親」四字似應在「鮌婞直」之後，而不應在「很也」之後。疑現傳小徐說文繫傳爲後人所亂。又說文二篇下「彳」部云：「很，不聽從也；一曰難行也；一曰盭也」。三訓皆有不順之義。蘇東坡所謂：

「剛而犯上」者也。（註二七）則大徐本作「很」，是也。小徐本作「狠」，蓋俗改。（註二八）

許君引離騷文「鯀婞直」三字，蓋約其詞以證「很」義耳，（註二九）非謂許君所據楚辭本句原作如此也。惟「很直」之「婞」字，經籍又作「悻」。（說文「心」部無「悻」字。）如孟子公孫丑云：「悻悻然見於其面」。孫奭孟子音義引丁公著云：「字當作婞。很也、直也」。文選卷六十王僧達祭顏光祿文云：「性婞剛絜，忘度淵英」。善注云：「楚辭曰：『鯀婞直以亡身兮』。婞猶直也」。（註三〇）朱駿聲說文通訓定聲「婞」字注云：「字亦作悻」。梁書陸杲傳云：「杲性婞直，無所顧望」。是字雖有作「婞」與作「悻」之不同，其有很直剛正之義則一也。（註三一）

說文十三篇上系部有「緈」字，許訓「直也」。承培元以為「亦當屬悻之本字也」。（註三二）沈祖緜亦以「婞」字原應為「緈」。後人因以鮌為四凶，乃改「緈」為「婞」。（註三三）恐未必然也。蓋緈之直乃絲線之直，而緈、婞乃性格之剛毅率直。其義自殊。何錡章屈原離騷研究（第一三一至一三二頁）以「婞直」為「耿直」之假字。耿直者，耿介正直也。氏又以離騷「婞直以亡身兮」與惜誦「行婞直而不豫兮」之「婞直」並當與「彼堯舜之耿介兮」之「耿」同。此似可略備一說也。

禹父之名，古書所載不同。或作「⿰骨系」、或作「⿰骨玄」、或作「⿰魚家」、或作「⿰角系」、或作「鮌」等，不一而足。（註三四）惟現傳說文各本皆但作「鯀」，以說文魚部無「鮌」字，骨部無「⿰骨玄」字或「⿰骨系」字，角部無「⿰角系」字或「⿰角玄」字故，非必作「鯀」之為是也。如鈕樹玉說文解字校錄「鯀」字下注云：「六書故作鮌。引說文魚也，亦作鯀（華按：疑為「鮌」之譌）。則說文本從玄聲。墬下引書『鮌墬洪水』，是也。漢延光二年開母廟石刻篆文正作鮌。五經文字云：『鯀或作鮌』。」徐灝說文解字注箋「鯀」字下云：「曰鯀者，鮌之譌體。廣韻曰：『鯀亦作鮌』，是也。蓋弦之本篆作弲。鮌或從𢆶，而譌爲系也。鮌讀如鰥。故二字相通。聲轉爲古本切。或鮌卽鰥之異文。未可知也」。王筠說文釋例亦云：「拾遺記夏禹篇曰：『堯舜夏（或使譌）鮌治水，九載無績。鮌自沈於羽淵。化爲玄魚。海民於羽山之中脩立鮌廟，四時以致祭祀。……國語路史，字並作鮌。鈞案：篆書本作鮌。從弦省聲。弦之楷作弦，非從玄也。玄與糸之古文糸相似，再變則成系矣。苟從系聲，必無由得古本切也。曹全碑鰥作鰥，此鯀所以作鯀也。⿰骨系又鯀之譌矣。而作⿰骨玄者，則猶從玄也。玉篇之鮌，則後人不知鯀爲鮌之譌，因增於后耳」。王氏謂「鯀」字若從系聲，無由得古本切之讀。甚是。徐鉉等說文「鯀」字下曰：「系非聲。疑從孫省，古本切」。又苗夔說文聲訂與林義光文源亦並云：「系非聲」。王氏又謂「玄」與「系」之古文極相似，以故易譌。亦甚是。羅振玉讀碑小箋云：「禹父名說文作鯀，從系。開母廟碑作鮌，從玄。……予案玄系二文篆書相似。故古從玄之字，多別從系。如管弦字景君碑作管𢏅。以是例之，知說文從系或後世傳寫之譌。當從碑作鮌爲正」。苗夔說文聲訂「鯀」字下亦曰：「疑系乃古文𢆶譌」。林義光文源「鯀」字下亦云：「當以鮌爲正。從魚玄聲。玄古文作8（伯晨鼎），與系形近（孫字篆從系。段敦、師奎父鼎、邾公釗鐘亦皆從玄），因譌從系也」。以上各家之說並甚碻。是禹父之名原本作「鮌」。古書乃因形近而誤作「鯀」、「鯀」、「鮌」、「⿰骨系」、「⿰骨玄」等字。然現傳楚辭各本則多作「鮌」，不誤也。茲復以底本及各輔本校證如下：

考楚辭一書稱禹父之名者凡六見。除此離騷一見之外，尚有天問四見與九章惜誦一見。天問云：「鮌何聽焉」？（註三五）「伯禹愎鮌」、（註三六）「鮌何所營」？（註三七）「而鮌疾脩盈」。（註三八）九章惜誦云：「鮌功用而不就」。底本與洪補各本正文註文並皆作「鮌」，未有例外者。只洪補惜誦註語作「鯀」一次耳。如興祖補曰：「鮌績用弗成，殛於羽山。……鯀以婞直忘身，知剛而不知義，亦君子之所戒也」。疑此一「鯀」字蓋書手之疏誤，非慶善之過也。

至離騷「曰鮌婞直以亡身兮」之「鮌」，各本大多與底本同，無庸枚舉。茲但列舉有異於底本者，以見一般：

唐寫本文選「鮌」作「舷」。引王注及陸善經注語亦幷作「舷」，蓋「舷」之俗字也。六臣注文選正、注文並正作「鉉」。五臣本及濟注文始作「鯀」。是李唐之季已有作「𬶍」與作「鯀」之本並傳於世矣。六臣注文選四庫善本叢書本卷六十王僧達祭顏光祿文「性婞剛絜，志度淵英」註引作「體」，（註三九）非是。

洪補與底本同。惟考異稱：「鮌亦作鯀：一作鲧」。底本與卅三叢書本、古逸本朱子亦曰：「鮌……與鯀同。一作鲧」。錢氏集傳與底本同。注曰：「鮌、一作鯀；一作鲧。……鮌、鯀、鲧並通」。陳第屈宋古音義作「鯀」。朱駿聲離騷補註正、註文並與底本同。但補註云：「鮌當作鯀」。言而無據，不可遽信。劉師培楚辭考異引一本作「鲧」。又云：「與宋咸國語補音所引古文尚書合」。此與廣韻二十一混下「鲧」字注所引尚書古本作「鯀」又不同。是尚書古本之中原有作「鲧」與作「鯀」

之本也。臺先生新箋正、注文並「鮌」、「鯀」不分。王泗原則以作「鯀」爲非是。又謂禹父名古書凡作「⿰骨玄」、作「⿰魚⿱罒木」（言羈）者、皆以同音之故。但皆不得有「系」旁云。（註四〇）

「亡」字楚辭各本大抵與底本同。惟五臣注文選作「方」。梁章鉅文選旁證曰：「六臣本亡作方」（見劉永濟屈賦通箋引）。今按四庫善本叢書、四部叢刊本並作「亡」。張亨輯校亦謂贛州、淳祐二本均作亡。梁氏不知何所據而云然？恐誤。錢氏集傳引一本作「方」。當係指五臣之本。洪氏考異正謂：「文選亡作方」。作「方」非是。劉永濟通箋云：「方古作匚，與亡形近」。姜亮夫校註云：「方、古文作匚，與亡形近而誤」。張亨輯校亦云：「作『方』者疑與『亡』形音相似而誤」。王闓運楚辭釋、王瀣離騷九歌輯評與沈祖緜屈原賦證辨並作「忘」。沈氏證辨又稱路史后記十二注引「亡」作「終」。案：作「忘」者於音、義似爲兩安。作「終」則謬矣。由下句「終然殀乎羽之野」中有「終」字可證。聞氏校補云：「案古字亡忘互通。亡身卽忘身。言鮌行婞直，不顧己身之安危也。王注如字讀之，非是。五百家注韓昌黎集三永貞行祝註引此作忘，足正王注之失」。張亨輯校謂俞初本、袖珍本文選正並作「忘」。足證聞說之不誤。然吳汝綸曰：「依五臣蓋讀身爲命。方身，卽堯典所謂『方命』，盤庚『汝悔身何及』，漢石經身作命。逸註『不順堯命』，五臣濟注『不用堯命』，皆釋方命之文，下云殀乎羽野。此不應先言亡身也」。（註四一）吳說非是。屈子謂「終然殀乎羽之野」之前，確未先言鮌死亡。蓋所謂「亡身」者，原義爲「忘身」。吳氏因誤以此「亡」爲「死亡」，致謬耳。（註四二）劉永濟亦云：「吳說雖可通，終不剴切。蓋亡身卽忘身，惜誦所謂吾誼先君而后身

也。不必援書方命爲說，尤爲剴切」。（註四三）

求榘彠之所同

說文四篇上萑部「蒦」字云：「規蒦，商也。從又持萑。一曰視遽貌。一曰蒦，度也。彠，蒦或從尋。尋，亦度也。楚辭曰：求矩彠之所同」。

華按：鈕樹玉說文解字校錄「蒦」字註云：「繫傳矩作榘，是也。彠，今楚辭譌作矱」。鈕說是也。蓋「矩」乃「榘」之隸省。（註四四）本字當爲「榘」。今楚辭作「榘」正得之。淮南子氾論訓「有本主於中，而以知榘彠之所同者也」，亦用本字。說文原亦必作「榘」而不作「矩」，以說文無「矩」字而有「榘」字可知也。（註四五）今說文引楚辭所以作「矩」者，蓋「榘」之俗省也。（註四六）

說文矢部與萑部並無「矱」字。但萑部有「蒦」之重文「彠」字。今引楚辭正作「彠」，得之。是許君所據乃楚辭之古本也。（註四七）此又可由上引淮南子氾論訓作「榘彠」、高誘注語「榘、方也；彠、度法也」云云，及敦煌唐寫本切韵殘卷十八「麥」、廣韵卷第五「藥」，第十八「陌」第二十皆有「彠」而無「矱」知之。徐灝說文解字註箋謂「蒦」字從「尋」從「矢」皆法度也；鈕樹玉（見上文）與張有復古編並謂作「矱」者非。（註四八）實則今本楚辭作「矱」乃隋以來俗變字。由隋釋道騫楚辭音殘卷正作「矱」可證。馬宗霍以爲「矱」字當起於唐以來云云，非是。楚辭音殘卷「矱」字下騫公註云：「宜作彠。……廣疋曰：彠，度也；……字林曰：彠、郭也」。騫公去古不遠，所見必近乎事實。則王逸章句本原亦必作「彠」者，騫公豈非一至善之人證乎？不但如此？騫公所言，誠然有徵。上文云淮南子氾論訓作「榘彠」、孫詒讓以爲此必本自淮南王安之離騷傳。則楚辭西漢本固作「榘彠」矣。（註四九）此又叔師本原所以必作「榘彠」之物證也。

今以底本及諸輔本校之，知現傳楚辭各本於「榘」字大多仍存西漢古本之舊。而說文所引作「彠」字則又叔師原本之眞跡矣。蕭統文選始省「榘」作「矩」。（註五〇）今大小二徐本說文引並作「矩」者，疑卽本此。饒宗頤楚辭書錄外編（第一一二至一一三頁）謂說文引離騷作「榘」，不知所據許書何本而云然？王夫之楚辭通釋、朱駿聲離騷補註則並作「矩」、非本字也。林雲銘楚辭燈正文作「榘」，註文則作「矩」。氏所以「榘，矩」互用不分者，疑因洪、朱、錢各氏並引一本作「矩」，而朱註又稱「榘與矩同」所致。至姜氏校註以爲「矩榘皆卽巨之繁文，就「巨」字之本義言，固是矣。然非謂楚辭各本有作「巨」字者。

「彠」字則現傳楚辭各本多與底本同作「矱」。誠如上文所述，此自隋釋道騫楚辭音以來已然。其後各本尟有例外者。僅戴震屈原賦註作「彠」，疑戴氏或係改今從古，未必其所據爲古本也。

「同」字說文引及現傳知見楚辭各本俱同底本作如字。無有例外者。惟東方朔七諫謬諫「不量鑿而正枘兮，恐榘矱之不同」，洪氏考異云：「同一作周」。孫詒讓有鑑及此，乃據淮南子氾論訓「榘彠之所周」語，謂離騷「求榘矱之所同」之「同」，亦當作「周」。其札迻卷十二「曰勉陞降以上下兮，求榘矱之所同」條下云：「案此同並當作周。與下調協韵。同周形近。上文云：何方圜之能周兮？

註云：言何所有圜鑿受方枘而能合者。洪校亦云：周，一作同。以彼及七諫別本證之，知此同亦當作周也。淮南子汜論訓云：『有本主於中而以知榘彠（案：孫氏誤作矱）之所周者也』。淮南王嘗爲離騷傳，汜論所云，必此本文。然則西漢本固作周矣。（疑王本自作周。今本涉注同志之文而誤耳。）自今本誤作同而與調韵不協，考古音者遂滋異論。江永古韵標準以爲古人相效之誤。段玉裁六書音均表則以爲古音三部與九部之合韵。俞正燮癸巳類稿又以爲雙聲爲韵，殆皆未究其本矣」。按孫說有據，甚當。劉永濟譽爲「足發千古之疑」。（註五一）沈祖緜稱其說允。（註五二）並爲持平中肯之論也。朱駿聲離騷補註曰：「調同爲韵，學車攻詩而實誤也。車攻佽、矢、柴蓋句中韵。韓非子楊權、東方朔謬諫亦皆韵同調，又學離騷而誤。或說調皆當作詷。共也。存疑」。朱氏但知其致誤之然，而不知其致誤之所以然。雖能疑「調皆當作詷」。究不知「同」之當作「周」也。自校讎言之，「同」應是「周」之壞字，或即如孫氏所謂「同周形近」而譌也。惟古書中往往已誤之字，後人用訓詁聲韵之理說之，亦可通者。雖然，可通爲一事；事實原本之是否如此又另一事。二者無必然相關之理。例如：

離騷「求榘矱之所同。……摯咎繇而能調」。朱熹集註云：「調叶音同。詩車攻之五章有此例」。朱氏詩集傳小雅車攻「弓矢既調」下傳云：「讀如同，與同叶」。陳第屈宋古音義（卷一第九頁）「調」字下云：「音同詩『弓矢既調，射夫既同』。調亦音同。東方朔七諫謬諫『不量鑿而正枘兮，恐榘矱之不同。不論世而高舉兮，恐操行之不調』。」卷二第十頁「摯咎繇而能調」下又云：「古音同」。孔廣森詩聲類云：「調、同之相爲韵，非特著在楚辭。韓非子楊權篇云：『君操其名，臣效其形；

形名相同，上下和調』。亦確徵也」。（註五三）或又以爲古人用韵甚寬，但求其耳順，不分韵部。是以「同」、「調」雙聲亦得爲韵。（註五四）或又以「同」、「調」不啻爲雙聲，二字古本同音云。王泗原以爲詩大雅行葦「敦弓既堅，……敦弓既句」與周頌有客「敦琢其旅」之「敦」皆讀「彫」，乃古人「雙聲轉讀」之理。而古「同」、「敦」同音，故「同」亦得讀「彫」，是以「同與調叶韵」。（註五五）自聲韵訓詁之理言之，各說固然圓通，終究未能反證孫詒讓以爲離騷「求榘矱之所同」之「同」乃「周」字之譌。孫說所以「足發千古之疑」者在此。

㈡天問第二

羿焉彃日？

說文十二篇下弓部「彃」字云：「䠶也。從弓，畢聲。楚辭曰：弩焉彃日。」

華案：徐楷說文繫傳及段註本引楚辭天問此句並作：「夫𢏚焉彃日也」？首尾多「夫」及「也」二字。而韵會四質引則作：「夫𢏚焉彃」、多「夫」字而缺「日」字。（集韵五質引與鉉本同）並非。（註五六）考楚辭一書，「夫」字凡八十二見。有用於句首者，（註五七）悉爲發語詞，乃無義之虛字。如離騷云：「夫維聖哲以茂行兮」、天問云：「夫焉取九子」等「夫」字是。有用於句中者，（註五八）爲數至夥。其用法有二：一爲無義之虛字。如離騷云：「豈維紉夫蕙茝」，天問云：「焉得夫朴牛」？九辯云：「竊悲夫蕙華之曾敷兮」等「夫」字是；二爲有義之實詞。如「大夫」、「夫人」、「仆夫」等「夫」字是，無庸類列。又有用於句末者。此例較少，楚辭一書，僅兩見。如九歎愍命云：「江河之畔無隱夫」。此「夫」乃實詞。王注以爲卽「隱佚之夫」。九思悼亂云：「嗟嗟兮悲夫」！此「夫」則爲「傷時昏惑」（王注語）之嘆詞。有聲無義也。楚辭「夫」字之用法蓋止於此。其與「也」字首尾同用於一句者，楚辭全書僅一見耳。卽離騷「夫唯靈脩之故也」。（註五九）雖然如此，離騷此語文從字順，乃一平鋪直敘之肯定句。而天問「羿焉彃日」則爲一疑問句。首尾加「夫」、「也」二字作：「夫羿焉彃日也」？殊爲不辭。況天問句首用「夫」字之疑問句雖多，（註六〇）亦無句末用「也」字之例。楚辭天問既無此等語例，則首尾「夫」、「也」二字明爲小徐繫傳所妄加。此殆唐、宋人引書喜增虛字之舊習也。

山海經海外東經「在黑齒北居水中有大木，九日居下枝，一日居上枝」下郭璞注引作：「羿焉畢日，烏焉落羽」；尚書夏書五子之歌「有窮后羿因民弗忍距于河……述大禹之戒以作歌」下孔疏引天問云：「羿焉彃日？烏解羽」；左傳襄公四年「昔有夏之方衰也，后羿自鉏遷于窮石，因夏民以代夏政，恃其射也」下孔疏引天問云：「羿彃日，烏焉解羽」；論語憲問「南宮適問於孔子曰：羿善射、奡盪舟」下邢昺疏引天問云：「羿焉彃日？烏解羽」；唐柳宗元天對所謂：「焉有十日，其火百物，羿宜炭赫厥體，胡庸以枝屈」！明爲設詞以對屈子「羿焉彃日」之問者也。凡此皆足證楚辭古今本皆同底本而不譌也。

惟「羿」字說文引作「𢏚」。洪補謂「𢏚與羿同」。實則說文無「羿」字，但有「羿」字與「𢏚」

字耳。竊以爲「羿」與「𢏚」二字古乃一字之異體。（註六一）並同爲古善射者之名。而「羿」字又爲「羿」字之俗省。（註六二）疑此蓋洪義之所本也。

說文四篇上羽部云：「羿，羽之羿風。亦古諸侯也。一曰射師。從羽，幵聲」。又十二篇弓部云：「𢏚，帝嚳䠶官。夏少康滅之。從弓，幵聲。論語曰：𢏚善射」。所謂「射師」，亦卽「䠶官」。名雖不同，實則一也。然此古諸侯者何？一曰射師者何？而帝嚳之射官果爲夏少康所滅乎？抑否乎？許君所言，旣語焉不詳；諸家析說，紛紜錯雜；卽經典所載，亦頗不一致也。

譬若說文，羽部「羿」字與弓部「𢏚」字許君說解詳略互見。二字原本旣爲一字，因得於異部分別設辭以訓釋之。則其變言避複，乃亟自然之理。然則正因如此，致引起諸多誤會。如徐灝疑「羿」字說解有竊亂。（註六三）王筠以爲許氏釋語有爲後人所增者。（註六四）而此增入之人，黃公紹直以爲卽徐鍇也。（註六五）然則此疑未免多餘。因說文邑部「竆」字下許愼有云：「夏后時諸侯夷羿國也」。（註六六）至此彈日之羿者誰？帝嚳之射官究爲何人所殺？臺靜農先生楚辭天問新箋（第六十頁）考之至碻。可參。因與本篇主旨無關，茲從略。（註六七）

今以楚辭底本及諸輔本校之，知說文所引天問「𢏚焉彈日」一句，蓋出自許君所見之古本，與現傳楚辭各本悉異。此又可由說文弓部「𢏚」字許君引論語「𢏚善䠶」一句爲說得一旁證。承培元說文引經證例「𢏚善䠶」條下云：「𢏚者，帝嚳䠶官，以爲氏。傳至夏，而少康滅之。鄦引論語，溯其原也。知論語古本作𢏚，不作羿矣」。論語古本旣作「𢏚」，與許君所見楚辭合，其非古本而何？

至於「彃」字，楚辭各本大多與底本同作如字。惟朱子集註卅三叢書本正文註文並作「蹕」，林雲銘楚辭燈亦作「蹕」；王闓運楚辭釋則作「彈」。左傳襄公四年孔疏引亦作「彈」；山海經海外東經「一日居上」郭註引、太平御覽九百二十引、類函天部二日類引則並作「畢」。此外，洪補、朱註、劉師培楚辭考異、姜註等皆引一本作「髡」（斃）。但皆不知所指何本。疑爲同聲附會；或即如姜註所謂：「聲近而譌也」。按說文無「蹕」字，但有「趩」字耳。許慎云：「趩，止行也」。經傳「蹕」、「趩」二字通用。（註六八）則「蹕」義亦「止行」也。與「射日」義乖殊。作「蹕」誤矣。蓋形近而譌也。說文云：「彈，行丸也」。或謂焉知羿彈丸擊日爲非是？然據載籍嚳、堯、舜賜羿彤弓素矢云云，知羿必「彃（䠶）日」，而非「彈（擊）日」。作「彈」者非是。疑亦因形近而譌。蓋「彃」字不習見，致有作「蹕」或作「彈」之譌。至於「畢」者，姜註以爲「濫文」也。竊疑或即「彃」之損文敗字也。

㈢九辯第八

奄離披此梧楸

說文一篇下艸部「菩」字云：「艸也。從艸，吾聲。楚詞有菩蕭艸」。

華案：段註本與錢坫說文解字斠詮「蕭」字下並無「艸」字。疑係許書原有而二氏傳本刪之。（註六九）王師叔岷謂：「說文所引楚辭僅『菩蕭』二字。增『艸』字以明其義。就說文而言，不當刪

『艸』字。就楚辭而言，則但擧『菩蕭』二字已足」。王師說至有理。至許氏謂「楚辭有菩蕭艸」者，今按現傳楚辭各本旣未見「菩蕭」二字連用，亦無「菩」字；但有「蕭」字耳。且「蕭」字於楚辭一書凡五見。其中一見卽訓草也。（註七〇）然則無訓草之「菩」字，而有從木之「梧」字。九辯三云：「白露旣下百草兮，奄離披此梧楸」。王註云：「痛傷茂木又芟刈也」。洪補亦云：「梧桐楸梓皆早凋」。二氏並以「梧楸」爲木名，與許愼所謂菩蕭草不合。顧廣圻說文辨疑「菩」字下云：「菩蕭者，乃今九辨之梧楸也。楸與橚古字通。王叔師讀楚詞字從木，則爲木名；許叔重讀楚詞字從艸，則爲艸名。秦漢以來，經、史、辭，賦各家訓釋，所有異同，鮮不若此。叔重於此說楚詞有菩蕭之下著一艸字，固明白示人以楚詞讀矣。安得仍執今楚詞而斷之曰無菩哉？玉篇云：菩似艾。然則蕭、荻也。二者於艸爲一類，猶梧楸之於木爲一類。兩家所讀艸木不同，其審於屬詞之法，則各有意義也」。嚴章福說文校議議云：「按今楚詞無菩蕭連文，惟宋玉九辯云：『白露旣下百草兮，奄離披此梧楸』。蓋許所見本作梧蕭。（案：此「梧」疑爲「菩」字之譌）。此校者，依篆改」。此外，苗夔亦以許君所稱「菩蕭」爲九辯之「梧楸」。（註七一）段君玉裁則直謂「梧楸蓋許所見作菩蕭。正百艸之二也」。（註七二）自許君以下，至段君等，諸氏皆以爲今楚辭九辯之「梧楸」原本作「菩蕭」，是也。蓋謂楚辭古本如此。至何以現傳俱作「梧楸」歟？此正上述嚴章福所謂。「校者依篆改」故也。又何叔師與慶善二氏並以木名釋之耶？此則望文生訓與昧於叚借之理而致。（註七三）離騷云：「何昔日之芳草兮，今直爲此蕭艾也」？二句所言僅及於草，例正與九辯「白露旣下百草兮，奄離披此梧楸」同。

可見上述段君以「梧楸」爲「百艸之二也」，確甚。實則九辯之「梧楸」，縱非校者依篆改，亦必「菩蕭」之叚借。蓋此「梧」非指「梧桐」之木，但指「蕭艾」之草。即玉篇所謂：「菩，草似艾」。是也。同理，「楸」亦非指「楸梓」之木，而指「蕭艾」之草也。蓋「楸」者，「蕭」也。以「楸」、「萩」、「橚」、「蕭」四字爲轉語，而古書恒互用故也。（註七四）又爾雅釋草「蕭、萩」郭註云：「即蒿」。邢疏引李巡曰：「萩一名蕭」。說文亦云：「蕭，艾蒿也」。又云：「萩，蕭也」。可證。

今據現存知見楚辭各本無有不與底本同作「梧楸」之事實觀之，知許君所見之古本久佚，且竟至無一傳本。寧不惜哉！由此又足見許君所引者最爲審諦，可貴也。

此外，「奄」字類聚三引作「淹」。（註七五）

「披」字五臣本文選作「被」。洪補、朱註並引一本作「被」，蓋即指五臣本文選也。又太平御覽二十五、記纂淵海二，合璧事類前集十四、事文類聚前集十引亦並作「被」。（註七六）疑所引亦皆據五臣本文選也。實則「披」、「被」古通，其例習見。

㈣大招第十

天白顥顥

說文九篇上頁部「顥」字云：「白貌。从頁从景。楚詞曰：『天白顥顥』。南山四顥，白首人也」。

華案：小徐說文繫傳「从頁从景」作「从景、頁」。段註本從小徐。惟於「四顥」下複「顥」字，並註云：「此字今補」。段氏蓋欲闡明「顥」字之本義也。徐灝說文解字註箋云：「此字從頁建類，似當以白首爲本義」。徐說是也。文選卷二十九李少卿與蘇武詩「皓音以爲期」李善註：「聲類曰：『顥，白首貌也』。皓與顥，古字通」。可證也。聲類所云，蓋本許書。何今許書竟作「白貌」也？段氏謂：「乃爲淺人刪首字耳」。甚是。「顥」之訓「白」，叚借義也。蓋借「皓」字爲之。（正字作晧，詳下，）詩唐風揚之水「白石皓皓」，毛傳元：「皓皓，潔白也」。此「皓」之本義也。說文無「皓」字，因借「白首」之「顥」爲之。徐鉉所謂：「景，日月之光明白也」、徐鍇所謂：「班固兩都賦曰：『鮮顥氣之清英』，顥氣，白氣也」。漢書禮樂志「西顥沆碭」註所云：「白氣之貌也」等均是。又如楚辭大招「天白顥顥」王註云：「光貌」。（註七七）洪補引說文曰：「白貌」。此二氏援用「顥」字之引伸假借義例。故爲分別「顥」字之本借二義計，段氏乃謂今許書「天白顥顥」四字經被寫者所亂。並認此四字「當厠白首人也」之下。其說甚確。

又按：「顥」字經典或作「晧」、或作「皓」。如皇甫士安高士傳曰：「四晧皆河內軹人；揚雄解嘲曰：「四晧采榮於南山」；漢書張良傳註云：「商山四晧」；廣韵三十二晧下「顥」字註云：「今或作晧」等是。「晧」、「顥」通假字。皓，俗字。王筠說文句讀曰：「顥晧古通」。是也。實則「晧」字之本義。說文云：「日出貌」，與「顥」字之本義不同。文選卷十四班固幽通賦云：「皓頤志而弗傾」；又卷二十九李陵與蘇武詩云：「皓首以爲期」；周禮考工記車人註云：「頭髮皓落曰宣」，釋文云：「皓本或作顥」等是。凡此亦皆「顥」字之通假，原當以「顥」爲正字。林義光文源「

顥」字下云：「按景，日光也。顥本義爲首映日光而白。引伸爲老人頭白。又引伸爲凡白之稱。如天白顥顥是」。林說有理。

今以底本及諸輔本校說文，知許君所見本此句與現傳楚辭各本盡合。雖蕭該漢書音義引楚辭作：「昊白顥顥」。此則寫者涉上文「曰」字而譌，未必別有所本也。（註七八）文選卷一班固兩都賦「鮮顥氣之淸英」李善註、廣韵三十二晧下「顥」字注引並與說文及底本同。是漢、唐、宋人所見本已如此。尤足證今本之不誤也。

【註釋】

註一　參見捌、附錄：「原本玉篇引騷紀要」一章。

註二　據徐鍇說文繫傳及段註本。

註三　見說文解字引群書考卷一，頁三十二。北京科學出版社，一九五九年。

註四　見王先謙後漢書集解，國學基本叢書，上海商務印書館，一九五九年，第二八四二—三頁。

註五　見說文解字十五卷下。

註六　見同上註。

註七　見同註四引。第二八七二—七三頁。

註八　見四部叢刊本楚辭十七卷；惜陰軒叢書本洪興祖楚辭章句補註。此本台北藝文印書館有影印。

註　九　參見捌，附錄：「原本玉篇引騷紀要」一章。

註一〇　詳見拙作「楚辭『辭』字詁」一文。待發表。

註一一　參見吳玉搢說文引經考；馬宗霍說文解字引群書考卷一，頁三十三；又郝懿行爾雅義疏釋言「芼、搴也」下疏云：「搴者，說文作𢹬。云：『拔取也』。方言云：『攓，取也。南楚曰：攓』。是攓，搴俱𢹬之或體」。

註一二　參見拙作：「郭璞『爾雅音義』名義釋疑」一文。載於大陸雜誌第四十九卷第三期，一九七四年九月十五日，第四一—五〇頁。

註一三　郭璞爾雅序云：「搴其蕭稂」。邢昺疏云：「搴其蕭稂者，此喻己作註，去惡取善也。……以禾莠喻也。搴，拔也。蕭，蒿也。稂，童粱莠類也。拔去其蕭蒿稂莠，以存其嘉禾也」；又卷三釋言云：「芼，搴也」。郭注云：「謂拔取菜」；卷八釋草云：「搴、柜朐」。郭注云：「未聞」。郝懿行爾雅義疏云：「上文𢶍薊，釋文：𢶍本亦作搴。然則搴卽𢶍也。郭俱未詳。搴柜雙聲；柜朐疊韵」。則此「搴」又「𢶍」之叚借字也。

註一四　參見鈕樹玉說文解字校錄，及馬宗霍說文解字引群書考卷一，頁三十三。

註一五　俶眞篇云：「擢德攓性，內愁五藏，外勞耳目」。高注云：「擢，取也。攓，縮也。皆不循其理，故愁其思慮也」。

註一六　俶眞篇云：「今萬物之來，擢拔吾性，攓取吾情」；又見文子上禮篇。

註一七　見王先謙莊子集解引。

註一八　史記呂后本紀云：「太后女弟呂嬃，有女為營陵侯劉澤妻。……過其姑呂嬃。嬃大怒曰：「若為將而棄軍，呂氏今無處矣』。……辛酉，捕斬呂祿而笞殺呂嬃」；漢書樊噲列傳云：「噲以呂后弟呂須為婦」。王先謙補注云：「須，官本作嬃。下同」。漢書高后紀云：「祿信寄，與俱出遊。過其姑呂嬃。嬃怒曰：『汝為將而棄軍，呂氏今無處矣』。」顏師古註曰：「呂嬃，呂后妹」。王先謙補注云：「宋祈曰：『呂嬃，樊噲妻。封臨光侯』。錢大昭曰：『說文：嬃，女字也。……詩正義引鄭注周易：歸妹以須。亦云：屈原之姐名女須。……是須與嬃古字通。呂嬃為呂后姐也』。王鳴盛曰：『陳平傳：高帝命平斬噲，道中計曰：噲、呂后女弟女嬃夫』。則其為呂后妹甚明。嬃蓋姐妹通稱」。案漢書陳平傳作：「平……行計曰：樊噲，帝之故人。功多。又呂后女弟呂須夫。……平恐呂后及呂須怒。……是后呂須讒酒不得行。樊噲至，即赦。」

註一九　詳見拙作「楚辭『女嬃』略說」一文。待發表。

註二〇　文選唐寫本正、注文亦作如字。

註二一　余雪曼離騷正義云：「餘如蔣驥以嬋媛為眷戀，錢杲之以為淑美，王夫之又以為婉而相愛，不幾於帝合字義，而失其本恉乎」？案蔣氏「眷戀」之訓蓋本諸朱註。

註二二　見余雪曼離騷正義（第一〇〇頁）引。

註二三　參見姜亮夫屈原賦校註卷一第四十八頁。王筠說文繫傳校錄亦云：「一曰見親婞五字」。

註二四　詳見拙作「說嬋媛」一文。待發表。

註二五　席世昌席氏讀說文記云：「鍇本下有一曰見親也五字」。桂馥說文解字義證則云：「徐鍇本有一曰見親，朱本此下有口，大徐無此五字」。王筠說文句讀亦云：「一曰見親口，空白當是婞字」。錢坫說文解字斠詮云：「繫傳有一曰見親口，下字缺。蓋卽親幸字」。今以小徐繫傳校之，四部叢刊本「親」字下確有空白，似有缺字。然四部備要本則無之。未審孰是？「親」字下之空白旣疑未能定，則作「也」作「婞」，明爲揣度之詞。

註二六　參見說文解字引群書考卷一，第三十四至三十五頁。

註二七　見洪補引。

註二八　參見鈕樹玉說文解字校錄「婞」字注。

註二九　參見馬宗霍說文解字引群書考卷一第三十四頁；段玉裁說文解字注「婞」字註；及王筠說文句讀「婞」字下註語。

註三〇　六臣註文選四庫善本叢書本註引「鯀」作「體」。

註三一　參見洪補引蘇東坡語及徐灝說文解字註箋「婞」字下註語。又錢氏集傳云：「婞與悻同」；馬其昶屈賦微云：「婞同悻」。皆是也。

註三二　見廣說文答問疏證「婞」字註。

註三三　見屈原賦辨證第十四頁。

註三四　廣韵第三卷、二十一混下有「鯀」字。云：「禹父名。亦作骸。尙書本作鯀。古本切，十二」；又「鯀」字下云：「說文曰：魚也。亦作鮌」。說文十一篇下魚部「鯀」字下段註云：「禹父之字，古多作鯀作骸。禮記及釋文作鱌。廣韵曰：『禹父鯀。尙書本作鯀』。按鯀乃鯀譌」。段說是也。蓋俗書「魚」字往往作「角」。禮記正義祭法云：「夏后氏亦禘黃帝而郊鯀」。正義云：「鯀、古本反。作鯀。……篇末皆同」。朱駿聲說文通訓定聲亦云：「列子楊朱鮌治水土，釋文本又作骸」。今考尙書四部備要本、中華書局聚珍倣宋版本俱作「鯀」。是廣韵所據別有古本也。

註三五　台靜農先生楚辭天問新箋正文作「鮌」。引王逸註文及各書說則「鯀」、「鮌」不分。

註三六　台先生新箋正文作「鯀」，引王註語作「鮌」，引各書說「鯀」、「鮌」不分。

註三七　台先生新箋正、註文並作「鯀」。

註三八　見同上註。

註三九　李善註文選胡氏刻本註引作「鯀」，與五臣本同。

註四〇　王氏離騷語文疏解（第一四三頁）云：「鮌，字從玄聲，作從系的錯了。玄旁因古寫和糸形近錯成糸，再錯成系（古無系字，說見前『固時俗之工巧兮』條）。說文鮌字說解應該是這樣：『……從魚，𢆶聲。𢆶，古文玄』。說文鮌字下只說『系聲』，可見鮌從玄聲在許愼時便失傳了。人名的鮌，也作骸，作鯀（音縣），都是因音同而隨便寫。但隨便那一種寫法都不能有系旁」。

註四一　見劉永濟屈賦通箋卷一第八頁引。

註四二　姜註說「亡身」，亦以吳氏之訛而訛。

註四三　聞氏校補說與劉同。張亨輯校謂「吳氏拘於正史以鮌爲狠戾之人，因傅會『方命圮族』，正與本文意義相反」。是也。惟誤解劉永濟同吳說，則非是。蓋劉氏未嘗言曰「吳說是也」云云。此語張氏所妄增。

註四四　參見嚴章福說文校議議「蒦」字下註語；馬宗霍說文解字引群書考卷一，第三十二頁。

註四五　說文五篇上工部「巨」字云：「規巨也。從工，象手持之。榘，巨或從木、矢。矢者，其中正也」。

註四六　參見吳玉搢說文引經考卷上、第二十六頁。

註四七　見馬宗霍說文解字引群書考卷一，第三十二頁。

註四八　見吳玉搢說文引經考卷上、第二十六頁引。

註四九　孫詒讓札迻卷十二、第五二七頁云：「淮南子氾論訓云：『有本主於中而以知榘䨼（按：乃彠之誤）之所周者也』。淮南王嘗爲離騷傳，氾論訓所云，必本此文。然則西漢本固作周矣。

註五〇　張亨離騷輯校云　「案文選（五臣本、贛洲本、淳熙本、淳祐本、舊鈔本）榘作『矩』。」
又六臣註本亦作「矩」。

註五一　見屈賦通箋卷一，第十一頁。

註五二　見屈原賦證辨上卷第二十九頁。

註五三　王先愼韓非子集解（諸子集成本）卷二第三十二頁云：「顧廣圻曰：同、調韵。……。與詩車攻五章合」。

註五四　俞正燮癸巳類稿「書古韵標準後」云：「古人韵文，取其耳順，後人始分韵部耳。迨語音遞變，始取古韵學之。古人無是也」。

註五五　毛詩正義大雅行葦「敦弓既堅」云：「敦音彫」。又周頌有客「敦琢其旅」云：「敦，都回反。徐又音彫」。朱子詩集傳大雅行葦「敦弓既堅」云：「敦，音彫。下同」。王泗原離騷語文疏解（第一八一頁）云：「爲甚麼小雅車攻和離騷調都韵同？這個問題是這樣解答的：詩大雅行葦『敦弓既堅，……敦弓既句』與周頌有客『敦琢其旅』的敦字都讀彫。這是雙聲轉讀。古『同』『敦』同音（故楚地的湖南今還讀『同』『敦』同音）。與敦讀彫同理。同與調叶韵。顧炎武、江永都認同調非韵。他們都沒注意到敦讀彫的例。江永認離騷與七諫的同調相叶是古人相效的錯。他說：『蓋屈子亦誤以此詩（按：指車攻）爲韵。故效之。古人讀書不必其無誤也』。（古韵標準卷一）他不知離騷的語言是活的楚語，誤以爲屈原也像後人那樣脫離自己的語言而翻韵書作詩」。

註五六　鈕樹玉說文解字校錄「彈」字註云：「繫傳作楚辭曰：『夫羿焉彈日也』；韵會引作楚辭：『夫羿焉彈』，恐並非。」鈕樹玉段氏說文註訂「彈」字下又云：「按：解字本作楚辭曰：『羿焉彈日』。繫傳加『夫也』二字。韵會作：『夫羿焉彈』，無『日』字。並非」。苗夔說文繫傳校勘記「彈」字下云：「夫羿夫字，衍。鉉本無」。田吳炤說文二徐箋異「彈」字下箋云：「楚詞亡夫也二字。大徐本是」。馬宗霍說文解字引群書考卷一第三十五頁云：「小徐繫傳本作『夫羿焉彈日也』，多夫也二字。韵會四質引作『夫羿焉彈』，又無日字，恐並非」。

註五七　離騷云：「夫唯捷徑以窘步」、「夫唯靈脩之故也」；卜居云：「夫尺有所短」；惜誓云：「夫黃鵠神龍猶如此兮」等，共二十九見。

註五八　離騷云：「來吾道夫先路」、「惟夫黨人之偷樂兮」；天問云：「胡䠶夫何伯」？「焉得夫褒姒」？九辯云：「農夫輟耕而容與兮」；招魂云：「一夫九首」；九歌雲中君云：「思夫君兮太息」；遠游云：「僕夫懷余心悲兮」等等，共五十一見。

註五九　「也」字楚辭一書凡十九見。除此例外，未有與「夫」字同用於一句者。十九例之中亦未有與「焉」字同用於一句者。

註六〇　如：「夫何三年不施」？「夫何以變化」？「夫何惡之」？「夫何辠尤」？「夫何爲周流」？

「夫何索求」？「夫何久長」？「夫何長」？「夫焉取九子」？「夫焉喪厥體」？「夫誰使挑之」？「夫誰畏懼」？等，共有十二句。

註六一　惠棟惠氏讀說文記云：「羽部曰：羿（按：此乃「羿」字之誤。下同）。羽之羿風。……與此𢏚實一字」。王筠說文句讀「𢏚」字下註云：「固謂羿𢏚同字矣」。李慈銘越縵堂日記論說文云：「案𢏚羿自是一字。從羽猶從弓也」。承培元說文引經證例云：「𢏚爲䠶官之稱，故從弓。羿本矢羽，不憚風之貌。故又以爲射師之名。二字音義相同，本爲一字。鄦君不定，故仍分別也」。

註六二　嚴章福說文校議議「羿」字下云：「說文作𢏚，經典借羿爲之。隸俗作羿」。錢坫說文解字斠銓「羿」字下云：「弓部有𢏚，義與此同。亦一字也」。李富孫說文辨字正俗「羿」字下云：「羿、𢏚或古今字也」。邵瑛說文解字群經正字「羿」字下云：「今經典作羿。隸省。按羿𢏚類篇集韵以爲二字。詳說文聲義。自是一字。蓋古今字耳。漢簡云：𢏚出古文尙書」。說文「𢏚」字下段註云：「俗作羿」。馬宗霍說文解字引群書考卷一第三十五頁云：「說文無羿字，蓋卽羽部羿字之隸省」。

註六三　見說文解字註箋「羿」字下箋語。

註六四　說文句讀「羿，……一曰射師」下云：「左傳：楚有鬥射師。然此句恐係后人增。𢏚下云：帝嚳䠶官。則此爲贅設」。王氏說文釋例亦云：「羿下云：古諸侯也。一曰射師。此不解古諸侯者所增也。苟如弓部彃下，明言射官，則彼無由加此矣」。

註六五　「亦古諸侯九字，黃公紹韵會以爲徐鍇增益。是也。射官之字，不合從羽。許氏旣于弓部解之，何以羽部又贅此一義？尙書左傳兩處疏皆引弓部註，不引羽部註，並引賈逵左傳註云：『羿之先祖，世爲先王射官，故帝賜羿弓矢，使司射』。可見羽部註孔穎達作疏時尙未有。是徐鍇附入也」。（見王鳴盛蛾術編說字引）。

註六六　參見王鳴盛蛾術編說字。王氏云：「邑部竆字註云：「夏后時諸侯夷羿國也。字正從羽。則羽部亦古諸侯九字未必是徐鍇所增益。」

註六七　另見拙作「說『羿』、『羿』、『彃』一彃日之射師」一文。待發表。

註六八　參見說文走部「趩」字段註。又姜註亦云：「躍乃趩異文」。

註六九　顧廣圻說文辨疑云：「叔重於此說楚辭有菩蕭之下，著一艸字，固明白示人以楚辭讀矣」。言外之意以爲許書原有「艸」字。徐承慶說文解字註匡謬「菩」字下云：「蕭下删艸字」。

註七〇　離騷云：「何昔日之芳草兮？今直爲此蕭艾也」？王註云：「言往昔芬芳之草，今皆直爲蕭艾而已。以言往日明智之士，今皆佯愚、狂惑不顧」。洪補曰：「顏師古云：齊書太祖云：詩人采蕭。蕭卽艾也。蕭自是香蒿。古祭祀所用。合脂爇之以享神者。艾卽今之灸病者，名旣不同，本非一物。詩云：彼采蕭兮。彼采艾兮。是也。淮南曰：膏夏紫芝，與蕭艾俱死。蕭艾，賤草，以喩不肖」。其餘「蕭」字皆非草名，不另舉。

註七一　說文繫傳校勘記「莙」字下云：「莙蕭，疑卽梧楸」。

註七二　參見說文解字註「莙」字下註語。

註七三　參見上引顧廣圻說文辨疑語。劉永濟屈賦通箋（卷二、第四十九頁）云：「梧楸，諸家皆如此。說文莙字下曰：『楚辭有莙蕭草』。疑卽引此文。作莙蕭與上百艸合。今據改」。馬宗霍說文解字引群書考（卷一第三十二頁）云：「然九辯之梧楸，文承百艸之下，則自以從艸作莙蕭爲正字。從木者蓋叚借字。許所據蓋爲古本。王逸以其字從木，遂以木爲訓，似昧叚借之理」。

註七四　王念孫說。參見經義述聞第二十八爾雅「蕭萩」條下。又左傳襄公十八年「趙武韓起以上軍圍盧，弗克。十二月戊戌及秦周伐雍門之萩」。說文繫傳「楸」字下徐鍇曰：「春秋左傳曰：斬雍門之楸作萩」。段註亦云：「左傳、史、漢以萩爲楸。如秦周伐雍門之萩。淮北常山巴南河濟之間千樹萩，是也」。晏子春秋外篇則云：「見人有斷雍門之橚者」。山海經中山經亦云：「其草多藷薁、多苦辛。其狀如橚」。正以「橚」爲「草」。郭註云：「卽楸字也」。則「楸」亦卽多苦辛之草也。朱季海楚辭解故「白露既下百草兮，奄離披此梧楸」條下云：「然楚人謂之蕭，齊人謂之橚，不謂之萩、楸者，則語從其方也。爾雅釋草有云：『蕭、萩』者，正所以釋方國之殊語耳。逮陸璣著草木疏乃云：『蕭，今人所謂「萩蒿」者是也』。蓋至是而『蕭、萩』始爲古今語矣。淮南楚語，文與楚詞相應，九辯故書，正當作『莙蕭』

耳。許君親遊東觀，及事賈逵，故所引最爲審諦」。

註七五　參見劉師培楚辭考異第三十六頁。

註七六　參見張亨「楚辭斠補」，史語所集刊第三十六本，紀念董作賓、董同龢兩先生論文集下册，一九六六年，第六四九—七〇二頁。

註七七　郭慶藩說文經字正誼「顥」字下引王逸楚辭章句作「顥、絜白也」。不知何據？

註七八　又參見馬宗霍說文解字引群書考卷一第卅二頁。

參、楚辭「予」字考校

一、緒　論

楚辭九歌大司命云：「紛總總兮九州，何壽夭兮在予」？這話自東漢王逸以來的楚辭注家，大多把它說成是大司命之神的自述自問之詞。（註一）助是把句末的「予」字當作是大司命的自稱，是第一身人稱代名詞，相當於「余、我」等字。這種說法似是而非。主要的原因是跟大司命這首詩的主旨不符，也可說是跟大司命之神的職司相乖違。因爲在傳統上，一般都認爲，大司命之神的職責既然是主宰天下萬民的壽命，（註二）那末祂爲何又帶着詰問的口氣說：「何以壽夭之權在我」呢？（註三）這是我們百思不得其解的。朱熹作楚辭集註時雖然全採王逸章句、洪興祖補注二家的舊說，但是後來在楚辭辯證上也不得不起疑心。他說：「何壽夭兮在予？舊說人之壽夭皆在自取，何在於我巳？失文意。或又以爲喻人主當制生殺之柄，尤無意謂」。郭沫若。陸侃如等也有鑑及此，因而設法把這話繙成肯定的語氣：九州人民的壽命，都掌握在我司命的手中。（註四）無奈詩歌原文畢竟是疑問之詞，郭、陸等這樣講法未免違背原作者的本意。郭沫若的大弟子文懷沙就大不以其師爲然。爲尊重原作者的本意起見，他仍然把這話繹爲疑問的語氣：「多麼廣袤多采的世界啊，爲甚麼你有權操縱人們的壽命」？雖然如此，文懷沙的繹法，仍是吃力不討好；更糟的是，這麼一來結果却弄巧反拙：他居然強詞奪理地把「予」繙成「你」，強使第一身代名詞爲第二身。周汝昌說得好：「這個事實最可注意，因爲這說明文先生也認爲這樣突兀的『身』的轉移情形是罕見的、難解的、無法調協的，因此他才不能不把『予』繹成『你』；這也就說明：『予』是『我』的講法在這裡是通不下去的，是無法成立的」。（註五）其實，對於處理楚辭裏這個「予」字的問題之難處，南宋朱熹已感嘆在先，他在楚辭辯證上說：「九歌諸篇，賓主彼我之詞最爲難辨，舊說往往亂之，故文意多不屬」。朱子這話雖是特指九歌而言，實則可以概括楚辭之一般。近代學者如浦江清、郭沫若、乃至於文氏本人等，也都頗有同感。不過，他們有一個與傳統說法迥異的共同見解。那卽是：楚辭裏某些個「予」字，不能作「我」講。（註六）如上述九歌大司命裏的那個「予」字，就是一個最好的例子。若必拘泥舊說，把它當「余、我」義講的話，無論如何是講不通的。不但如此，由於這個「予」字的眞諦把握失措，致使後世學者對這幾句話的「人身」問題，（註七）模糊不清，無所適從。（註八）可見要解決這幾句話裏的「人身」問題，非得把這個「予」字的眞諦認識淸楚不可。在這裏，我們很感謝周汝昌給予我們的啓示。他說：「予在這裏可能祇是一個聲音，而沒有實義」。他接着把「何壽夭兮在予？」這一句詩繙成：「爲甚麼其中又有着壽夭的區分？」這麼一來，一切的疑難：如大司命這首詩的主旨問題、有關大司命之神的職司問題、以及這幾句話的「人身」四句都是主祭者之詞的問題等，都能迎刃而解了。

不過，周汝昌並沒有提出「予」字在這裏何以只是一個聲音、而沒有實義的理由與證據。雖然，他這話帶着「可能」的語氣，說甚麼「只是個人的一點揣測，一個假想」，但是在總結的時候，他却頗爲堅決地說：「總之，『予』決不是『我』，它只是爲了音節的數目，加上去的語辭，沒有甚大的實義可講」。（註九）這種說法，若只是針對某個特殊的「予」字而發，是無可厚非的，但看周氏的出發點明係概指楚辭中的「予」，那就未免過於武斷了。而且這種理論又跟傳統把「予」字當作「余、我」解的舊說，形成兩個極端，都不很妥恰。本文從版本學、校讎學、統計學、語法學與古文字學的立場，遍求例證，有系統地、全面地整理楚辭裏這個「予」字及其有關的問題。結果發現舊說與新解，固然都有一得之見，無奈立論過於偏激，往往流爲武斷、附會與牽強。換句話說：楚辭裏的「予」字，固然有如其他載籍一樣，用作第一身人稱代名詞「余、我」的例子；有用作「給予」、「賜予」的例子；也有用作有聲無義的語氣詞，卽虛字的例子。不過，用作虛字的時候實際是個誤字，卽是由「乎」、「兮」、「丂」（于）、或「干」等字的形誤而來，那是「乎」、「兮」、「丂」、「干」等字與「予」字的形近易誤之故。而「予」字本身並沒有用作虛字的例子。其他的載籍也沒有例外。

二、楚辭「予」字考釋

(一)「予」字的出現跟楚辭的版本

「予」字甲骨文僅一見。（註一〇）字作「」。截至目前爲止，在所有傳世與出土的知、見金文裏，都尚未發現「予」字。至少容庚的金文編裏沒有。當然，這並不足以說明「予」字在周朝已停止使用。相反地，在先秦的文獻裏，常常出現「予」字。（註一一）再者，古來名字叫「予」的人也不少。（註一二）不過一直到漢朝爲止，其字形都不離古體，如說文卽作「」。其後才隸變爲今體。但是不論如何，「予」字出現於楚辭，可以無庸置疑。

也許，有人以爲「余予古今字」，古書作「余」或「予」，都只是任意爲之，沒有甚麼特別的用義。（註一三）例如戴震的屈原賦注一書，把原本的「余」字，都亂作「予」。（註一四）然而這些「予」字，日本京都帝國大學影舊鈔本文選集注殘卷（以下簡稱「唐寫本文選」）、六臣註文選、文選胡刻本，王逸楚辭章句明嘉靖間吳郡黃省曾校刋本（以下簡稱「黃省曾本」）、明隆慶辛未五年豫章夫容館刋本（以下簡稱「夫容館本」）、明萬曆間朱燮元等校刋本（以下簡稱「朱燮元本」）、明萬曆十四年武林馮紹祖刋本（台北藝文印書館影印之，以下簡稱「馮紹祖本」）、明萬曆十四年金陵兪初刋本（以下簡稱「兪初本」），洪興祖楚辭補注惜陰軒叢書本（藝文印書館影印之，以下簡稱「惜陰軒本」）、四部叢刋本，朱熹楚辭集注一九五三年北京人民文學出版社影印南宋理宗端平二年朱鑑刋本（藝文印書館亦影印之，以下簡稱「朱鑑本」）、光緒三年湖北崇文書局三十三叢書本（以下簡稱「朱注三十三叢書本」）、黎庶昌古逸叢書之九覆元本楚辭集註（以下簡稱「朱註古逸本」），錢杲之離騷集傳知不足齋叢書本、光緒三年湖北崇文書局三十三叢書本（以下簡稱「集傳三十三叢書本」）、光緒三十年南陵徐氏隨庵叢書影印宋本（以下簡稱「隨庵叢書本」），王夫之楚辭通釋船山遺書本（又一九五九年北京中華書局刋行本），林雲銘楚辭燈日本刋行本（又台北廣文書局影印本），蔣驥山帶閣注楚辭康熙五十二年癸巳山帶閣初刋本（又廣文書局影印本），李光地離騷經九歌注榕村全書本，方苞離騷正義抗希堂十六種全書本，陳本禮屈辭精義陳氏叢書瓠室四種本（又廣文書局影印本），馬其昶屈賦微集虛草堂叢書本（又廣文書局影印本），劉永濟屈賦通箋附箋屈餘義一九六一年北京人民文學出版社印行本，聞一多楚辭校補聞一多全集本、聞一多離騷解詁（同上）等，全都作「余」字，沒有例外的。又如離騷「倚閶闔而望予」之「予」，敦煌唐寫本隋僧道騫楚辭音殘卷（以下簡稱「騫音」）正作「予」；又除錢杲之離騷集傳（知不足齋本、卅三叢書本、隨庵叢書本）作「余」之外，以上所引各書也全都作「予」。周汝昌說得好：「好的楚辭本子，『余』、『予』字絲毫不亂，分得很清楚，翻一下的結果，就有個印象：爲甚麼某處用『余』？某處又用『予』呢？似非無故」。這話很有道理，楚辭裏某處用「余」或「予」，是有特殊意義的。詳見下文。可是周氏接着又說：「進一步的印象是：『余』在句頭句中的極多，在句尾的很少。而『予』則多在句尾，在句中的只有二例」。（註一五）楚辭裏的「予」字，用在句尾的固然很多，但是用在句中的，却也不少，總共有十例之多，並不「只有二例」。這是以偏概全、沒有全面地遍搜例證的錯誤。要進一步地認識「予」字的作用，我們有必要全面及系統地研究楚辭「予」字的句法。

(二)楚辭「予」字的句法

根據惜陰軒叢書本王逸楚辭章句、洪興祖楚辭補注、朱鑑本朱熹楚辭集註所載，以及竹治貞夫楚辭索引所收，楚辭一書里的「予」字，總共出現了二十一次。如下：

(1)申申其詈予。（離騷）
(2)夫何煢獨而不予聽。（離騷）
(3)倚閶闔而望予。（離騷）
(4)詔西皇使涉予。（離騷）
(5)目眇眇兮愁予。（九歌：湘夫人）
(6)聞佳人兮召予。（九歌：湘夫人）
(7)何壽夭兮在予。（九歌：大司命）
(8)芳菲菲兮襲予。（九歌：少司命）
(9)魚隣隣兮媵予。（九歌：河伯）
(10)子慕予兮善窈窕。（九歌：山鬼）
(11)歲既晏兮孰華予。（九歌：山鬼）
(12)何試上自予。（天問）

⒀排閶闔而望予。（遠遊）

⒁汝筮予之。（招魂）

⒂若必筮予之。（招魂）

⒃苦衆人之妬予兮。（七諫：沈江）

⒄惜予年之未央。（七諫：自悲）

⒅恨離予之故鄉。（七諫：自悲）

⒆借浮雲以送予兮。（七諫：自悲）

⒇夫何予生之不遘時。（九歎：逢紛）

(21)曷其不舒予情。（九歎：逢紛）

以上所舉例句，較周汝昌的多出一倍。大抵可以代表楚辭裏「予」字用法的一般現象。雖然偶而有些原本是「余」字的地方，有的本子却作「予」。例如離騷：「初既與余成言兮」，錢杲之離騷集傳知不足齋本與隨庵叢書本「余」字俱作「予」，然而卅三叢書本則仍作「余」。離騷：「既替余以蕙纕兮」，錢氏集傳知不足齋本、隨庵叢書本與卅三叢書本「余」字俱作「予」。又離騷：「仆夫悲余馬懷兮」，錢氏集傳知不足齋本與卅三叢書本「余」字並作「予」，然而隨庵叢書本則仍作「余」。像這種特殊、局部的情形，實際並不太多，也沒有代表性，我們只能當作例外看待。本文並不採納。至如上述戴震屈原賦注裏「余」和「予」那種混亂的情形，實在是一個很有趣的問題，值得研究。因爲戴氏精通文字、聲韵、訓詁，不致像周汝昌所說那麼要不得。然而，相反地，我們所列舉的這二十一個例句，從版本學的立場來說，全都是相當可靠的。詳見下文：「楚辭『予』字校理」。

就以上所舉各例而論，楚辭「予」字的用法只有句中和句尾二式。沒有用在句首的。這點和「余」字的用法大爲不同。跟周汝昌的說法相反，「予」字用在句中和句尾的現象同樣地普遍。在所有二十一個「予」字之中，用在句中的佔了十次，用在句末的有十一次。兩種句式可說是在伯仲之間。不過，一般說來，用在句中的「予」字變化比較大。例如：

㈠句中式

有用於第二字者：

⒄惜予年之未央。（七諫：自悲）

有用於第三字者：

⑽子慕予兮窈窕。（九歌：山鬼）

⒁汝筮予之。（招魂）

⒅恨離予之故鄉。（七諫：自悲）

⒇夫何予生之不遘時。（哀時命）

有用於第四字者：

⒂若必筮予之。（招魂）

有用於第五字者：

(21)曷其不舒予情。（九歎：逢紛）

有用於第六字者：

(16)苦衆人之妬予兮。（七諫：沈江）

(19)借浮雲以送予兮。（七諫：自悲）

有用於第七字者：

(2)夫何煢獨而不予聽。（離騷）

(乙)句末式：

此式句法比較單純。不論是多少字數的句子（由四字至八字），「予」字都是出現在句尾

例如：

(1)申申其詈予。（離騷）

(3)倚閶闔而望予。（離騷）

(4)詔西皇使涉予。（離騷）

(5)目眇眇兮愁予。（九歌：湘夫人）

(6)聞佳人兮召予。（九歌：湘夫人）

(7)何壽夭兮在予。（九歌：大司命）

(8)芳菲菲兮襲予。（九歌：大司命）

(9)魚隣隣兮媵予。（九歌：河伯）

(10)歲既晏兮孰華予。（九歌：山鬼）

(12)何試上自予。（天問）

(13)排閶闔而望予。（遠遊）

周汝昌說「予」字多用在句尾，而「余」字用在句尾的則很少。劉秋潮也說：「予字可放在一個句子的末尾，余吾朕等字，則絕無此例。此『予』字在離騷中所獨具之特色，與余吾朕等字之所以不同者也）。（見「論離騷中朕吾余予等字的用法」一文。載於大陸雜誌第十一卷第九期）。這話單就離騷而論，大體都不錯。但是楚辭裏用在句尾的「余」字也有三例：

陰憂兮感余。（九懷：通路）

蟲豸兮夾余。（九思：怨上）

鴝鵒鳴兮聒余。（九思：疾世）

周氏又說從他所舉的十個例子看來：「都好像先有一個『及物動詞』，後接一個作『我』解的『受事詞』，這也就是一向的很自然的看法」。我們認爲楚辭裏這種語法的現象是個客觀存在的事實，不僅是「一向的很自然的看法」而已。楚辭裏確實有（並不是「都好像有」）一種帶「賓詞」（odject）的「及物動詞」（Transitive verbs）的語詞結構，一如「動賓結構」的語法現象。不過在周氏所學的十個例子之中，有三個動詞似乎不能當作是「及物動詞」看待。它們是一種帶描寫性的、不及物的"Stative verbs"。例如：

目眇眇兮愁予。（九歌：湘夫人）

何壽夭兮在予？（九歌：大司命）

歲既晏兮孰華予？（九歌：山鬼）

話說回來，這種「及物動詞」帶「賓詞」或「受事詞」的句法是楚辭里一種極普遍的語法現象。例如下列的「一余」式的句子都是：

(1)肇錫余以嘉名。（離騷）

(2)名余曰正則兮。（離騷）

(3)字余曰靈均。（離騷）

(4)覽余初其猶未悔。（離騷）

(5)捐余玦兮江中。（九歌：湘夫人）

(6)操余孤兮反淪降。（九歌：東君）

(7)覽余以其脩姱。（九章：抽思）

(8)迎余兮歡欣。（九懷：尊嘉）

(9)修余兮袿衣。（九懷：蓄英）

⑽羨余術兮可夷。（九懷：陶壅）
⑾云余肇祖于高陽兮。（九歎：逢紛）
⑿思余俗之流風兮。（九歎：憂苦）
⒀念余邦之橫陷兮。（九歎：思古）
⒁蟲豸兮夾余。（九思：怨上）
⒂鴝鵒鳴兮聒余。（九思：疾世）
⒃邪氣襲余之形體兮。（哀時命）

以上「及物動詞」帶「受事詞」的「一余」式的句法，跟下列同樣語法結構的「一予」式的句子正可互相比擬：

⑴申申其詈予。（離騷）
⑵夫何煢獨而不予聽。（離騷）
⑶倚閶闔而望予。（離騷）
⑷詔西皇使涉予。（離騷）
⑹聞佳人兮召予。（九歌：湘夫人）
⑻芳菲菲兮襲予。（九歌：少司命）
⑼魚隣隣兮媵予。（九歌：河伯）

⑽子慕予兮善窈窕。（九歌：山鬼）

⒀排閶闔而望予。（遠遊）

⒃苦衆人之妒予兮。（七諫：沈江）

⒆借浮雲以送予兮。（七諫：自悲）

這兩種「一余」式與「一予」式的句子的語法結構可說是完全相同。不但如此，有些甚至連語意也相同。例如⑴中的「詈予」傳統說是「罵我」，跟⒂中的「聒余」——「吵我」，句法與詞意都甚近似。⑻中的「襲予」和⒃中的「襲余」，說的都是氣味「侵我」。所不同者，前者是香氣，後者是邪氣吧了。又如⑼中的「媵予」、⒆中的「送予」，跟⑻中的「迎余」，說的都是「迎我」、「送我」。還有⑽中的「慕予」和⑽中的「羨余」，同樣都是說：「羨慕我」。所不同者，前者是羨慕我的姿色，後者則是羨慕我的道藝。由此可見楚辭裏這些「一余」和「一予」式的句子，無論語法結構或是語意都是一樣的。換句話說：「一余」都是「一予」，也卽是「一我」；「予」是第一身人稱代名詞「余、我」的意思。至於周汝昌的疑慮：「爲甚麽這裏句中都用『余』而上十例句尾却單單都用『予』呢？」這也是無謂的多心。須知行文措詞之間，此處用「余」，彼處用「予」，意思相同，只是爲了「改字避複」的原故。何況「余」字並非都不可用在句尾？（參見上文）。

此外，倘若我們進一步去研究、分析「予」字的句法、詞法、或者是詞性的話，我們將發現到，楚辭裏的「予」字絕大多數都得遵照傳統的說法，當第一身人稱代名詞「余、我」講，少數當「給予」、

「賜予」、「推予」講，而沒有當有聲無義的虛字講的。若有，如周汝昌所指出的某些個「予」字，原本不應該是「予」字，而是「予」字以外的一個虛字的形誤。我懷疑是「兮」或「乎」或「干」等字之誤。因「予」、「兮」、「乎」、「干」等字字形相近易誤的關係。（詳見下文）

就「予」字的詞性而論，它在楚辭裏用作「所有格」或「領有格」（Possessive case）的例子相當多。周汝昌說「予」字從未當作「領有格」用過一次的話，簡直是瞎說。周法高說：「『余』『予』後可加『之』字表領位。……欒黶謂士匄曰：『……是而子殺予之弟也。』（左傳襄十四）……『……又惡人之有余之功也。』（左傳昭三十）『浸假而化予之左臂以爲雞，予因以求時夜。』（莊子大宗師）。……『衆女嫉予之蛾眉兮。謠諑謂余以善淫。』（楚詞離騷）。」（見中國古代語法稱代編第五一頁。華按：離騷：「衆女嫉予之蛾眉兮」之「予之」，各本多作「余之」。）周先生的話說得很對。其實楚辭原本就有這種「余」、「予」之後加「之」字表領位的用法。例如七諫：自悲云：「恨離予之故鄉」，跟惜誓的「不如反余之故鄉」，幾乎是兩相呼應；而「予之」與「余之」的所有性是不容置疑的。他如(17)七諫：自悲：「惜予年之未央」中之「予年」，(20)哀時命：「夫何予生之不遘時」中之「予生」，以及(21)九歎：逢紛：「曷其不舒予情」中之「予情」等，這些「予」字顯然也都屬於所有格，而且還可以和它的同義異形字「余」的用法相對比呢！例如下列各句中的「余年」、「余壽」即是：

惜余年老而日衰兮。（惜誓）

恐余壽之弗將。（九辯）

哀余壽之弗將。（哀時命）

又下例各句中的「余生」：

悼余生之不時兮。（九辯）

余生終無所依。（七諫：怨世）

哀余生之不常兮。（九歎：愍命）

悲余生之無歡兮。（九歎：思古）

以及下列各句中的「余情」、「余性」：

苟余情信姱以練要兮。（離騷）

苟余情其信芳。（離騷）

悲余性之不可改兮。（九歎：遠遊）

這些「余年」、「余生」與「余情」，顯然就是「予年」、「予生」與「予情」的一種「改字避復」的修辭法。而這些「余一」與「予一」字只能是「我的一」的意思，不可能有別的意義，更不會像周汝昌所說的：「可能祇是一個聲音，而沒有實義」。

㈢楚辭「予」的虛字用法試探

「予」字作爲有聲無義的虛字用法，卽是字書裏所載「予」字的「給」與「我」這兩個意義以外的第三義，傳世見、知的文獻裏還沒有實例。這也可由王引之的經傳釋詞、劉淇的助字辨略、楊樹達的高等國文法與詞詮，以及呂叔湘的文言虛字等書裏都沒有收這個字的事實得到證明。不過，裴學海的古書虛字集釋裏却收了兩個用法與「與」字相當的「予」字的例句。其一爲：「『與』猶『而』也」條下云：「字或作『予』，」並引詩經衞風河廣：「跂予望之」爲例；其二爲：「『與』『舉』也」條下云：「字或作予」，並引詩經齊風雞鳴：「會且歸矣，無庶予子憎」爲例。其實這兩個「予」字是否能作「與」、「而」或「舉」的意思講，都還有問題。

先談衞風河廣中的「予」。其詩首章云：「誰謂宋遠，跂予望之。」鄭箋云：「予，我也。誰謂宋國遠與？我跂足則可以望見之。」孔疏云：「言跂足可見，是喻近也」。可見鄭玄和孔穎達都沒有把「予」字當作「與」或「而」講。朱熹詩集傳云：「誰謂宋國遠乎？但一跂足而望，則可以見矣」。乍看之下，一般人很可能以爲朱子是把「予」字講成「而」的。實則不然。這個「而」字和以下的「則可以見矣」，都是朱熹「增字以釋義」的一種訓詁手法。正如上文鄭箋「我跂足則可以望見之」一語中的「則」字，不能等於「予」字一樣。至於裴學海所引大戴禮勸學篇「吾嘗跂而望之」一語，（註一六）與河廣「跂予望之」是同樣結構、意義的一句話的兩種不同的說法。試看下表便可一目了然：

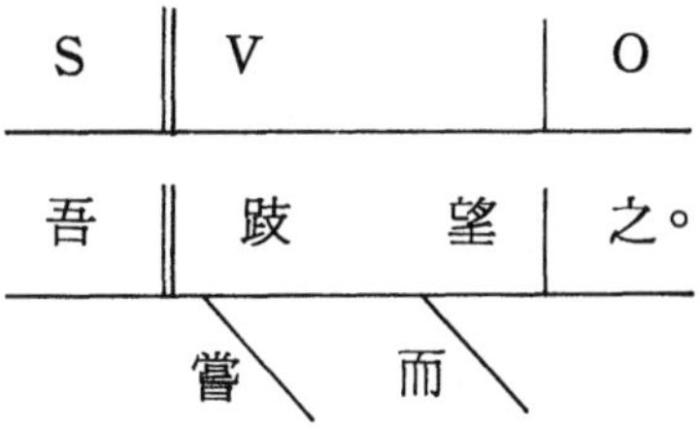

（大戴禮勸學篇）

（倒裝）

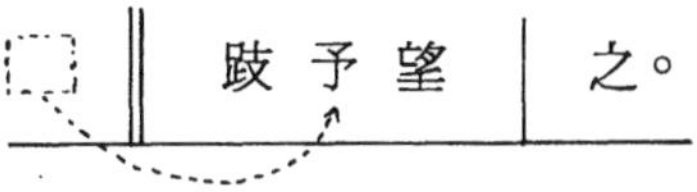

（詩經衞風河廣）

從語法學的立場來說，這兩句話的語法結構主要相同，語意大致也相同，甚至連所用的字眼也大都相同：主詞一是「吾」，另一是「予」。「吾」是用在「主∥動」結構的正常位置；而「予」則是這種結構的倒裝用法。這種倒裝用法在先秦的文獻中很常見。兩句的動詞同樣都是「跂」與「望」。上句在兩個動詞之間用一個連詞「而」加以聯繫；下句則省略了。又如上句的副詞「嘗」，下句也省略了。代詞「之」作爲動詞「望」的賓語，兩句完全相同。在這種情形之下，下句的主詞「予」，怎能像裴學海一樣，把它解釋爲（或等同於）上句的連詞「而」呢？可見「予」是個人稱代名詞，不是個虛字。

再說齊風雞鳴中的「予」。其詩三章云：「蟲飛薨薨，甘與子同夢；會且歸矣，無庶予子憎」。鄭箋云：「庶，衆也；蟲飛薨薨，所以當起者，卿大夫朝者且罷歸故也。無使衆臣以我故憎惡於子。

戒之也」。孔疏云：「上言欲君早起，此又述其欲君早起之意。夫人告君云：『東方欲明，蟲飛薨薨之時，我甘樂與君臥而同夢。心非願欲早起也。所以必欲令君早起朝者，以卿大夫會聚我君之朝，且欲得早罷歸矣。無使衆臣以我之故，於子之身加憎惡也』。子謂君也。君若與我同臥，不早聽朝，則事不連迄，罷朝必晚，衆臣憎君，是由我故。故欲令君早起，無使見惡於夫人」。朱熹詩集傳云：「言當此時，我豈不樂於與子同寢而夢哉。然群臣之會於朝者，俟君不出，將散而歸矣。無乃以我之故而並以子爲憎乎」？可見鄭、孔、和朱三家都以「予」爲我，沒有把「予」當虛字「與」或「擧」講的。裴學海所以必把它當作虛字「與」，主要是根據釋文云：「定本『予』作『與』。」其實定本的錯誤，孔穎達毛詩正義早經指出。他說：「今定本作『與子憎』，據鄭云我。我是予之訓。則作與者非也」。再者，裴學海在古書虛字集釋「『與』『擧』也」條下所引楚辭七諫篇「與世皆然兮」句中的「與」字，恐怕是根據洪補「擧、一作與」的本子而來的。按王逸楚辭章句明萬曆十四年丙戌馮紹祖觀妙齋刋行本，洪興祖補注上海涵芬樓借江南圖書館藏明繙宋版影印本（即四部叢刋本）、惜陰軒叢書所收汲古閣本等七諫：初放此語俱作：「擧世皆然兮，余將誰告」？似此，則彼一作「與」之本可能是書手或刻工把「擧」字所從的「手」脫漏了所致。此外，王逸注：「擧、與也」三字也是原本所無，乃是後人因另一作「與」之本妄加的。而聞一多楚辭校補「正文擧當作與，注『擧、與也』當作『與、擧也』。惟正文作『與』用借字，故注以正字『擧』釋之」的狡辯，實際是矯枉過正。委曲求全而究不全之論。理由如下：

第一、今本作：「舉世皆然兮，余將誰告？」文從字順，詞義明晳。正如王逸所云：「言舉當世之人，皆行佞僞，當何所告我忠信之情也？」反觀另一本作：「與世皆然兮，余將誰告？」則情理、詞意俱不通。若照聞一多所說：正文作「與」是用借字，所以注文才用正字「舉」來注釋它的話，那末何以注文所注的仍是正字「舉、與也」，而不是注的借字「與」呢？其實這兩句話之間根本沒有用「與」字的必要；也更沒有用借字的必要。楚辭裏「舉」跟「與」兩個字的用法分別得很清楚，沒有一次用過借義（即通假義）的。何況聞氏本人也認爲「舉」是正字，「與」是借字呢！

第二、楚辭裏「舉世」跟「與世」二詞的用法分明不亂。例如：

舉世皆濁我獨清。（註一七）（漁父）

舉世皆然兮。（七諫初放）

舉世以爲恒俗兮。（哀時命）

世並舉而好朋兮。（哀時命）

世並舉而好朋兮。（離騷）

而能與世推移。（漁父）

與前世而皆然兮。（九章：涉江）

七諫初放「舉世」王逸以爲是「舉當世之人」，已如上述。哀時命「舉世以爲恒俗兮」王逸也說是「言舉世不識賢愚以爲常俗」。又「世並舉而好朋兮」，王逸仍說是「言今世之人皆好朋黨，並相薦舉」。

同樣，在離騷經章句王逸還是說：「言世俗之人皆行佞僞，相與朋黨，並相薦擧」。反觀漁父「而能與世推移」，王逸則說：「隨俗方圓」。九章涉江「伍子逢殃兮，比干菹醢；與前世而皆然兮」，王逸云：「謂行忠直而遇患害，如比干子胥者多也」。比較來說：「擧」帶有「全……都……」的意思，而「與」則作「和……若……」義講。詞意分別得相當淸楚，不容混淆。「擧世皆然」斷不能作「與世皆然」。雖然，阮廷卓「離騷新詁」一文中「世並擧而好朋兮，夫何煢獨而不予聽」條下云：「擧當讀爲與。說文擧字從手，與聲，故字得相通。周官地官師氏：『王擧則從』。鄭註：『故書擧爲與』。史記呂后紀『蒼天擧直』。徐廣云：『擧、一作與』。卽其證。……漢書蓋寬饒傳『職在司察，直道而行，多仇少與』。註：『與，黨與也』。……上文『衆皆競進以貪婪兮』，王註：『競、並也』。是二字義近。……此謂世人競黨而好朋，汝於何孤煢特獨而不予聽，其不合也必矣。」（見大陸雜誌第十九卷第四期）這話固然也言之成理。然而七諫初放「擧世皆然」縱使果作「與世皆然」，「與」字也不能作「黨與」講。既不能作「黨與」講，東方朔七諫也就無需用「擧」之借字「與」了。

第三、聞一多楚辭校補云：「若正文本作『擧』，則字義已明，無煩訓釋，更無以借字『與』轉釋正字『擧』之理。」今案毛病就出在這裏。原因正如上文所說：後人因另一作「與」之本而妄加「擧、與也」這三個字。而妄加的技巧又不夠高明，不作「與、擧也」，而偏偏作「擧、與也」，便就露出了馬脚。然則馬脚還不止此一隻呢，下文「擧當世之人」也忘記改作「與當世之人」，才算天衣無縫、百無一失！這就難怪聞一多要爲這一位「以一本改王本正文，又乙註文『與擧』二字以就之」

的「後人」大大地歎惜道：「其下文『舉當世之人』仍出『舉』字，則又改而未盡改者也」了！

綜觀以上所論，足證「舉」是「舉」，「與」是「與」，楚辭裏的「舉」並不等於「與」。裴學海古書虛字集釋「與、舉也」的說法固然不錯，但不能引楚辭七諫初放「舉世皆然」以爲例證。這樣，我們就可以得到一個結論：「予」不是「與」，不是「而」，也不是「舉」。總之，不是一個虛字。

「予」字既然不是一個虛字，那就不可能「祇是一個聲音，而沒有實義」（周汝昌語）了。

說文云：「予、推予也。象相予之形」。段註云：「象以手推物付之」。這是「予」字的本義。由這推付的本義，引申爲「賜予」、「給予」之義。如爾雅釋詁所謂：「予、賜也」。卽是。段玉裁稱之爲：「予與古今字」。朱駿聲說文通訓定聲說是「予、假借爲與」。此外、廣韵、正字通、廣雅釋詁、一切經音義三引三倉解詁等，都以爲「予猶與也」。

「予」又假借爲「我」。爾雅釋詁云：「予、我也」。朱駿聲說文通訓定聲云：「予、假借爲余」。是個第一身人稱代名詞。段玉裁說文解字註「余」字下註云：「詩、書用予不用余；左傳用余不用予。曲禮下篇朝諸侯分職授政任功曰：予一人」。周法高先生中國古代語法稱代編也說：書經、詩經、論語、孟子和莊子等書多用「予」字。（註一八）高名凱漢語的人稱代名詞（燕京學報第三十期，第六頁；又見漢語語法論第二九八頁）說：「在最古的書籍中，只有『予』字，並沒有當作代名詞用的『余』字，除了左傳和國語以外。『余』之當作第一身代名詞用者，其實就是『予』字。後因其音相同，就拿來代替『予』。」高氏忽視甲、金文存在的錯誤。周法高先生經已指出。其實剛剛相反，上文也曾提及，在所有傳世的甲、金文之中，「余」字出現的次數比「予」字要來得多多。（註一九）這也許可以證明，「余」字由「語之舒也」，（見說文）的本義，引申爲「我」一義，要比「予」字由「推予」的本義假借爲「余、我」一義來得早些。總之，無論如何，「予」字始終只有「賜給」與「余我」二義，沒有第三義。那末，讓我們看看下列各句中的「予」字，該作怎樣解釋：

(5)目眇眇兮愁予。（九歌：湘夫人）

(7)何壽夭兮在予？（九歌：大司命）

(11)歲既晏兮孰華予？（九歌：山鬼）

(12)何試上自予？（天問）

先談九歌湘夫人「目眇眇兮愁予」句。自洪補、朱註等舊說至文懷沙、Arthur Waley和David Hawkes等新解，都以爲「眇眇」是好貌，「予」是主祭者自稱之詞：「我」、「言望之不見，使我愁也」。（洪、朱語）。這話充滿着矛盾：既說帝子（也即是湘夫人）的眼睛美妙，又說看不見她使我發愁。試問看不見她怎知她的眼睛美妙？又怎樣能使我發愁？何況上句明明已說：「帝子已降臨了北渚」呢？姜亮夫說得好：「予余古通用，然此處不得通借。……予、諸家以爲吾之借字，實不辭。」（註二〇）接着姜氏雖然把「予」字說成「忬」之借字，猶可可商（詳見下文），但是認爲「予余此處不得通借」，確是灼見。周汝昌也說得好：「依我看，整個『湘夫人』第一段皆是描寫湘夫人的話，怎麼該剛一出『帝子』，隨卽來個『予』跟着打攪呢？這個『予』我越看越不像是個『我』！」（註二一）周汝昌這話不是沒有道理的。雖然文懷沙再版他的屈原九歌今繹一書時，仍然不願意接受，只是把周氏的文章附錄在書後而已；但是畢竟也不得不承認：「其（周氏）關於『予』字的用法，（華案：當是「說法」之誤）當貼近屈賦。援引爲例，亦無不宜。因此，我認爲提供給對於『九歌』人稱代名詞有興趣的朋友們參考，是很有意義的」。（註二二）對於九歌湘夫人「目眇眇兮愁予」這一句的處理，郭鼎堂總算是用盡了心力，以巧妙的偷天換日的手法，把這個極有問題的「予」字撇開了。他譯道：「望眼將穿，繞着愁腸」。（註二三）大體說來，這是很接近原文的本義了但是對「予」字却沒有交代清楚。周汝昌說：「『予』在這裏可能祇是一個聲音，而沒有實義」。雖然是一種頗爲妥恰的解釋，可是問題在「予」字本身沒有作爲有聲無義的虛字用法這一義。同時，載籍裏也沒有作虛字用法之實例。

至於九歌大司命「何壽夭兮在予？」這一句裏的「予」字問題，在上文「緒論」已經討論得極爲詳盡，這裏不必重複。對這個「予」字，周汝昌認爲可能祇是一個聲音，而沒有實義，即是虛字。雖然見解高明，但是根據上文所述，「予」字從來沒有作爲虛字用過。所以，我疑心這個「予」字很可能是「乎」、「兮」、「于」等字的形誤。「予」字本身沒有虛字的功用。（詳見下文）。

再看九歌山鬼「歲既晏兮孰華予？」這一句。王逸云：「年歲晚暮，將欲罷老，誰復當令我榮幸也？」五臣云：「歲晏衰老，孰能榮華乎？」洪補云：「此言當及年德盛壯之時留於君所。日月逝矣，孰能使衰老之人復榮華乎？」朱註云：「不然則歲晚而無與爲樂矣。」可見在宋及其以前楚辭註家的學說之中，對這個「予」字的意義，便已經有作「我」與「不作我」解的兩種說法。也由此可見九歌裏的人稱代名詞是難於處理的。難怪文懷沙在繙譯九歌時感到最棘手的就是人稱代名詞。其實，誠如上述，這點朱熹早已有鑑及之了。（註二四）我想對這「孰華予」中的「予」字之意義，洪、朱不採王逸舊說作「我」解，應該就是朱子的「頗已正之」的一個例子了吧？「予」字作「我」講跟不作「我」講固然都講得通，那末不作「我」講時，到底是個甚麼字？照周汝昌說，是個有聲無義的虛字嗎？這還不能令人滿意。

試再看天問「何試上自予？」。這個句末「予」字的問題很多。洪、朱兩家俱引一本作「與」，王逸楚辭章句馮紹祖刋行本作「于」，姜亮夫屈原賦校註以爲當作「干」字。各是其說，無以信從。再加上「試」字有作「誠」、「誡」、「譏」、「弒」等字之別，致使「予」字的問題更加複雜化。雖然如此，綜觀各家的註釋之中，不是作「干犯」講，就是作無義的「與」與「于」講，很少直接當作「余我」解的。這一個例子似乎可以給周汝昌的理論添增一個佐證了？

既然上述四例中的「予」字，都可以不作、有的簡直是不能作人稱代名詞「余，我」講，也不能作「給與」、「賜予」講，似乎都只是一個有聲無義的語詞。然則「予」字古書沒有作虛字用法的實例。而姜亮夫據各家引一本作「與」之版，以爲「予與二字古通用」的說法，（註二五）也不能令人滿意。因爲「與」字在楚辭裏大多用作語中連詞，（註二六）或是用在帶有閒適或徘徊意思的詞組：「容與」之中。（註二七）卻沒有用作語尾疑問詞如「歟」字的實例。雖然，在楚辭一書中，漁父一篇裏有一個這樣的用法：「子非三閭大夫與？」但這是散文的體裁，和屈、宋的詩歌體是不可同日而語的。再說漁父一篇學者們頗多認爲不是屈、宋之作，而是秦、漢人的作品。（註二八）可見予與二字古代當作虛字通用的說法極其勉強。

畢竟楚辭裏這些不能作「余我」講，又非「給予」、「賜與」的意思，實際上只是有聲無義的「予」字，應作何解呢？我懷疑它們原本不是「予」字，而是「乎」、「兮」、「于」等字的形誤。現在讓我們舉例證明之。

王逸九思疾世云：「鴝鵒鳴兮聒余」。隋杜台卿玉烛寶典卷五頁二一「取寒皐一名雊欲」下註引王逸九思云：「雊鳴予聽余」。按台卿引九思疾世句中「兮」字誤作「予」；「鴝」字作「雊」，這是當時的俗體。誠如台卿所說：「今字多作雊」。引九思句中又說「鵒」字，這不是台卿所見本子原來沒有「鵒」字之故，而是誤漏了的。由同卷頁二〇引異苑云：「五月五日剪鴝鵒舌亦能學人語」，以及「取寒皐一名雊欲」下又引玉浮鎌夫人四言詩云：「鴝鵒戴飛之也」等語可以證明。此外，引九思句「聒」字又誤作「聽」。這種錯誤固然是由於草率與大意，但是當時人嗜作俗體的書寫習慣也有以致之。例如玉烛寶典卷二頁二十八引王广春可樂云：「告辰兮上戉，明霊亍惟社；百室亐必集，祈社亐樹下」。同樣一個「兮」字，就作了「兮」、「亍」與「亐」三個異體。卷五頁十八引離騷（華案：誤。實出九歌雲中君）云：「浴蘭湯亍沐芳」。「兮」字作「亍」，頗易與「予」字混誤。又卷十頁十一引王逸九思（按：即傷時）云：「時混混亍澆饡」。「兮」字作「亍」，也容易和「予」字混亂。

此外，梁顧野王原本玉篇廿七卷系部「繽」字注引楚辭（離騷）云：「佩繽紛其繁飾丫」；九卷音部「章」字註引楚辭（按：卽九歌雲中君）：「耶翺翔丫周章」；廿二卷石部「碊」字註引楚辭（按：卽九歌湘君）：「石瀨另碊碊」；廿七卷系部「繚」字註引楚辭（按：卽九歌湘夫人）：「繚之以杜蘅」；廿二卷石部「磊」字注引楚辭（按：卽九歌山鬼）：「石磊磊予菖蔓蔓」；十八卷車部「轑」字注引楚辭（按：卽九辯）：「炊轑兮兮貧士失職」，又「軩」字注引楚辭（按：卽九辯）：「倚結軩予太息」；廿二卷石部「砏」字注引楚辭（按：卽九懷危俊）：「臣寶逦于碓殷」；廿二卷山部「崎」字注引楚辭（按：九懷）：「都軨上方崎傾」，十九卷水部「滃」字注引楚辭（按：卽九懷蓄英）：「望谿予滃鬱」等，（註二九）援引同樣一個「兮」字共作六種異體或誤謬。如下：

⑴引離騷、九歌雲中君、九辯句「兮」字作「丫」；
⑵引九歌湘君句「兮」字作「另」；
⑶引九歌湘夫人句「兮」字作「以」；
⑷引九歌山鬼、九辯、九懷蓄英句「兮」字作「予」；
⑸引九懷危俊句「兮」字作「于」；
⑹引九懷昭世句「兮」字作「方」。

同樣一個「兮」字既然可以別作、或誤作、「丫」、「另」、「以」、「予」、「于」與「方」等六種異體或誤字，那末，如果原本是「于」、「以」、「兮」等字的話，同樣也可以誤作「予」，或是其他字形近似的字。例如：文選張衡思玄賦「出閶闔兮降天途」，李善注引楚辭曰：「倚閶闔而望兮」。潘岳寡婦賦「若閶闔兮洞開」，李善注引離騷同；又九歌少司命「羅生兮堂下」，一切經音義二十一引此作「羅生乎堂下」等，皆其明證。這是陳、隋以後的情形；西漢以上，想必也是如此。尤其是楚辭寫作的時代——戰國時代，「言語異聲，文字異形」，（註三〇）同字異體別出的現象，更是尋常。再加上秦漢之際的篆化與隸變過程，今本所見與原本的面目必大有出入。拿小篆體來說，「干」字作：「[glyph]」；「予」字作：「[glyph]」；「兮」字作：「[glyph]」；「乎」字作：「[glyph]」；「于」（原作「亏」）字作：「[glyph]」。說文「虧」或作「虧」，段注云：「亏、兮皆謂氣」。可見「于」（亏）、「兮」古字通用。又如「[glyph]」與「[glyph]」只是一筆之差，則「乎」字誤作「兮」，或是「兮」字誤作「乎」，都是極有可能的事。例如招魂洪補本「去君之恒幹，何爲四方些」，洪補曰：「一云何爲乎四方；乎一作兮」。朱子集註朱鑑本正作：「去君之恒幹，何爲乎四方些」。朱熹也註云：「一無乎字；乎一作兮」。聞一多楚辭校補招魂「去君之恒幹，何爲四方些」條下云：「案『爲』下當從一本補『乎』字。海錄碎事九上引乎作兮，與又一本同。兮卽乎之誤字」。英國牛津大學郝大衞D. Hawkes也說：“The song-form of these two lines is probably the result of corruption. The four 兮's should be emended to 於，乎，於，乎 and 兮 's supplied after 石 and 梧”。（註三一）郝氏以爲九歎逢紛「馳余車兮玄石，步余馬兮洞庭；平明發兮蒼梧，夕投宿兮石城」此四句之某些文字可能有訛誤。其中四個「兮」字應該改訂爲：「於，乎，於，乎」；而兩個「兮」字則分別補在「石」與「梧」之後。作：「馳余車於玄石兮，步余馬乎洞庭；平明發於蒼梧兮，夕投宿乎石城」。郝氏所說甚是。聞一多也說：「案本篇兮字無在句中者」。（註三二）但是聞氏却把這四個「兮」字全改成「於」字。（註三三）這可就不如郝氏的作法高明了。緣郝氏所說的這種句法，正是楚辭詩歌所習見。（註三四）既然如此，則「步余馬乎洞庭」與「夕投宿乎石城」二句中的「乎」字，今本都誤作了「兮」。

總而言之，「乎」字既然易誤爲「兮」，而「兮」字又易誤爲「予」，那末，「乎」字之被誤作「予」，是理所當然之事。我們可以用數學上的代數原理說明如下：

設「乎」（乎）爲 a；「兮」（兮）爲 b；「予」（予）爲 c。

∵「乎」易誤作「兮」；「兮」易誤作「予」

$a = b$；$b = c$

∴「乎」易誤作「予」

$a = c$

再者，拿聲韵來說，「乎」、「予」、「下」、「女」、「雨」等字上古音都同在魚部，則作「乎」或作「予」，同樣可以入韵。例如：

九歌湘夫人：「帝子降兮北渚，目眇眇兮愁予（乎）；

嫋嫋兮秋風，洞庭波兮木葉下。」

九歌大司命：「君迴翔兮以下，踰空桑兮從女。；

紛總總兮九州，何壽夭兮在予（乎）？」

九歌山鬼云：「杳冥冥兮羌晝晦，東風飄兮神靈雨。；

留靈修兮憺忘歸，歲既晏兮孰華予（乎）？」

據此，我們可以斷定，上述這些不能作「余我」講，也不是「給予」、「賜予」，又沒有實義的「予」字，很可能是「乎」字、或「于」字之誤。「予」字本身不能作虛字用。

三、楚辭「予」字校理

本章以一九五三年北京人民文學出版社影印南宋理宗端平乙未（一二三五年）朱鑑刊行（台北藝文印書館亦影印）之朱熹楚辭集註爲底本，輔以其他各本，參驗前賢及近人之注釋，以及專題研究等，凡涉及「予」字者概重加校理：

㈠申申其詈予。（離騷）

王逸楚辭章句馮紹祖本「詈予」作「罵余」。王注云：「申申，重也；余，我也。言女嬃見己施行不與衆合，以見流放，故來牽引數怒，重罵我也」。

文選唐寫本正文同。引王注語無「余、我也」三字，「重罵我也」作「重詈我也」。又引公孫羅音決：「詈，力智反」。六臣注本正文同。「詈」字下注云：「五臣作罵」。引王注亦無「余、我也」三字。「重罵我也」作「重詈我也」。胡刻本正文、注文並與上二本同。

洪興祖楚辭補注四部叢刊本、惜陰軒本正文同。引王注語無「余、我也」三字，此頗值得注意，因此與原本究作「予」或「余」有關。又引王注「重罵我也」作「重詈我也」。補曰：「詈、一作罵；予、一作余。……予、音與，叶韻」。

朱熹楚辭集注卅三叢書本、古逸本正、注文並與底本同。朱注云：「詈、一作罵；予、叶音與。……申申、舒緩貌」。

錢杲之離騷集傳知不足齋本、卅三叢書本、隨庵叢書本「予」俱作「余」。並注云：「詈、一作罵」。

文徵明書離騷經帖「詈予」作「罵余」。

陳第屈宋古音義學津討原本正文與底本同。

王夫之楚辭通釋正文與底本同。釋云：「詈、責也」。

林雲銘楚辭燈正文與底本同。注云：「詈非一次，所詈亦非一詞，故下有不予聽句」。

蔣驥山帶閣注楚辭正文與底本同。注云：「上余，爲原言也；下予，嬃自謂」。案蔣氏所謂「上余」，乃指上章「余獨好脩以爲常」及「豈余心之可懲」句中之「余」。氏謂「上余」、「下予」，是已鑑及屈原用字有別之事實。

李光地離騷經注「詈予」作「駡余」。

方苞離騷正義正文與底本同。

戴震屈原賦注「詈」作「駡」。音義云：「駡、俗本作詈，非」。

龔景瀚離騷箋「予」作「余」。

陳本禮屈辭精義正文與底本同。

江有誥楚辭韻讀渭南嚴氏斠刋本正文與底本同。

朱駿聲離騷補注朱氏群書本正文與底本同。引王註云：「重詈我也」。

王闓運楚辭釋正文與底本同。引王註亦作「重詈我也」。

馬其昶屈賦微正文與底本同。註云：「予讀上聲，與野韵。義仍爲予我之予。古無四聲之別。餘倣此。方植之先生云：『古者字少，多假借。古音四聲互用。明乎此，可以讀古書矣』。」

劉永濟屈賦通箋（附箋屈餘義）正文與底本同。箋云：「考異曰：『詈一作駡』。按六臣本作駡，今據改」。

聞一多離騷解詁和楚辭校補正文並無此條。惟在「女嬃之嬋媛兮」條下，俱注云：「本篇『女嬃之嬋媛兮，申申其詈予』……」可見聞氏所據本正文與底本同。

沈祖緜屈原賦證辨「詈予」作「駡余」。注云：「說文：『駡、詈也；詈、駡也』。兩字互訓。徐鍇：『韵會：正斥曰駡，旁及曰詈』。上用申申，是正斥也。駡爲正文，殆駡不雅馴，改爲詈字爾」。案沈氏立論似有道理。

余雪曼離騷正義正文與底本同。

王瀣離騷九歌輯評「予」字作「余」。引黃文煥曰：「文借女嬃作一轉關。下面陳辭上征，總從此一詈生出，布局奇幻」。

王泗原離騷語文疏解「詈」作「駡」。疏解云：「申申是楚方言。今故楚地的江西安福方言，說『私下裏』說『申申』，還帶上詞尾『兒』，讀曰尢日尢（陰平）了一。……『申申其詈予』意思是私下里駡我。私下里駡，那是很親很愛的」。（第一四二—三頁）

姜亮夫屈原賦校注正文與底本同。註云：「詈、王注『駡也』。按詈字從言，從網，謂觸罪網者也，則詈猶言罪責人也」。

張亨「離騷輯校」正文與底本同。註云：「戴氏不知何所據而云然，今所見較早各本如唐寫本文選、米書、朱鑑本、錢本……並作『詈』。疑似以作『詈』爲正。劉永濟反從戴說，誤矣。五臣注文選、黃省曾本、夫容館本、朱燮元本、馮紹祖本、袖珍本、閔齊伋本、俞初本、凌毓枏本，乾本並作『駡』。」

何錡章屈原離騷研究、張壽平離騷校釋正文並與底本同。

案「詈予」二字不誤。最早較佳之本如文選唐寫本、六臣注本、李善注胡刻本、惜陰軒本，朱注朱鑑本——「這是今日我們所見『楚辭的最古和最完整的一個刻本」，（註三五）卅三叢書本、古逸本等，以及明、淸以後各本，多作「詈予」。「詈」字文選五臣注本始作「罵」。劉永濟屈賦通箋卷一「離騷正字第二」云：「六臣本作罵，誤矣。戴震屈原賦音義云：「罵、俗本作詈，非」。張亨謂戴氏「不知何所據而云然」，其所據或卽此五臣注文選。然而戴氏之誤則在以作「詈」之最早、最善之版本，以及鄭振鐸認爲「最古和最完整的一個刻本」，（註三六）目爲俗本。實則說文云：「詈、罵也；罵、詈也」。足見兩字原可互訓。徐鍇：「韵會云：『正斥口罵，旁及曰詈』」，沈祖緜曰：「上用申申，是正斥也。罵爲正文，殆罵不雅馴，改爲詈字」。由此又可見屈子行文措詞之苦心。

「予」之作「余」，自宋錢杲之離騷集傳始也。此可由文選唐寫本、六臣注本、胡刻本等書引王逸注語俱無「余、我也」三字事實得到證明。則此「余、我也」三字必王注馮紹祖本所妄加，明矣。蓋以所據爲作「余」之本故也。其實、縱使原本作「余」，馮紹祖本妄加「余、我也」三字，亦祇駢拇技指，畫蛇添足耳。其爲後世注家所不取，亦自宜然。

以語法而論，無論作「詈」或作「罵」，此及物動詞之後，皆需附帶一受事詞或賓語，不得爲一無義之虛字。似此，則非作「余我」之「予」字莫屬矣。

(二)夫何煢獨而不予聽。（離騷）

章句馮紹祖本「予」作「余」。王注云：「煢、孤也。詩曰：『哀此煢獨』。余、我也。言世俗之人皆行佞僞，相與朋黨，並相荐擧忠直之士，孤煢特獨，何肯聽用我言而納受之也」。

文選唐寫本、胡刻本「煢」字並作「焭」，六臣注本作「煢」。引王注語並皆有「予、我也」三字。

洪補四部叢刊本、惜陰軒本「煢」字作「焭」，其餘正文與底本同。引王注語並無「予、我也」三字。補曰：「焭、一作㷀；予，一作余」。

朱注卅三叢書本、古逸本正文並與底本同。注云：「㷀、一作焭。並渠營反。不字疑衍」。惟卅三叢書本「煢一作㷀」，後一「㷀」字應爲「焭」字之誤。

錢氏集傳知不足齋本、卅三叢書本與隨庵叢書本「㷀」並作「焭」，「予」亦皆作「余」。知不足齋本與隨庵叢書本注云：「女嬃謂人皆好朋，汝何焭苦獨處而不聽我言」。卅三叢書本「獨處而不聽我言」作「獨立終不聽我言」。

文徵明書離騷帖「煢」作「㷀」；「予」作「余」。

陳第音義正文與底本同。注云：「……而我忠耿孤獨，誰肯聽我」。

王夫之通釋正文與底本同。釋云：「言汝獨別異不佩服之。察余之余，代原自稱。予聽之予，代世人自稱。言人皆謂汝不己聽。㷀然獨異而無徒也」。

林雲銘楚辭燈「㷀」字作「㷀」。注云：「舉朝皆私黨，汝何獨立于世，而不聽吾言。同于鯀之悻直乎？女嬃言止此。舊注把後四句作原言，大謬」。

蔣驥注楚辭「㷀」作「㷀」。注云：「上余，爲原言也。下予，自謂。女嬃之言止此」。

李光地離騷經注「予」作「余」。注云：「奈何煢煢獨立而不余聽哉？舊解後四句謂非姐言，不是」。

方苞正義「煢」作「㷀」。注云：「此亦女妻責原之辭也。察予之予，對衆而言，即謂原也。古人於其所親則我之。尙書微子篇『我用沈酗於酒』，是也。言衆不可以戶說，孰能察予之中情乎？世並好朋，醜正惡直，實繁有徒，汝何煢獨而不予聽乎」？

龔景瀚離騷箋云：「此予字女嬃自稱」。

陳本禮屈辭精義「煢」作「㷀」。「予」作「余」。注云：「何家庭之言，反藐而置之耶？怪之之詞」。

朱駿聲離騷補注引王注語有「予、我也」三字。補注曰：「女嬃言世皆相援而爲朋攩，汝何甘自孤特而不聽予之諫乎？」

王闓運楚辭釋云：「上予，予、屈原；下予、嬃自謂也。欲原無獨異而與世朋」。

馬其昶屈賦微「煢」作「㷀」。注云：「錢澄之曰：上余字爲原言也。下予字女嬃自指。姚鼐曰：以上設爲女嬃辭」。

劉永濟通箋卷一離騷通訓第四「予聽」條下云：「戴震曰：『察予之予，予屈原也。予聽之予，女嬃自予也』。按從戴說則煢獨乃女嬃謂原之詞，非原自謂忠直之士也。其義較長。女嬃之言，止於何句？諸家之說，各不相同。章句以爲止於『判獨離而不服』句，補注、集注從之。五臣選注，亦無異說。錢氏集傳以爲止於『夫何煢獨而不予聽』句，明以來諸家從者最多。惟通釋以爲止於『循繩墨

而不頗』句，謂依前聖以下，皆『女嬃歎原任己之志，不參觀古今成敗之迹，以審剛柔屈伸之節，而婞直以涉此亂世』也。陳氏屈辭精義同。今參稽衆論，以錢氏之義爲長，故從之者亦最多。舊說『衆不可戶說兮』以下，爲屈子之詞者，徒以『察予』、『予聽』兩予字似自道之詞也。若從通釋之說，則無以解於濟沅湘陳詞重華之句矣」。

沈祖緜證辨「予」字作「余」。注云：「焭爲俗字，正字作縈，作惸亦同」。

王瀣輯評「予」字作「余」。引王遠曰：「此亦女嬃之言。上余字代原稱，下余字自謂也」。

王泗原疏解云：「『察余』的余字是爾的錯。錯的原因：㈠爾或寫作尒，與余形近。下文『爾何懷乎故宅』的爾或也寫作尒，是同篇的例證。㈡涉下文『孰云察余之善惡』。」『孰云察爾之中情』這句話是女侍女用疑問語氣說屈原：『誰明白你的內心？』上文說屈原『獨有此姱節，與這句同是說屈原的好處。

朱季海楚辭解故「煢」字作「焭」。

姜亮夫校注「煢」字亦作「焭」。注云：「余、余等也。以單數代名詞表複數，本詩歌中常例。原妾諫原，故可引余融于第二人稱之中而曰余等，其義則實指原言。……予、女嬃自予也」。

張亨「輯校」從錢杲之集傳及戴震注說，以爲女嬃責備屈原之語止於「夫何煢獨而不予聽」句，予爲女嬃自予，而以朱熹「不」字衍文爲不是。「注：詩曰哀此煢獨」條下云：「案文選（唐寫本、贛州本、淳熙本、淳祐本）此下並有『予、我也』三字。黃省曾本、夫容館本、朱燮元本、馮紹祖本、兪初本予並作余」。

案「㷀」字說文云：「回疾也。從凡、營省聲」。段注云：「回轉之疾飛也。引伸爲煢獨，取裴回無所依之意。或作𢝊」。惟詩小雅正月云：「憂心惸惸，念我無祿。……哿矣富人，哀此惸獨」。鄭箋云：「惸本又作焭。其營反。一云獨也。篇末同」。是其字俱作「惸」，而非「𢝊」。況且說文又云：「𠬪、驚詞也。……𢝊、𠬪或從心」。段君誤「惸」爲「𢝊」。至「煢」之訓「回疾也」，乃自「卂」字得義。說文云：「卂、疾飛也。從飛而羽不見」。段注云：「飛而羽不見者，疾之甚也」。此卽「煢」之本義，而「獨」則其引申義也。

說文無「焭」、「㷀」、「𦒻」等字。惟廣韻平聲第十四：「㷀、獨也。焭、上同。惸、無兄弟也。㒨、特也」。又平聲庚第十二：「𦒻、𦒻然，飛聲」。廣雅釋詁三：「𦒻、飛也」。集韵：「𦒻、𦒻𦒻，飛也。或作䕢、𤞋、狥」。正字通：「焭、㷀通」。由此可見「煢」爲正字，「焭」、「㷀」和「𦒻」等皆俗字。例如文選唐寫本、胡刻本皆作「焭」，六臣注本作「㷀」卽是。因唐人步六朝與隋人之後塵，嗜作俗字。雖然如此，楚辭各本無作「𦒻」者，沈祖緜謂「正字作𦒻」、不知何所據而云然？恐非是。至於詩小雅正月今本「憂心惸惸……哀此惸獨」句，前者作「惸」，毛傳云：「憂意也」，概無問題，與「憂心京京」、「憂心愈愈」、「憂心慘慘」、「憂心慇慇」等「我心憂傷」之義有關；但後者作「惸」、則有問題。竊以爲應從鄭箋所謂又一本作「㷀」。緣孟子梁惠王下引詩云：「哿矣富人，哀此㷀獨」。焦循注云：「詩人言居今之世，可矣富人，但憐憫此㷀獨羸弱者耳」。字俱作「𥨍」。此外，楚辭各本王逸注引小雅正用此句亦皆作「𥨍」。

唐人注文選各本，如唐寫本、胡刻本、贛州本、淳祐本等引王注語「詩曰：哀此𥨍獨」下並有「予、我也」三字。直至明萬曆十四年馮紹祖所刋楚辭章句補注與清道光間朱駿聲離騷補注朱氏群書本引王逸注語亦均有之。惟其中馮紹祖因所據本正文作「余」，乃改爲「余、我也」耳。雖然如此，仍無損於原本必爲作「予」字之事實。此後各本蓋以此三字注文爲蛇足而並予刪之。

㈢倚閶闔而望予。（離騷）

王注云：「閶闔、天門也。言已求賢不得，疾讒惡佞，將上訴天帝，使閽人開關。又倚天門望而距我，使我不得入也。」

隋釋道騫楚辭音殘卷正文有「倚」、「閶」、「闔」、「予」四字。（註三七）是騫音正文與底本同。

文選唐寫本、六臣注本、胡刻本正文與底本皆同。並注云：「予、音與也。」

洪補四部叢刋本、惜陰軒本正文與底本同。補曰：「予、音與，叶韵。」

錢氏集傳知不足齋本、卌三叢書本、隨庵叢書本「予」字並作「余」。

文徵明書離騷帖、陳第音義正文並與底本同。音義云：「言將上愬天帝，而閽人已倚門而望我。」

王夫之通釋云：「望予，謂勞予之凝望。」

李光地離騷經注「閽」字誤作「間」，餘同。

龔景瀚離騷箋「予」作「余」，餘同。箋云：「余、音與，叶韵」。

陳本禮精義正文與底本同。引朱冀騷辯云：「望予者、望望然而不顧神情，與我邈不相接也。」

王闓運楚辭釋「闔」字作「闔」，乃正體。

馬其昶屈賦微云：「望予、言欲令帝閽倚門覗望，以待己之至」。

劉師培楚辭考異正文與底本同。注云：「說文繫傳二十三引作『叫帝閽使開關兮，倚閶閭而望予』。所引上句似遠遊篇『命天閽其開關』異文」。是今「閶闔」說文繫傳引作「閶閭」。

沈祖緜證辨正文與底本同。引徐鍇曰：「楚辭『叫帝閽使開關兮，倚閶闔而望予』，是氏所見說文繫傳與劉師培所據本「閶闔」作「閶閭」不同。文選張衡思玄賦「出閶闔兮降天途」，李善注引楚辭曰：「倚閶闔而望兮」；又潘岳寡婦賦「若閶闔兮洞開」，李善注引楚辭同。沈祖緜云：「兮字譌。予與上下文下佇妬叶韵。洪補注予音與、叶韵、是也」。

王瀣輯評正文與底本同。引王遠曰：「望予有旁觀冷笑之意，不必言拒我」。

朱季海楚辭解故正文與底本同。注云：「倚門，蓋古人通語。戰國策齊六第十三：『王孫賈年十五事閔王。王出走，失王之處。其母曰：「女朝出而晚來，則吾倚門而望女；暮出而不還，則吾倚閭而望女」。』，其情雖異，其言則同」。齊策載閔王母所望之對象雖然與離騷謂帝閽所望者不同，然「望」字之後第一人稱代詞，則一也。此可為周汝昌「予」乃有聲無義之語詞說提一反證。

姜亮夫校注正文與底本同。注云：「吾令帝閽二句，錦繡萬花谷卷一引同，說文繫傳二十三引作

『叫帝閽使開闗兮，依閶闔而望予』。」按姜氏所見說文繫傳本「倚閶闔」作「依閶闔」，則與上述劉師培、沈祖緜所據本又異。

案最早之楚辭版本如隋之騫音、唐人注文選、宋人洪補與朱注各本「予」並作如字。除錢氏集傳各本與龔景瀚離騷箋作「余」之外，明清以來各本亦皆作「予」。雖然李善注文選張平子思玄賦與潘安仁寡婦賦兩引此句作「望兮」，但此顯係「予」、「兮」形近而誤。已詳論如上。沈祖緜曰：「兮字譌」，是也。總之，無論作「予」抑作「余」，此字皆當作人稱代名詞講。如同戰國策齊策所云：「吾倚門而望女」、「吾倚閭而望女」，彼稱「望女」、屈子稱「望予」，皆戰國時代所通行之習語也。

㈣詔西皇使涉予。（離騷）

章句馮紹祖本「予」字作「余」。王注云：「詔、告也。西皇、帝少皞也。涉、渡也。言我乃麾蛟龍以橋西海，使少皞來渡我。動與神獸聖帝相接。言能渡萬民之厄也」。

洪補曰：「予、一作余。……予、我也」。

錢氏集傳知不足齋本、卅三叢書本、隨庵叢書本正文並與底本同。並注云：「予、與余同」。文徵明帖、李光地離騷經注「予」並作「余」。李注云：「然一曰至乎西極，再曰西皇涉予、三曰西海爲期」。由此可見畢竟作「予」或作「余」，李光地兩用不分。

陳本禮精義「予」作「余」。引朱冀騷辯云：「告語西皇使具舟於河，我將捨車登舟以涉」。

劉永濟通箋卷一離騷正字第二：「韶西皇使涉予」條下引朱駿聲曰：「韶當作詔，讀爲告。秦時始造詔字以當誥，爲上告下之義」。劉氏箋云：「此或漢後人傳寫之誤」。案朱駿聲離騷補注「詔當作誥」句「詔」作如字，非作「韶」，劉氏引誤。其通箋正文「韶西皇使涉予」條「韶」字亦誤。

沈祖緜證辨「予」作「余」。注云：「余、一作予」。西皇、路史七少昊紀注引此，余作事，譌。遠游：遇蓐收乎西皇。王逸注引余作予。余予古通」。案遠遊「遇蓐收乎西皇」句王逸注引離騷經曰：「召西皇使涉予」。證明叔師所見離騷此句。最早確實作「予」。此外，「詔」字也別有省作「召」之本。

王瀣輯評正文「予」作「余」。

姜亮夫校注云：「予，或作余。……而詔言西皇，命來濟余過此赤水也」。

案最早之楚辭版本並作「予」。錢氏集傳各本亦皆作「予」。又由王逸章句離騷正文與遠遊注文引俱作「予」之事實，證明此字最早原本作「予」。文選張衡思玄賦云：「號馮夷俾清津兮，櫂龍舟以濟予」。此「濟予」蓋離騷「涉予」之模擬。由此亦可見張平子所據本原作「予」。馮紹祖始據一本作「余」，但此本在宋時已爲錢杲之所不取。李光地離騷經注正文作「余」、而注文却仍作「予」，畢竟作「予」抑作「余」，李氏兩用而不辨，不可據憑。

㈤目眇眇兮愁予。（九歌：湘夫人）

章句馮紹祖本「予」作「余」。王注云：「眇眇，好貌也。余、屈原自謂也。言堯二女，儀德美好，眇然絕異，又配帝舜，而乃沒命水中。屈原自傷不遭値堯舜、而遇闇君，亦將沈身湘流，故曰愁我也」。

文選六臣注本、胡刻本正文並與底本同。引王注云：「……予，屈原自謂也。……故曰愁我也」。又引五臣向曰：「其神儀德美好，愁我失志」。

洪補四部叢刊本、惜陰軒本正文與底本同。補曰：「予、一作余。……眇眇、微貌。言神之降，望而不見，使我愁也。……予、音與」。

朱注卅三叢書本、古逸本正文並與底本同。注云：「予、一作余。並叶音與。……愁予者，亦爲主祭者。言望之不見使我愁也」。

文徵明帖「予」作「余」。

陳第音義云：「言望之不見，使我心愁」。

王夫之通釋云：「眇眇，視之不見。望其來而未來，故愁不釋」。

林雲銘楚辭燈云：「人遠視則半睫而目若小。知余見斥，有悲憐之意。此恍忽中無端痴想，而知其如此」。

蔣驥注楚辭云：「眇眇愁予，見神之遠立凝視，其目纖長，有情無情，皆未可測。故其心振蕩而不怡也」。

李光地九歌注「予」作「余」。注云：「湘夫人爲帝女，故曰帝子。目眇眇者，望其來也」。

戴震屈原賦注云：「眇眇、遠視貌。……望之踰遠，使我心愁」。

王闓運楚辭釋引王注語云：「余、屈原自謂也。……故曰愁我也」。釋云：「頃襄初立，郢受蜀下流，故遠望而愁」。

劉永濟通箋卷三九歌通訓第四正文「予」作「余」。箋云：「舊注云從辭外之志立說，故以予爲屈子自予，此朱熹所謂嫌其太迫者也。篇中帝子、公子、佳人皆應指神言。召予之予、捐予、遺予等予字，皆應指巫言」。

聞一多楚辭校補「目眇眇兮愁予」條下注云：「予，一作余。案予讀爲眝。（左傳襄四年「后杼」，路史後紀十三下注作柠，引尚書中侯作予，史記三代世表索引作宁。管子小匡篇『首戴苧蒲』，齊語作芧。（今誤茅）金文頌鼎『貯廿家』，又『貯用宮御』，格伯殷『厥眝卅田』，貯王國維並讀爲予）。說文曰『眝、長眙也』。（今語轉爲瞪）。思美人曰『思美人兮擥涕而竚眙』，即眝眙。『目眇眇兮愁眝』，目眇眇即愁眝之狀。一本予作余，朱燮元本、大小雅堂本並同，大謬」。

蘇雪林屈原與九歌云：「……『愁予』二字頗費解。聞匡齋楚辭校補曰：『按予讀爲予（華按：『眝』字之誤）。……即眝眙。『目眇眇兮愁眝』者，即愁眝之狀。……』筆者認聞氏這個解釋是對的。易士塔兒降地府以覓情人，能覓得與否未可知，且地府難於闖入，她亦熟知，臨到地府門前，當然不免要含愁凝眝一番，（西亞易塔兒在地府前側耳而聽）王逸注眇眇爲『好貌』，可謂信口亂說。這兩句是男信徒在洞庭湖上等待易士塔兒之降臨，回憶她從前降地府尋情人那番情義，設身處地把她

悲哀情況模寫一番而已」。（第三三〇——三三一頁）

沈祖緜證辨正文「予」字作「余」。

姜亮夫校注正文與底本同。注云：「予余古通用，然此處不得通借。……眇眇、各家皆注好貌，未允。眇眇與愁連文，則不得云好。按眇眇者，心有所冀，懼其不得當，而竊視之意。今吾鄉昭通方言謂小兒畏懼而有所冀曰眇，讀上聲是。予，諸家以爲吾之借字，實不辭。予者，忬之借字。說文：忬、憂也。或借盱爲之。見爾雅釋詁。愁予，卽愁憂也」。

張亨「楚辭斠補」正文與底本同。注云：「予、一作余。……案文選司馬相如長門賦『衆鷄鳴而愁予』。李善注引九歌此句，殆以長門賦卽襲用本文，果如是則予我之訓由來已久，不自王逸始然（王逸曰『予、屈原自謂也。……故曰愁我也』。）蔣驥山帶閣注楚辭云：『見神之遠立凝視，其目纖長，有情無情，皆未可測。故其心振蕩而不怡也』。則以『目眇眇』狀湘夫人，謂望見湘夫人來，彼目眇眇令予愁也。（淮南子脩務篇『籠蒙目視』，許愼注云：『籠蒙猶眇晤目視也』。卽目眇眇之義）。聞氏讀予爲眝，義不必勝。卽思美人之竚字亦不得讀爲眝。竧（華案：「竧」乃「竚」之誤）或作佇，久立之貌，謂延竚而望也，解爲『眝眙』，其義淺矣。黃省曾本、夫容館本、朱燮元本、馮紹祖本、袖珍本、閔齊伋本、俞初本、凌毓枏本、乾本並作『余』，本篇余、予錯出」。

案予我之訓，與予余之通叚，誠然由來已久，甲金文字與書、詩典籍皆有前例。已詳如上述。然此湘夫人「目眇眇兮愁予」之「予」，不同凡予，更非余我之「予」，聞一多楚辭校補云：「一本予作余，朱燮元本，大小雅堂本並同，大謬」。姜亮夫識見亦頗爲高明。姜氏曰：「予余古通用，然此處不得通借。……予、諸家以爲吾之借字，實不辭」。予我之訓由來已久，誠如張亨所謂：「不自王逸始然」。但此「愁予」作爲「愁我」之訓，則自叔師以來，已誤導學術界一千餘年，論證已如上章：「楚辭『予』的虛字用法試探」，茲不重贅。至此「予」何以不能訓爲「余我」之緣因，除上文曾推斷爲「乎」字之形誤外，聞一多「讀予爲貯」、姜亮夫謂「予者，忬之借字」，皆可略備一說。尤以從「予」、「宁」古書通用之例，除左傳襄公四年「后杼」、路史後紀十三下注作杼，引尚書中候作予，史記三代世表索隱作宁之外，史記夏本紀亦有之。王師叔岷史記斠證夏本紀第二「子帝予立」條下注云：「景祐本予作宁，下同。御覽八二引紀年亦作宁；又引帝王世紀云：『帝宁，一號后予；或曰公孫曼。能率禹之功，夏人報祭之。在位十七年』。路史後紀十三下云：『帝杼、一曰松曼』。」（註三八）予、宁既可通用，魚（予）、語（宁）古音本又相通，則宁、貯與予、忬同聲通假，聞、姜二氏之論亦非言之無據也。

至於蘇雪林據聞一多「讀予爲貯」，而以「愁予」爲「含愁凝貯一番」本無可厚非。但謂九歌湘夫人「帝子降兮北渚」以下一章爲「當指易士塔兒降地府的故事」，（註三九），則荒誕附會之至。試舉蘇女士論九歌國殤一篇，（註四〇）即可見其論九歌說法之大要。再讀陳炳良對蘇氏偉論之質疑，（註四一）即可見其謬論之不足取矣。雖對陳炳良之嚴厲質疑，蘇雪林曾作「爲楚辭國殤新解質疑—敬答陳炳良先生」與「迦尼薩與鼠」二文，予以答覆，（註四二）惜所答仍然不出蘇氏一貫所持世界文化同源論中之「世界文化都源出於西亞」之範圍，沉迷於印度古代神話之泥坑而不知自拔，（註四三）並無新義。其後陳炳良又作「再談有關『國殤』和迦尼薩的問題」一文，以總結此一文字之爭訟。（註四四）以不關「予」字宏旨，茲不贅及。

㈥聞佳人兮召予。（九歌：湘夫人）

王注云：「予、屈原自謂也」。

文選六臣注本、胡刻本正文與底本同。引王注語亦同章句。又引良曰：「佳人、謂湘夫人也。冀聞夫人召我，將騰馳車馬與使者俱往」。

洪補四部叢刊本、惜陰軒本正文並與底本同；引王注語亦並同章句。補曰：「佳人、以喻賢人，與己同志者」。

朱注卅三叢刊本、古逸本正文、注文俱與底本同。朱子曰：「佳人，謂夫人也；偕、俱也；逝、往也。言與召己之使者俱往也」。

陳本禮精義「予」字作「余」。箋云：「尊之曰帝子，親之曰公子，美之曰佳人」。

王闓運楚辭釋正文「予」字作「余」；惟引王注語云：「予，屈原自謂也」。據此，知王氏所據本正、注文原必作「予」。

馬其昶屈賦微正文與底本同。注云：「此言己之馳馬江皋，冀聞夫人之召而不可得」。

聞一多校補正文無此條；惟於「與佳期兮夕張」條下注云：「下文『聞佳人兮召予』云云」，知其所據本正文亦作「予」。

姜亮夫校注云：「佳人，指湘君；予、夫人自謂也」。

案湘夫人此句明及其以前楚辭各本「予」字無作「余」者。陳本禮屈辭精義始作「余」，不知何據。王闓運楚辭釋正文雖作「余」、然注文引王注語則仍作「予」，足證其所據本原必作「予」。今王氏本正文作「余」者，顯係王氏所擅改。

王逸曰：「予、屈原自謂也」。「予」字訓爲自稱之詞，原爲無可厚非。然若必謂係屈原之自稱，則未免有附會之嫌。緣以屈原未必親自主持祭祀之禮或迎神。此「予」當爲湘君或是主祭者之自稱。「佳人」一詞王逸未予詳注。文選五臣注良曰：「佳人謂湘夫人也。冀聞夫人召我，將騰馳車馬與使者俱往」。是也。此一「佳人」、當從五臣與朱熹等舊注，以爲卽是上章「思公子兮未敢言」中之「公子」、「與佳期兮夕張」中之「佳」、以及首章「帝子降兮北渚」中之「帝子」，皆同屬一人，亦卽同爲湘夫人。陳本禮曰：「尊之曰帝子、親之曰公子、美之曰佳人」。甚是。賀言之曰：「省之曰佳」。（註四五）然則洪興祖却說：「佳人、以喻賢人，與己同志者」。異說惑衆者也。無怪朱熹楚辭辯證嘆曰：「如此則此篇何以名爲湘夫人乎？」此外，姜亮夫則標新立異，一反傳統之舊說，認爲「佳人、指湘君；予、夫人自謂也」。此說與姜氏謂第三章「與佳期兮夕張」中之「佳」爲湘君，併誤也。實則此「予」之爲自稱詞，除周汝昌外，迄尚無有異議者。然試觀周氏繹此句云：「我恍惚像聽見夫人的召喚了」。（註四六）其中「我」義存焉不沒。

㈦何壽夭兮在予？（九歌：大司命）—「予」或爲「乎」、「亏」（　）之誤。

王注云：「予謂司命也。言普天之下，九州之民誠甚衆多。其壽考夭折，皆自施行所致，天誅加之，不在於我也」。

朱注卅三叢書本、古逸本正文、注文並與底本同。朱熹曰：「予者、贊神而爲其自謂之稱也。……何其壽夭之命皆在於己也」？

陳第音義正文與底本同。注云：「古上聲。君、予皆指司命。……而九州之壽夭有不在司命乎」？

王夫之通釋正文與底本同。釋云：「予、代大司命自稱。此詰何故而盡操生人壽夭之柄。下乃釋言之」。

林雲銘楚辭燈正文與底本同。注云：「何、何故也。壽夭卽生死。因從司命之後，故代司命稱之曰予。猶俗言我們、連人己俱在內也」。

蔣驥注楚辭云：「予者、代神自稱之詞。壽夭在予，言人之壽夭，皆制於司命也」。

李光地九歌注云：「九州之衆。孰壽孰夭，其柄皆在於我」。

陳本禮精義云：「言與少司命同治九州生命，不專在予一人也」。

王闓運楚辭釋云：「總總、悤悤，亂貌。九州方亂，民命在王一人也」。

馬其昶屈賦微云：「壽夭之柄司命且不能操，故欲與之適九阬，以縱觀陰陽氣化。皆莫之爲」。

蘇雪林屈原與九歌云：「此處代名詞之『予』字，各家皆未得其解，倘他們知道此篇中尙有個司命夫人也在說話，則對於代名詞的用法不致於這樣糾纏不清了。……此處『予』字猶言『我們』，乃大地夫人以自己與司命並言也」。

王瀣輯評引畢大琛曰：「總總九州，何壽何夭，在己而已。此原自任之重也」。

姜亮夫校注云：「予、司命自予也。此二句從上句『從汝』生來，大司命答主祭者之詞。言普天之下，九州之民，誠甚衆多，其壽老夭折，皆自施行所致，不在於我大司命也。此四句爲一唱一答之詞」。

案此「予」字之不能作人稱代名詞「余、我」義講，上文「緒論」已論之甚詳。茲不復述。又據所知楚辭各本，無不作「予」字者。但「予」字在此，作爲大司命之自稱詞，已然不通。又如朱熹、王夫之、林雲銘、蔣驥與蘇雪林等以「予」爲主祭者代神自稱之詞，或連人己俱在之「我們」，於情於理，亦並講不通。理由已如前述：與大司命神之職司相乖違也。陳本禮謂大、少二司命共同操縱九州人民生命之柄，據此句大司命慨嘆職責之重大、「不專在予一人也」觀之，似乎可通。實則不然。因大司命此章四句全爲主祭者之唱詞，而非如姜亮夫所說：「此二句從上句『從汝』生來，大司命答主祭者之詞。……此四句爲一唱一答之詞」。亦非若朱熹等所云：「贊神而爲其自謂之稱也」。即非代神自稱之詞。王師叔岷疑此「何」字或爲「可」字之通假。若然，則「可壽夭兮在予」，可採郭沫若與陸侃如等人之繹法，作：「九州人民的壽命，都掌握在我司命的手中」。似亦可略備一說。「何」、「可」古字通用，古書有之，容當深究之。

㈧芳菲菲兮襲予。（九歌：少司命）

王注云：「襲、及也；予、我也。言芳草茂盛，吐葉垂華，芳香菲菲，上及我也」。

文徵明書九歌帖「予」字作「余」。

陳本禮精義云：「巫自謂芳菲襲人，與神之將降」。

劉永濟通箋云：「此予及下『與予目成』，皆言己始與神相從之事。此之謂予，從辭言，則巫也。從志言，則爲屈子」。

姜亮夫校注云：「予者、大司命之自予。此詩蓋大司命思念少司命之詞。九歌……有卽陰陽之義引而爲夫婦之神者，大司命少司命是也。……此篇則用大司命思念少司命之情，與巫者對答，以表其意。……故襲予之予，當爲飾大司命之巫之詞也」。

案據所有知、見之楚辭各本，「予」皆作如字，祇明文徵明書九歌帖九歌白文作「余」，不足據也。惟此並無碍於「予」之作「我」解。如哀時命「邪氣襲余之形體兮」，卽是。又如陳本禮、劉永濟與姜亮夫等所云，此「予」爲「巫之自謂」、「大司命之自予」、「當爲飾大司命之巫之詞也」。易言之，亦卽男性主祭者之覡之自稱詞。

㈨魚隣隣兮媵予。（九歌：河伯）

章句馮紹祖本「隣隣」作「鱗鱗」，餘同底本。王注云：「媵、送也。言江神聞己將歸，亦使波流滔滔來迎。河伯遣魚鱗鱗侍從而送我也」。

洪補四部叢刋本正文與底本同。引王注語「鱗鱗」作「隣隣」。惜陰軒本正文「隣隣」作「鄰鄰」。引王注語「鱗鱗」亦作「鄰鄰」。補曰：「隣、一作鱗」。

朱注卅三叢書本、古逸本正文、注文並與底本同。朱注云：「美人與予皆巫自謂也」。

文徵明九歌帖「隣隣」作「鱗鱗」，餘同底本。

陳第音義「隣隣」亦作「鱗鱗」。注云：「予、原自稱也。……而鱗鱗之魚，亦且相送」。

王夫之通釋「隣隣」作「鱗鱗」。釋云：「鱗、一作隣」。

蔣驥注楚辭云：「媵、從也。言魚從人以送神也。予、祭者自謂。魚常逆波而上。故波爲迎，魚爲送」。

李光地九歌注、江有誥韵讀、王闓運楚辭釋「隣隣」並作「鱗鱗」。

聞一多校補云：「隣、一作鱗。案一本作鱗，正字。鱗鱗、比次貌。容齋三筆一五、鼠璞、后山詩注四湖上注引並作鱗。王鏊本、朱燮元本、大小雅堂本同」。

蘇雪林屈原與九歌云：「第六節：兩句又似爲河伯唱，於『媵予』字見之。……筆者按九歌代名詞用法本極明瞭，然歷代注家以不知內容故，率多誤指。但筆者指本歌某節某句爲某人唱，亦未敢竟認爲極妥，因此歌雖短，而格局錯綜變化，與其餘各歌異，未可以常例推也。……篇末『予』字亦女巫代河伯所自稱，亦未爲不可」。（第二五四—二五九頁）

王瀣輯評「隣隣」作「鄰鄰」。餘同底本。

姜亮夫校注云：「鱗專字，隣聲借字也。朱燮元本、大小雅堂本並作鱗。……媵、從也。予、亦祭巫之言；然指河伯與祭巫言也，此以單數作多數用也」。

案「隣隣」字應據章句馮紹祖本、文徵明九歌帖、陳第音義、王夫之通釋、李光地九歌注、江有誥韵讀、王闓運楚辭釋、王鏊本、朱燮元本、大小雅堂本等作「鱗鱗」。聞一多云：「鱗」爲「正字」、姜亮夫謂：「鱗、專字，隣聲借字也」，確甚。而「隣」又爲「鄰」之俗體。（註四七）

「予」之作如字，楚辭各本無例外者。惟王逸與陳第等以「予」爲屈原自稱之詞，不僅附會，亦講不通。朱子與蔣驥等以「予」爲女巫或主祭者自謂，意雖近似，仍猶未妥。蘇雪林謂「篇末『予』字亦女巫代河伯所自稱」，意又較朱、蔣二氏爲近似。然終不如姜亮夫以「予」爲複數代名詞爲佳。校注云：「予、亦祭巫之言；然指河伯與祭巫之言也。此以單數作多數用也」。姜氏得之。「予」字之複數用法，雖無成例。然其同義詞「吾」、「我」則有之。如孟子盡心上孟子曰：「萬物皆備於我矣。反身而誠，樂莫大焉」。趙注云：「我、身也。普謂人，爲成人已往，皆備知天下萬物，常有所行矣」。焦循正義云：「我本自稱之名。此我既指人之身，卽指天下人人之身。故云：普謂人。人有一身，卽人有一我」。「我」既「指天下人人之身」，當爲複數。陳夢家殷墟卜辭綜述云：「卜辭『我受年』相當於『商受年』、『我』是集合的名詞，主格賓格之『我』就是『我們』。」（第九六頁）。楊樹達高等國文法云：「按『我』字本義但指自身，故說文云：『我、施身自謂也』。而擴張用之，則指一國；戰陳之時，則指己師。是爲『我』字擴張用法』。」（第七〇頁）。例如春秋隱公八年：

「我入邴」。公羊傳曰：「其言我何？言我者，非獨我也，齊亦欲之」。此「我」卽指魯國。又如史記楚世家懷王十七年：「與秦戰於丹陽。秦大敗我軍。斬甲士八萬，虜大將屈匄，遂取漢中郡」。此「我軍」卽指「我們楚國的軍隊」。胡適吾我篇云：「……第二、吾字用於偏次，猶今言『我的』或『我們的』也。位於名詞之前，以示其所屬。單數爲常，複數爲變。『猶吾大夫崔子也』。以上爲複數（我們的），非常例也。……第七、我字用於偏次之時，其所指者，複數爲常，單數爲變」。（註四八）又左傳僖公二十二年：「文嬴請三帥、曰：『彼實構吾二君，寡君得而食之，不厭』。」周法高說：「『吾二君』可能解作『我們兩君』或『我的兩君』」。（註四九）據此，則「予」之作「我們」講，亦未始不可。然則九歌河伯「魚隣隣兮媵予」之「予」，亦惟有作兼括河伯與主祭者之「我們」解，辭義始安。否則，據周汝昌說，以「予」爲一有聲無義之語詞，以此「予」字例之，亦可。

㈩子慕予兮譱窈窕。（九歌：山鬼）

章句馮紹祖本「譱」作「善」。王注云：「子謂山鬼也。窈窕、好貌。詩曰：『窈窕淑女』，言山鬼之貌，旣以姱麗，亦復慕我有善行好姿。是以故來見其容也」。

文選六臣注、胡刻本「譱」並作「善」。

洪補四部叢刊本、惜陰軒本「譱」並作「善」。補曰：「善、一作譱」。

朱注卅三叢書本、古逸本正文、注文並同底本。朱注云：「若有人者，旣指鬼矣，子則設爲鬼之命人。而予乃爲鬼之自命也。言人悅己之善爲容也」。

文徵明九歌帖、陳第音義「譱」並作「善」。音義云：「子設爲鬼之命人。予乃鬼之自命也」。王夫之通釋云：「子、謂巫也；予、山鬼自予也。山鬼多技而媚人，自矜其妖姣，爲人所慕，故聞召而至也」。

林雲銘楚辭燈「譱」作「善」。注云：「有態、因慕我而留情作態。欲結我之歡。比山鬼伎倆也」。

蔣驥注楚辭云：「譱、古善字。……此篇亦爲主祭者之辭。……子、亦指山鬼。言鬼以悅人之故而善其窈窕之容也。篇中凡言余我者、皆祭者謂」。

李光地九歌注「譱」作「善」。注云：「若有人者、疑人而非人也。始則人慕鬼；繼則鬼思人」。

戴震屈原賦注「譱」作「善」。注云：「上章山鬼謂人慕己，此章則山鬼親人」。

陳本禮精義、江有誥韵讀、王闓運楚辭釋、馬其昶屈賦微、劉永濟通箋「譱」字並作「善」。劉氏通箋卷三通訓第四：「此篇賓主詞，至爲紛錯，說者於辭志之間，又極其轇轕。統觀諸家說義，以李光地、戴震兩家爲最洽當。……二家皆屈子寂寥索居，影響斷絕於世，殆與山鬼爲伍，又自悲其同乎山鬼也」。又評文第五云：「按諸家說此篇，皆以人對鬼言。惟通釋以巫及主祭者與鬼交接耳。叔師舊注，前既以爲人鬼相慕之辭，而留靈脩以下，復闌入懷王與屈子之事。兩公子既以爲屈子怨公子椒，兩君思我，又說爲懷王思屈子。前既以獨立山上爲山鬼，後復以山中人爲屈子。遂令賓主喧豗，辭志龐雜。集注擴而淸之，一以人況君，以鬼喻己。大勝舊注」。

蘇雪林屈原與九歌「譱」作「善」。蘇氏云：「……『子』，女信徒稱酒神之詞；『予』，則女信徒自指。……女信徒對神發生愛慕，反代神設詞，言神愛其美」。（第四九九—五〇〇頁）

姜亮夫校注「譱」作「善」。注云：「善、小篆；譱、籀文也。……子、山鬼以指想像中之人也。予、山鬼自予也。……此詩宜爲山鬼獨唱之詞。所言子、公子、君，皆其想像中所思之人，亦即此詩之所歌也」。

案「善」許愼謂乃「譱」之篆文。而「譱」字段君以爲「善」之古文。又謂「譱」字今惟見於周禮，他皆作善云云，不知楚辭朱注各本仍有作「譱」者。

「予」字楚辭各本無例外者。惟此字之訓詁至爲紛紜錯雜。非僅應不應作「余我」講，注家意見紛歧；究竟「予」字指鬼？抑或指人？指巫？指祭者？指女信徒？指「舒」？抑或爲無義之語詞？說法不一而足。然因「予」之身份不能確定，致使篇中其他指稱詞如「子」、「余」、「公子」、「君」、「我」等，亦不得確解。朱子楚辭辯證上有鑑及此，乃云：「山鬼一篇，謬說最多，不可勝辯。而以公子爲公子椒者，允可笑也」。劉永濟頗有同感。誠如上引通箋所云：「此篇賓主詞，至爲紛錯。說者於辭志之間，又極其轇轕」。然氏又謂「統觀諸家說義，以李光地、戴震兩家爲最洽當」。此則不必然也。至謂朱子集注大勝舊注者，並非劉氏所指「一以人況君，以鬼喻己」，實乃朱熹對「子」與「予」二詞之解故，確爲前無古人，後無來者之卓見。其後陳第、王夫之、林雲銘、李光地、戴震、劉永濟等輩，雖知「予」乃山鬼「自予之詞」；「子」爲「人」、爲「巫」，然仍未知「予」何以爲

「余」、「子」何以爲「人」、爲「巫」之所以然。再者，陳氏等對「公子」、「君」等之身份，亦無法一一說明。惟獨姜亮夫之見解甚爲高明。氏云：「此詩宜爲山鬼獨唱之詞。所言子、公子、君、皆其想像中所思之人，亦卽此詩之所歌也」。雖然如此，山鬼第一章明係第三者口氣，此又應作何解耶？對此，浦江清別有灼見。浦氏以爲山鬼全篇皆爲山鬼自述之語氣。第一章固爲描寫山鬼之詞，似爲旁人所述，然有「子慕予兮善窈窕」一句自述之語雜厠其中，頗爲費解。若全作第一人稱則反較合適。譬若後世中國戲曲中，凡一角色出場，其儀容、裝束、來歷，乃至姓名，皆由自說抑自唱，不足怪也。（註五〇）此說言之有理。非啻肯定「予」乃山鬼自稱之詞「我」之身份。此詩中其他人稱代名詞之身份，亦一併可得而解矣。（註五一）郭沫若以「子慕予」爲「慈慕舒」、周汝昌以「予」爲無義之語詞，皆非正解。

(十二)歲既晏兮孰華予？（九歌：山鬼）—「予」疑或「乎」之誤。

王注云：「晏、晚也；孰、誰也。言……年歲晚暮，將欲罷老，誰當復令我榮華也？」

文選五臣注良曰：「歲晏衰老，孰能榮華我乎？」

洪補曰：「日月逝矣，孰能使衰老之人復榮華乎？」

陳第音義云：「歲晚而無與爲誤，孰有以我爲美者？」

王夫之通釋云：「然恐淹留久而歲聿暮，主人之誠意巳衰，不復能以榮華相待」。

林雲銘楚辭燈云：「改歲在卽，予年愈老，孰肯爲予光榮者？」

蔣驥注楚辭云：「歲晏，言老之將至也。年邁幽獨，絕意榮華，甘與山鬼作緣矣」。

陳本禮精義云：「華予謂臈歲既終，除此一享之外，孰再有張筵而食我者？」又引王貽六離騷彙訂云：「既又自思歲云暮矣，我獨後來，不獲饜飫。今我若歸山，孰有再設此筵以光寵予者乎？」

江有誥韵讀「華」作「荂」。

王闓運楚辭釋「晏」作「宴」。

馬其昶屈賦微引錢澄之曰：「華予，猶言光寵也」

王瀣輯評引王遠曰：「時既晼晚，孰能顧我？老成見棄之感，讀之酸楚」。

姜亮夫校注云：「華予者，使我榮華也」。

案此「予」之作如字，楚辭各本無例外者。惟此「予」字之意義，則上文「楚辭『予』的虛字用法試探」已述及，宋以前已有作「余我」解（如王注、文選五臣注）、與不作「余我」解（如洪補、朱注）之別。而二說似並可通。慶善曰：「日月逝矣，孰能使衰老之人復榮華乎」？豈「予」字原爲「乎」字之形誤也？

㈢何試上自予？（天問）

章句馮紹祖本「予」作「于」。王注云：「屈原言我何敢嘗試君上，自號忠直之名，以顯彰後世乎？誠以同姓之故，中心懇惻，義不能已也」。

洪補引王注語「自號忠直之名」作「自干忠直之名」。補曰：「試、一作誠；予、一作與；……

予、音與」。

朱注卅三叢書本、古逸本正文並同底本。惟底本注文「試、一作譏；予、音與。一作與；彰　一作章」。卅三叢書本、古逸本「譏」並作「議」；卅三叢書本無「一作與」；古逸本則作「予、音與，一作與」。

王夫之通釋云：「子西試以上位自予，非貪大位，爲社稷計也。故忠名不損」。

林雲銘楚辭燈云：「自予、自以爲是也。……何敢嘗試於上而自予，使忠直之名益著乎？」

蔣驥注楚辭云：「試上，謂以兵嘗試其君也。自予，謂自是其言。強君以必從也。與呂春秋葆申笞王事略同。此蓋原自喻以死殉忠之意。又通釋云：……亦通。」

陳本禮精義云：「試、諡字之訛；題子囊諡共圖。……自予、謂子囊此所謂諡上自予也」。

王闓運楚辭釋云：「試上、弒君也。不反懷王，同於弒君，自立而反，以讎秦爲忠，故問天也」。

馬其昶屈賦微云：「試上，猶擬上也。言其帝制自爲」。

劉永濟通箋卷四天問正字第二「何試上自予，忠名彌彰？」條云：「考異曰：『試、一作誠；予、一作與』。按據考異，則正文試，當作弒。作誠者，一本通作試，遂譌成誠。漢石經公羊殘碑：『何隱爾，試也』。弒作試。白虎通誅伐篇引春秋讖曰：『弒者，試也。欲言臣子殺其君父，不敢卒，候間司事，可稍稍試之』。」又通訓第四「吾告堵敖以不長，何試上自予、忠名彌彰？」條云：「按諸家說此多誤。堵敖，卽史記之杜敖，名熊囏，文王熊貲子，成王熊惲兄也。史記楚世家曰：『惲弒囏代立，布德施惠，結舊好於諸侯，使人獻天子。天子賜胙曰：「鎮爾南方夷越之亂，無侵中國」。於是楚地千里』。所謂忠名彌彰也。……蓋熊惲以弒兄得立，何以反得忠名？亦以見天道深隱難測也」。

聞一多校補「吾告堵敖以不長」條注云：「案吾疑當爲語字之誤也。堵敖，楚文王子熊囏也。堵敖弟熊惲，弒堵敖自立，是爲成王。成王八年，子文爲尹。疑此下及『何試上自予，忠名彌彰』二句，仍問子文事，言子文語告杜敖如此也。今本作吾，則是作者自告堵敖。本篇雖非必屈原所作，然所問人事至春秋而止，是作者至早亦當爲戰國初人，安得與春秋初葉之堵敖相對論事哉？」

沈祖緜證辨云：「試弒古通，言成王弒兄堵敖自立事」。

姜亮夫校注云：「試、誠、譏、議字皆誤，當作弒。……何試試字讀爲弒。上自予予字，疑爲干字之誤。王注此句云：『言我何敢嘗試君上，自干忠直之名』云云，可證。言何以成王弒其兄，而自干君位，反得忠名？」

臺靜農先生楚辭天問新箋云：「『試』字爲『弒』字誤。據楚世家：『子熊囏立，是爲莊敖。莊敖五年，欲殺其弟熊惲。惲奔隨，與隨襲弒莊敖代立，是爲成王』。本文『吾告堵敖以不長』者，蓋莊敖欲弒其弟時，子文曾諫之，以爲如此不可長也。『試上自予』者，謂熊惲殺其君而代之也」。

案「試」字宜從王闓運、劉永濟、沈祖緜、姜亮夫與臺靜農先生諸家之說，而作「弒」，蓋試弒古通。故「試上」者、弒君也。劉永濟與臺靜農先生等謂此楚成王熊惲弒其兄堵敖自立事也。（註五二）甚是。叔師、西仲等「何敢嘗試君上」、「何敢嘗試於上」云者，望文生訓之說耳，殊不可解。

「予」字楚辭各本皆作如字，無例外者。惟對此「予」字各家多無注，卽注亦不可通。姜亮夫始疑爲干字之誤」。姜氏云：「王注此句云：『言我何敢嘗試君上，自干忠直之名』云云，可證」。查章句馮紹祖本「予」作「于」，疑卽「干」字之筆誤。而「干」字亦楚辭所習見。例如：「既干進而務入兮」（離騷）、「干協時舞」（天問）、「欲儃佪以干祭兮」（九章：惜誦）、「實離尤而干詬」（九歎：怨思）等。凡此「干」字，王注皆云：「求也」。則天問「何試上自干，忠名彌彰」？言何以成王弒其君上而自立，反得忠名益彰於後也？姜說似可備一說。王師叔岷曰：「『何試上自予』、『試』與『弒』、『予』與『與』，並古字通用。『何弒上自與』、卽『何弒上自立』之意。是『自予』亦猶『自與』也。如史記高祖本紀：『奪韓王地、並王梁、楚，多自予』。漢書高帝紀『予』作『與』。又史記管仲列傳：『分財利，多自與』。『予』不必作『干』。」王師說是也。

（十三）排閶闔而望予。（遠遊）

王注云：「立排天門而須我也」。

洪補云：「閶闔、一作闔閶。排、推也」。

朱注云：「閶闔、一作闔閶；予、一作余。……排、推也；望予、須我之來也。與騷經『倚閶闔而望予』者意不同矣」。

王夫之通釋云：「望予、內視也」。

林雲銘楚辭燈云：「排、推也；望予、須予來也」。

陳本禮精義云：「望者、諭其早。排閶闔、勿似曩之倚而望予也。」

馬其昶屈賦微「予」作「余」。

姜亮夫校注云：「作閶闔是也。……排者、推也。推閶闔而望予，謂須我之來也」。

案「予」各本多作如字，是也。馬氏屈賦微作「余」者，蓋據朱注所謂「一作余」之本也。「予」字之意義，各家無不作「我」講者。獨周汝昌以爲不然。周氏曰：「在這個『說不通』之下，『望予』之非『看我』已經很明白，再不該固執了」。（註五三）「望予」確非「看我」，而爲「須我」、「盼望我」之來也。王、朱等舊說不誤。

(十四)汝筮予之。（招魂）

(十五)若必筮予之。（招魂）

王注云：「筮、卜問也。蓍同筮。尙書曰：『決之蓍龜』。言天帝哀閔屈原魂魄離散，身將顚沛。故使巫陽筮問求索，得而與之，使反其身也」；又云：「巫陽言如必欲先筮問，求魂魄所在然後與之」。

文選五臣注本「汝筮予之」作「汝筮與之」。引王注語無「筮、卜問也」、「故使」字樣，餘同章句。

洪補曰：「予、一作與。予、去聲；下同」。

朱注云：「予、音與。一作與」；又云：「故使巫陽筮問所在，求而與之」。卅三叢書本「而」

字作「助」，餘同底本。

王夫之通釋云：「筮者、占其魂之所往於上下四方」。

林雲銘楚辭燈云：「占其所在，使返於其身」；又云：「若必待筮，恐遲至徂謝」。

蔣驥注楚辭云：「筮予之，謂筮其魂之所在，使反其身也」；又云：「蓋必待筮而後予，則恐身先萎謝，巫陽雖予之魂，而不能復生」。

陳本禮精義云：「筮其魂之所在使迫其身」；又云：「今其人未死而生招焉，當乘其所往未遠。若必待筮而招之，恐身先萎化，後雖遜謝，已無及矣」。

王闓運楚辭釋云：「筮、巫所用以通神人者。周官巫筮同字」。

劉師培考異云：「案繫傳九、御覽八百八十六引予作與」。

聞一多校補「若必筮予之恐後之謝不能復用」條下注云：「言帝謂巫陽曰：『汝必須筮予之，不則恐後時而魂魄凋謝，不堪復用』也。」

案「予」楚辭各本多作如字。僅文選五臣注本作「與」耳。洪、朱並引一本作與，疑即此本。又繫傳九、御覽八百八十六引予作與，疑亦即此本。是五臣注文選特風行於有宋一代之證。又「予」、「與」於此音義並通。則此「予」字之意義，即「給與」、「賜與」也。

(十六)苦衆人之妬予兮。（七諫：沈江）

東方朔七諫、王褒九懷、劉向九歎與王逸九思四篇，皆朱子集注所不收，因以章句馮紹祖本爲底本。其餘各篇仍舊。

王注云：「言己患苦，楚國衆人妒我忠直，欲害己也」。

案「予」，我也。「妒予」猶言「嫉余」。如離騷：「衆女嫉余之蛾眉兮」是也。「予」乃實詞，並非虛字，尤非周汝昌所謂「有聲無義之語詞」。是以「妒予」猶言「妒賢」、「嫉賢」也。如七諫沈江：「衆並諧以妒賢兮」、離騷：「世溷濁而嫉賢兮」、九章惜往日：「自前世之嫉賢兮」等均是。

(七)惜予年之未央。（七諫：自悲）

王注云：「自哀惜死年尚少也」。

洪補曰：「予、一作余」。

案此「予」乃第一身人稱代名詞之用於領格者也。猶今稱「余之」、「予之」、「我的」等是。惟此「予」則係不加「之」而表領位之例。如惜誓云：「惜余年老而日衰兮」，語例同此。此「予」有實義，並非虛詞。故「惜予年之未央」，義同「惜年齒之未央」。（七諫沈江）

(八)恨離予之故鄉。（七諫：自悲）

王注云：「不得歸郢見故居也」。

案此「予」與上例之「予」同屬領格。惟後加「之」以表其所屬性。與「余之」、「我的」同義。如惜誓云：「不如反余之故鄉」、哀時命云：「邪氣襲余之形體兮」等，均是。

(九)借浮雲以送予兮。（七諫：自悲）

洪補四部叢刊本、惜陰軒本正文並同底本。惟叔師與慶善並皆無注。案此「予」字之不能作語詞講，由句末「兮」字之連用可知。文選張衡思玄賦云：「恃己知而華予兮，鶗鴂鳴而不芳」、即其例也。此又可為周汝昌「予乃有聲無義之語詞」說添一反證。是以「送予」猶言「媵予」、「送我」。九歌河伯所謂：「魚隣隣兮媵予」，是也。就語法言，「送」、「媵」、「迎」之後，所從之受事詞乃實詞。如九歌河伯：「送美人兮南浦」、天問：「媵有華之婦」、九懷尊嘉：「迎余兮歡欣」以及「迎宓妃於伊雒」（九歎愍命）等例是。

(二十)夫何予生之不遘時。（哀時命）

章句馮紹祖本正文與集注朱鑑本同。王注云：「遘，遇也。詩云：『遘閔既多』。言己自哀生時年命不及故賢聖之出遇清明之時，而當貪亂之世也」。

洪補曰：「遘，一作遭」。朱注亦引一本作「遭」。

案「予生」亦猶「余生」。「夫何予生之不遘時」，與「悼余生之不時兮」（九辯）、「哀余生之不當兮」（九歎愍命）等音義語例並同。又如七諫怨世：「余生終無所依」、九歎思古：「悲余生之無歡兮」等，「余生」即是「予生」，「予」字除訓「我」外，別無他義。然亦斷非無義也。

(21)曷其不舒予情。（九歎：逢紛）

王注云：「曷，何也。……君何其不舒我忠情以詰責之乎」？

案「予」者、「余」也、「吾」也。故「予情」、「吾情」也。例如離騷：「苟余情其信姱以練要兮」、「苟余情其信芳兮」，九歎怨思：「舒吾情兮」等均是。「予」既可加「之」以表領屬，（如上述七諫自悲：「恨離予之故鄉」）「余」則尤其習見。如離騷云：「荃不察余之中情」、「孰云察余之中情」，九章惜誦云：「又莫察余之中情」等均是。是「予」之該當訓「我」，可無庸置疑。周汝昌謂楚辭「予」字決非「我」，乃無實義之語詞云者，以此「舒予情」例之，則其說尤見荒謬。蓋若「予」字果爲無義，則作者逕作「舒情」可也。何需假「予」字或「余」字爲之？一若九章惜往日：「焉舒情而抽信兮」，遠遊：「晨向風而舒情」，九歎遠逝：「舒情陳詩」，以及思古：「焉舒情兮」等等。顯然，「舒予情」與「舒情」有別。前者特指「舒我情」，後者乃泛稱，別義全在一「予」字耳，孰云「予」字無義?!周說不足據也。再者，「舒予」二字之連用，亦可爲上述郭鼎堂、文懷沙等讀「子慕予」爲「慈慕舒」之反證。

【註釋】

註一　王逸楚辭章句云：「予謂司命。言普天之下，九州之民，誠甚衆多。其壽考夭折，皆自施行所致，天誅加之，不在於我也」。洪興祖楚辭補注云：「此言九州之大，生民之衆，或壽或夭，何以皆在於我？以我爲司命故也」。朱熹楚辭集注云：「曰九州人民之衆如此，何其壽夭之命，皆在於己也」？王夫之楚辭通釋云：「總總，人衆貌；予、代大司命自稱。此詰何故而盡操生人壽夭之柄」？蔣驥山帶閣注楚辭云：「予者、代神自稱之詞。壽夭在予，言人之壽夭，皆制於司命也」。英國牛津大學 David Hawkes 也把這句繙成："See the teeming peoples of the Nine Lands! What is the span of man's life to me?"（Ch'u Tz'u, the songs of the South, Oxford University Press, 1957, p.40）等。

註　二　文選五臣云：「主知生死，輔天行化，誅惡護善也」。（見洪補引）。王夫之楚辭通釋卷二云：「大司命統司人之生死」。戴震屈原賦注卷二云：「言司命主生人壽夭，其權偏統九州」。張縱逸云：「大司命爲命運之神」。（見屈原與楚辭第九五；一〇三—四頁；又見文崇一「九歌中的上帝與自然神」一文，中央研究院民族學研究所集刊第十七期，一九六四年，第四五—七一頁）。陸侃如等楚辭選云：「大司命，傳說是主管人類壽命的神」。（第十一頁）。Arthur Waley, The Nine Songs: A Study of Shamanism in Ancient China, "The title, Ta Ssu-ming, means literally 'The Great Contrller of Destinies' (or 'lives'). Ming means a decree, particularly God's decree, hence 'fate' in general, and in a narrower sense God's decrees about when people are to die; so that ming comes to mean 'length of life', 'life'. As we find the Ssu-ming in this song deciding whether people are to be long-lived or short-lived it seems best to translate his name by 'Lord of Lives'." George Allen and Unwin, London, 1955, p. 39. 文懷沙屈原九歌今繹云：「從文辭上

看，大司命星是生命的主宰神，能誅惡護善，權威很大。（第三五頁）

註　三　括號裏的引話是周汝昌的。參見他的「從文懷沙先生的『屈原九歌今繹』說到『楚辭』中的『予』」一文。收在屈原九歌今繹附錄二，第九九—一一五頁。

註　四　郭鼎堂屈原賦今繹云：「九州四海不少的男人和女人，是我掌握着他們的壽命」。又注云：「原文爲『何壽夭兮在予』，案此當讀爲『何壽夭兮？在予！』」（第二〇頁）。陸侃如等楚辭選云：「予、大司命自稱。這句是說九州人們的壽命，都掌握在我的手中！」（第十一頁）。

註　五　見上引周汝昌：「從文懷沙先生的『屈原九歌今繹』說到『楚辭』中的『予』」一文。

註　六　參見文懷沙：屈原九歌今繹：「跋」，第七四—七八頁。

註　七　即「君迴翔兮以下，踰空桑兮從女，紛總總兮九州，何壽夭兮在予？」

註　八　如朱熹楚辭集注云：「君與女皆指神。君尊而女親也。……予者，贊神而爲其自謂之稱也」。林雲銘楚辭燈云：「何、何故也。壽夭即生死。因從司命之後，故代司命稱之曰予。猶俗言我們。連人己俱在內也」。姜亮夫屈原賦校注云：「君、指大司命言，此主祭者之詞。……女讀汝，親之之詞也。此二句主祭者之詞。……予、司命自予也。此二句『從汝』生來，大司命答主祭者之詞。……言普天之下，九州之民，誠甚衆多，其壽老夭折，皆自施行所致，不在於我大司命也。此四句爲一唱一答之詞」。

註　九　見同前註三引周氏文，第一一三—一一四頁。

註一〇　見林泰輔龜甲獸骨文字二、七、九。中國文化研究所中文大辭典第二册第八九頁「予」字下引作殷虛文字甲編二、七、九。誤。應據改。金祥恒續甲骨文編也僅收此一字。

註一一　周法高中國古代語法稱代編云：「甲骨文、金文、有『余』字，書經、詩經、論語、孟子用『予』字，左傳、國語多用『余』字，莊子多用『予』字，少用『余』字。『余』、『予』音讀相同，恐怕只是由於寫法上的差異吧了」。（中央研究院歷史語言研究所專刊之三十九，一九五九年，第四十九頁）。又如尚書湯誥云：「嗟！爾萬方有衆，明聽予一人誥」。君奭云：「予小子，新命于三王」。詩經小雅采菽云：「君子來朝，何賜予之」。衞風河廣云：「跂予望之」。周頌閔予小子云：「維予小子，夙夜敬止」。論語述而云：「天生德於予，桓魋其如予何」？管子宙合云：「主盛處賢而自予雄也」。荀子云：「喜不過予」。爾雅釋詁云：「予、賜也；……予、我也」。等等。

註一二　史記夏本紀云：「帝少康崩，子帝予立」。史記仲尼弟子傳云：「宰予、字子我」。等。

註一三　郝懿行爾雅義疏上之一釋詁上「予……余……我也」條下云：「余予古通用，故論語云：『百姓有過，在予一人』；周語引湯誓曰：『萬夫有罪，在余一人』……是『余』、『予』古字通用之證」。說文「予」字段氏注云：「儀禮古文左氏傳皆作余。余予古今字」。

註一四　如離騷云：「皇覽揆予初度兮，肇錫予以嘉名。名予曰正則兮，字予曰靈均」。

註一五　見同註三所引周氏文。

註一六　大戴禮卷六十四勸學篇云：「孔子曰：『吾嘗終日思矣，不如須臾之所學；吾嘗跂而望之，不如升高而博見也』。按荀子卷一勸學篇「吾」上無「孔子曰」三字。又「吾嘗終日思矣」作「吾嘗終日而思矣」，和「吾嘗跂而望矣」爲對文。可見大戴禮「吾嘗終日思矣」必定是脫了「而」字。又大戴禮「不如登高而博見也」中的「而博見也」，荀子作「之博見也」。可見有「而」字或無「而」字，作「而」或作「之」，都沒有多大的關係，卽都沒有影響文義，況且「而」、「之」同義。例如：「吾嘗終日而思矣」，旣然可省作「吾嘗終日思矣」，而不影響文義；那末，「吾嘗跂而望之」，同樣也可省作「吾嘗跂望之」，而不影響文義。這不也就是詩經河廣「跂予望之」的意思嗎？分別只在河廣用的是（主//動）結構的倒裝句法而已。而這類倒裝的句法，詩經裏多的是。例如周頌訪落云：「訪予落止（之）……將予就之」。小雅菀柳云：「……俾予靖之，後予邁焉」。鄭箋云：「邁、行也。亦放也。春秋傳曰：予將行之」。等。

註一七　一本作：「世人皆濁」。史記屈原賈生列傳作：「擧世混濁而我獨淸」。

註一八　見同註一一。

註一九　金祥恒續甲骨文編第二收了七十八個「余」字，而第四只收了一個「予」字。容庚金文編第二也收了四十個「余」字，可是「予」字却連一個也收不到。

註二〇　見屈原賦校注第二二四—五頁。

註二一　見同前註三所引周氏文，第一〇五—一〇六頁。

註二二　見屈原九歌今繹：「再版贅語」，上海文藝聯合出版社，一九五五年，第八頁。

註二三　見屈原賦今譯第一五頁。

註二四　見楚辭辨證上「九歌」條。

註二五　見屈原賦校注第三六九頁。

註二六　如離騷：「扈江離與辟芷兮」、「春與秋其代序」、「啓九辯與九歌兮」、「余焉能與此終古」等九例；九歌湘夫人：「與佳期兮夕張」、大司命：「吾與君兮齋速」二例；九章惜誦：「言與行其可迹兮」、「情與貌其不變」、「播江離與滋菊兮」等四例；九章抽思：「昔君與我誠言兮」、「南指月與列星」、「人之心不與吾心同」等四例；九章思美人：「吾誰與玩此芳草」、「情與質信可保兮」等四例；離騷：「初既與余成言兮」；九辯：「君之心兮與余異」等是。

註二七　如離騷：「遵赤水而容與」；九歌湘君與湘夫人二見的「聊逍遙兮容與」、禮魂：「姱女倡兮容與」；九章涉江：「船容與而不進兮」、思美人：「然容與而狐疑」；九辯：「農夫輟耕而容與兮」；九懷通路：「浮雲兮容與」等是。

註二八　如崔述考古續說卷下觀書餘論說卜居、漁父非屈、宋所作；胡適「讀楚辭」也說這兩篇不是屈原所作，游國恩楚辭概論（頁一九九—二〇二）云：「（卜居、漁父）決爲秦代或西漢初年的產品無疑」；文懷沙屈原集前言云：「可能是漢朝人的僞作」等。

註二九　按梁顧野王原本玉篇一書，頗引楚辭及王注。其所引者與今本所載也甚有出入，參見卽將發表之拙作：「原本玉篇引騷考」一文。

註三〇　見許愼說文解字敍。

註三一　見 Ch'u Tz'u, the songs of the south, p. 207.

註三二　見楚辭校補九歎逢紛「馳余車兮玄石……夕投宿兮石城」條下註。

註三三　見同前註。聞氏云：「此當作『馳余車於玄石兮，步余馬於洞庭；平明發於蒼梧兮，夕投宿於石城……』。

註三四　如離騷云：「朝發軔於蒼梧兮，夕余至乎縣圃」；「飲余馬於咸池兮，揔余轡乎扶桑」；「夕歸次於窮石兮，朝濯髮乎洧盤」；「覽相觀於四極兮，周流乎天余乃下」；「朝發軔於天津兮，夕余至乎西極」；遠遊亦云：「軼迅風於淸源兮，從顓頊乎增水」；惜誓亦云：「馳騖於杳冥之中兮，休息虖崑崙之墟」。洪、朱俱云：「虖、一作乎」等。

註三五　見一九五三年北京人民文學出版社影印朱熹楚辭集注鄭振鐸「跋」。

註三六　見同前註。

註三七　見饒宗頤：楚辭書錄圖版三；又見楚辭音殘本王大隆跋。（趙詒琛、王大隆同輯：庚辰叢編）。

註三八　見中央研究院歷史語言研究所集刊第三十八本「史記斠證」，一九六八年，第一九一一八〇頁；引語出自第六五一六六頁。

註三九　見屈原與九歌第三三〇頁。

註四〇　見「楚辭國殤新解」（大陸雜誌四卷七期，一九五二年四月十五日第一至五頁）。

註四一　見「『楚辭國殤新解』質疑」（大陸雜誌第四十三卷第五期，一九七一年十一月十五日）。

註四二　見大陸雜誌第四十四卷第二期，一九七二年二月十五日。

註四三　參見蘇雪林：「從屈賦看中國文化的來源」一文，收在蘇氏的最古的人類故事。台北，傳記文學出版社，一九七〇年，第三十四頁。

註四四　見大陸雜誌第四十六卷第一期，一九七三年一月十五日。

註四五　聞一多楚辭校補「與佳期兮夕張」條下以爲一本佳下有人字。一云：與佳人兮期夕張。並注云：「案當從一本於佳下補人字」。蘇雪林屈原與九歌（第三三一頁）云：「但筆者認爲無『人』字亦可。因爲這節每句各六字，作者故删去『人』字以求音節之美」。張亨楚辭斠補「與佳期兮夕張」條下注云：「佳下疑不必補人字。此言佳，下文言佳人句式各異，不須一律。……又王注：『佳謂湘夫人，不敢指斥尊者，故言佳也』。是王本原無人字。……有人字者正是衍人，不足據」。蘇、張二氏之說，言而有據，遠勝聞一多。其實朱熹早經有言在先：「佳下一有人字，非是」。

註四六　見文懷沙屈原九歌今繹附錄二，第一一〇頁。

註四七　見廣韵上平十七眞。

註四八　見胡適文存卷二，一九二一年，第三四九—三五六頁。

註四九　見中國古代語法稱代編第六二頁；又文言也可在指稱詞後加「儕」、「曹」、「屬」、「輩」、「等」、「人」諸字表示複數。例如：左傳宣公十一年：「吾儕小人所謂『取諸其懷而與之』也；史記留侯世家：「雍齒尚爲侯，我屬無患矣」；世說新語傷逝：「聖人忘情，最下不及情，情之所鍾，正在我輩」；蔡元培「合群」云：「吾人之生活於世界也亦然」。（見呂叔湘中國文法要略，第一六一頁）。

註五〇　參見文懷沙屈原九歌今繹跋引，第七五頁。

註五一　曹述敬云：「浦先生這個意見，是有道理的。在浦先生之前，王國維在『宋元戲曲史』裏說過：『楚辭之靈，殆以巫而兼尸之用者也』。又說：『蓋群巫之中必有象神之衣服形貌動作者，而視爲神之所憑依』。又說：『是則靈之爲職，或偃蹇以象神，或婆娑以樂神，蓋後世戲劇之萌芽，已有存焉者矣』。這不但可作翻譯『山鬼』之參考；而且可作爲翻譯『九歌』任何一章時，對處理『人稱代名詞』問題的參考」。（見文懷沙屈原九歌今繹附錄一：「讀文懷沙先生的『屈原九歌今繹』一文）。

註五二　堵敖亦見左傳莊公十四年。釋文云：「史記作杜敖」。王師叔岷謂史記景祐本南宋補版、黃善夫本、殿本皆作杜敖，人表亦作杜敖。考證本作莊敖，據年表索隱改之也。……杜、堵古既通用，則作莊者非也。蓋由杜誤爲壯，復易爲莊耳。（參見「史記斠證卷四十楚世家第十」，中央研究院歷史語言研究所集刊第四十二本第一分册，一九七〇年，第三五一—八〇頁）。

註五三　見文懷沙屈原九歌今繹第一〇八頁引。

肆、唐前古籍引離騷集校

本篇主旨在搜集唐以前與離騷相關典籍，及古注、類書稱引之離騷，詳加校定；凡引一句，或數句而無異文者，亦特爲標出（俗體字從略），以見今本離騷尚多存唐以前古本之舊也。前賢及近人討治離騷者甚多，凡其立說有紕漏者，皆隨文補正之。

本篇以台北藝文印書舘影印南宋端平二年所刋朱熹楚辭集註爲底本。其他所見各本（詳見參考書目）爲輔本。

帝高陽之苗裔兮

文選及後漢書邊讓傳註引此並同。

朕皇考曰伯庸

文選及原本玉篇舟部、白帖七引此並同。

攝提貞于孟陬兮

文選、周禮卷三十七硩蔟氏釋文及史記曆書司馬貞索隱引此皆同。惟並略「兮」字。爾雅釋天郭注引「于」作「於」，亦略「兮」字。王逸註云：「于，於也」。姜亮夫校注云：「于字一本作於，寅按作於是也，離騷多用於，少用于」。案洪興祖楚辭補注離騷篇「于」字僅一見，而「於」字有九見；朱熹楚辭集註離騷篇「于」字二見，「於」字亦有八見。姜說近是。惟氏所謂「于」字一本作「於」，果爲郭璞所見本乎？若然，則郭注本（今佚）與王注本已歧異乎？或王注原作「於，于也。」。後人因正文「於」字改爲「于」乃倒王注作「于，於也」邪？

皇覽揆余于初度兮

「覽」字五臣註文選、及潘岳西征賦「皇覽揆余之忠誠」、沈休文和謝宣城「揆余發皇鑒」注引皆作「鑒」。洪興祖考異、朱註並云：「覽、一作鑒」。疑卽指五臣本文選。梁章鉅文選旁證以爲「古本應作鑒也」。劉永濟屈賦通箋亦以爲「六朝唐本有作鑒者，今從梁說，改復古本之舊」。姜註亦云：「梁說是也，鑒覽形近，且涉下文『覽余初其猶未悔』之覽而誤」。今案各家立論均有所偏。劉氏雖知六朝唐本有作鑒之本，然亦不必從梁說改復古本之舊。蓋究以何本最古，尚有問題。張亨離騷輯校云：「王註訓覽爲觀，與說文合。古傳注則無訓鑒爲觀者，疑王本原作覽。除五臣本文選外，各本均作覽」。案唐寫本文選集註引陸善經曰：「言父觀揆之爲初法度」。六臣註文選引王註云：「覽，觀（觀原誤覩）也」。與說文合。王註多采說文，則文選五臣註本以外所引，似皆存王本作覽之舊也。張說是也。胡克家文選考異卷第五和謝宣城「揆余發皇鑒」下云：「何校鑒改覽，注同。案所校是也。離騷善作覽，五臣作鑒。袁、茶陵二本有明文。此善引彼爲注，作覽甚明。蓋亦五臣作鑒，自與其離騷同。各本以亂善，又并改注，非也。西征賦皇鑒及注同此」。胡說確甚。離騷下文云：「覽余初其猶未悔」。語例正同。朱季海楚辭解故云：「王注屈賦，『覽』有二義：其一訓『望』，其一訓『觀』，與『察』訓『視』者，義實相近，蓋楚之代語，覽亦察也。故離騷又言覽察矣。老子語楚，其云『滌除玄覽，能無疵乎』？正與離騷相應。明乎是，則知『覽揆』、『覽余』，一本作『鑒』者，後人不諳楚故，遂循時俗，改舊文耳」。朱說得之。沈祖緜屈原賦證辨云：「覽，文選作攬，注亦作覽。攬，俗字」。不知所據文選何本而云然？

「余」字文選沈休文和謝宣城「揆余發皇鑒」注引作「予」。

「于」字唐寫本文選、六臣註文選、及沈休文和謝宣城註引皆同。潘岳西征賦（華案：聞一多楚辭校補誤作西京賦；姜註則又承聞氏之訛）註引則作「於」。聞氏校補謂：「本篇于於錯出」。非是。（參見上文）。姜氏校註「于」、「於」混淆不分耳。五臣註文選「余」下無「于」字。

此蓋洪補本之所據。是以洪氏考異乃曰：「一本余下有于字」。而戴震屈原賦音義則曰：「俗本有于字者非」。姜氏校注亦云：「無於字是也」。然聞氏校補則謂：「當從一本補于字。……『皇覽揆余于初度』者，皇考據天之初度以觀測余之祿命也。要之，初度以天言，不以人言。今本余下脫于字，則是以天之初度爲人之初度，殊失其旨」。聞氏所論，臺先生靜農頗不以爲然。臺先生曰：「按照聞說，『初度』應與『攝提貞于孟陬兮』一句有關，或『攝提貞于孟陬兮』『惟庚寅吾以降』兩句有關，但必須在天文學上能證明此一句或兩句爲『天體運行之開端』，始能說『初度以天言，不以人言』。」此說甚是。此句無論有于（或於）字無于字，皆當就人言。至於原文是否有于（或於）字，殊難評定。要之，唐以前已有有「于」與無「于」字之本併行於世矣。

肇錫余以嘉名

唐寫本文選「肇」字正文註文並作「肈」。俗字也。六臣註文選同。白帖七引「余」作「予」，「名」作「命」。案「余」、「予」古書通用，「名」、「命」同音通假，字書亦恒互訓，（說文云：「名，自命也」。廣雅釋詁三：「命，名也。」漢書刑法志集注引晉灼云：「命者名也」。）疑白帖引此改名爲命。白帖引書往往有改易，此其一例也。

名余曰正則兮，字余曰靈均

文選及郭璞江賦註引此並同。惟註引略「兮」字。

紛吾既有此內美兮

文選及原本玉篇糸部引並同。惟玉篇略「兮」字。

又重之以脩能

文選同。

「能」字朱註云：「一作態，非是」。姑不論朱說之是非，有宋一代楚辭別有一作「態」之本傳焉。然為洪氏考異所失校。唐人亦未有見及此本者。惟考「態」字楚辭所習見。離騷云：「余雖好脩姱以鞿羈兮」、「余不忍為此態也」，猶招魂云：「容態好比」、「姱容脩態」。「脩態」又古之恒語，（姜氏校註語），漢人常言之。如文選卷二張平子西京賦所謂：「要紹修態，麗服颺菁」。而此「修態」云者，實本騷經。由李善註文選援引招魂「夸容脩態」以為說，可證也。又「能」、「態」古字通。作「態」是也。（聞氏校補，劉氏通箋語）易培基楚辭校補以為能即態之叚借。是也。漢人引書，往往能、態互用。如九章懷沙云：「非俊疑傑兮，固庸態也」。王充論衡累害篇引作：「非俊疑傑，固庸態也。」漢書司馬相如傳「君子之態」，史記集解引徐廣本作「君子之能」。聞氏校補云：「脩態謂容儀之美。下文『扈江離與辟芷兮，紉秋蘭以為佩』，卽承此言之。招魂曰『姱容修態』，西京賦曰『要紹脩態』，義與此同」。聞說甚是。似此，則朱校所謂「一作態」之本，其爲漢時之原帙乎？

扈江離與辟芷兮

唐寫本文選（五臣本、贛州本、淳熙本）、及漢書揚雄傳師古註引並同。「離」字原本玉篇厂部、文選左太冲吳都賦註，北堂書鈔一二八引皆作如字。惟六臣註文選（淳祐本）及左思吳都賦註（淳熙本）、張平子思玄賦註、後漢書馮衍傳註、及張衡傳註引則皆作「蘺」

「辟」字六臣註文選及張平子思玄賦註、後漢書馮衍傳註及張衡傳註引皆作「薜」。原本玉篇厂部引作「廦」。朱駿聲離騷補註云：「辟讀廦。仄也，幽也」。聞氏校補云：「廣雅釋器曰：『寑、醰、鬱、廦、幽也』。……廣雅寑醰與廦同訓幽，而王註本『扈江離與辟芷』曰『辟，幽也，芷幽而（乃）香』，正讀辟爲廦，是此文『辟芷』及下文『幽蘭』並與諸書言漸蘭茝者同，謂以酒浸湛而幽藏之也。原本玉篇广部引此作廦，廦同，可與王註相發」。朱、聞二氏說並是。惟廦與辟不同，廦疑廦之誤，說文：「廦，牆也」。姜氏校註以作辟爲是，是也；然以王註辟爲幽爲不然，則非矣。

「芷」字原本玉篇厂部、張平子思玄賦註，後漢書馮衍傳註、及張衡傳註引皆同。北堂書鈔一二八引此「辟芷」作「薜茘」，（茘乃荔之俗變。）或涉下文「貫薜荔之落蘂。」（王註云：「薜茘，香草也。」聯想之誤與？若此文本作「薜茘」，則王逸當於此先註之也。

紉秋蘭以爲佩

唐寫本文選及原本玉篇糸部紉字，文選左太冲招魂詩註，應休璉與從弟君苗君胄書註，漢書揚雄傳註、後漢書馮衍傳註及張衡傳註、毛詩鄭風將仲子釋文、溱洧正義、藝文類聚八十一、初學記二十六及二十七（二條）、白帖四及三十引「紉」皆同。六臣註文選正文、注文及文選張平子思玄賦註、應休璉與從弟君苗君胄書（淳熙本）註引皆作「紐」（沈祖緜證辨云：「應璩與從弟君苗君胄書註引，則譌爲紐矣」。不知所據何本而云然？疑爲誤讀作「紐」之失）。胡克家考異卷六云：「案各本所見皆非也。此紐楚辭作紉，下載舊音女陳反，洪興祖補註女鄰切。又下文矯菌桂以紉蕙兮，各本盡作紉。蓋紐但傳寫譌耳」。胡說是也。蓋形近而譌。又文選曹子建七啓六臣註本引作「組」。（淳熙本註引同）亦因形近傳寫而譌。此外，四部叢刊本楚辭補註正文誤作「紛」，註文概不誤。一併附誌於此。覽者審之。

文選曹子建七啓註引「以」作「兮」。蓋涉上下文兮字而誤；張平子思玄賦註引「佩」作「珮」。佩、珮正俗字。

朝搴阰之木蘭兮

說文手部引此「搴」字作「𢹎」。（詳見上文叁、「說文引楚辭考」）洪補引說文同。朱註謂說文作「捲」，姜氏校註謂說文引作「攓」，並非是。

文選及史記叔孫通列傳集解、藝文類聚八十九引此句皆同。惟皆略「兮」字。

夕㩜洲之宿莽

六臣註文選、王氏章句（黃省曾本、夫容館本、朱燮元本、馮紹祖本、袖珍本、閔齊伋本、俞初本、凌毓枏本、乾本）藝文類聚八十一引「㩜」皆作「攬」。五臣註文選「㩜」作「擥」。洪氏考異、朱註並謂一本作「擥」。疑卽此本。朱駿聲離騷補註云：「攬當作擥。撮持也」。雷浚說文外編以攬同擥，謂說文無攬字，史、漢均用擥」。（見張亨離騷輯校引）姜氏校註云：「㩜、攬、擥雜出，古字形之變也。本形當依說文作擥」。張亨輯校云：「據說文通訓定聲擥、攬、㩜實一字之異體，攬、㩜並見廣雅，攬字又見釋名，或較擥字後起」。案此當以作擥爲正，㩜、攬並擥之別體。文選左太冲吳都賦「離騷詠其宿莽」註引「㩜」作覽，蓋攬之壞字。

王氏章句（黃省曾本、夫容館本、朱燮元本、馮紹祖本、袖珍本、閔齊伋本、俞初本、凌毓枏本、乾本）及藝文類聚八十一引此「洲」上皆有「中」字。洪氏考異、朱註亦並謂「洲」上一本有「中」字。蓋涉王註『水中可居』而衍。「又㩜洲之宿莽」與上句「朝搴阰之木蘭」爲對文。多一「中」字實同駢拇枝指、贅疣也。（另參張亨輯校）爾雅釋草校勘記「夕擥洲之宿莽」條下阮元云：「閩本、監本、毛本洲上衍中」，是也。

爾雅釋草郭璞註引「宿莽」同。

日月忽其不淹兮，春與秋其代序

唐寫本及六臣註本文選、王逸章句馮紹祖本及文選潘安仁秋興賦註、在懷縣作註引同。「忽」字洪補引釋文作「曶」。朱註亦云：「忽一作曶」。說文云：「曶，尙冥也」。作「曶」姜氏校註以爲「義不甚可通」。張亨輯校以爲「此借作忽」。而「忽」、「曶」二字朱駿聲以爲皆當借作「颮」。（見張氏輯校引）亦卽「颮」之借字也。（參見姜氏校註）

「春與秋其代序」，「其」字，文選潘安仁秋與賦（淳熙本）註、寡婦賦註引並作「兮」。而寡婦賦註引「日月忽其不淹兮」句則略「兮」字。此或爲註引下句「其」改「兮」之原由。沈祖緜證辨謂「潘岳秋興賦註引無此字」。不知所據何本而云然？

惟草木之零落兮

唐寫本、六臣註文選，及文選謝叔源游西池註、阮嗣宗詠懷註引此皆同。

文選謝靈運富春渚註引「惟」作「唯」。朱熹楚辭辨證上云：「惟庚寅吾以降，豈維紉夫蕙茝，唯捷徑以窘步。據字書，惟從心者思也；維從系者繫也；皆語詞也。唯從口者專詞也，應詞也。

三字不同，用各有當。然古書多通用之。此亦然也」。張亨輯校謂：「本篇唯、維、惟錯出」。其說可商。蓋楚辭一書，「唯」字僅四見；「維」字有十見；而「惟」字則有三十八見之多。（據竹治貞夫楚辭索引）用法似亦有別。

一切經音義九十八引「零」作「苓」。洪氏考異、朱註並引「零」一本作「苓」。疑即音義所據本。說文云：「苓，卷耳艸」。以作「零」爲是。姜氏校註謂：此借爲「苓落」字。如漢書敘傳云：「失時者苓落」。是也。案當云：此借爲「零落」字。苓乃零之借字也。又音義引「兮」作「也」。「也」、「兮」古本通用，此當作「兮」。

恐美人之遲暮

唐寫本、六臣註文選及文選謝叔源游西池註、鮑明遠舞鶴賦註、白帖六引皆同。惟白帖六引此下有「及年歲之未晏」句。乃移引離騷後半之文。

不撫壯而棄穢兮

唐寫本文選「棄」作「弃」，古棄字。

六臣註文選此句同。五臣本無「不」字。洪補所謂「文選無不字」者，當卽此本。姜氏校註謂「不撫不字，文選六臣本無」。非是。戴震屈原賦音義云：「俗本作不撫壯。按王逸云：『言願君撫及年德盛壯之時。』又文選註云：『撫，持也。言持盛壯之年』。此漢唐相傳舊本無不字之證。劉永濟通箋從戴說，以爲「李善本有不字，非也」。通箋「通訓第四」又怪朱駿聲「仍從不撫壯立論，不如戴說」。此外，胡紹煐文選箋引汪梧鳳離騷音義說同。（見張亨輯校引）案戴、劉、汪各氏說非是。作「不撫壯」者，固非俗本；而「漢唐相傳舊本」，未必「無不字」也。如東漢王逸楚辭章句（黃省曾本、夫容館本、朱燮元本、馮紹祖本、俞初本）、米書、文徵明書離騷等均有不字。而唐寫本文選、六臣註文選、李善註文選（淳熙本）等亦均有不字。至王逸註所云，戴氏奚啻誤解；又復以五臣良註語傳會之。蓋叔師未嘗「言願君『撫及』年德盛壯之時」，但謂願君「務及」（一作「甫及」近是；一作「撫及」，殊不詞。疑涉五臣良說改）年德盛壯之時也。又張亨輯校引玉篇、王引之經傳釋詞、馬其昶屈賦微、易培基楚辭校補說，以「不」字爲無義之語詞，亦不可取。蓋屈子本義卽在責君「不撫壯」、「不棄穢」；又怪君「何不改乎此度」？均爲否定之語式。「不」字若作無義之語詞解，則屈子於君何責何怪之有哉？故此句當以有「不」字爲是也。

何不改乎此度

唐寫本文選、六臣註文選、胡氏刋淳熙本文選皆無「乎」字。然王逸章句米書、錢本、文徵明書、黃省曾本、夫容館本、朱燮元本、馮紹祖本、袖珍本、吳中本、長沙本、俞初本、凌毓枬本、閔齊伋本，乾本皆有「乎」字。六臣註文選四庫善本叢書本、四部叢刋本、五臣註文選、文選贛州本、淳祐本「乎」皆作「其」。洪氏考異所謂「文選云：『何不改其此度』」者，疑卽指此本。惟考此本「度」下有「也」字。又唐寫本、及淳熙本文選，王逸章句錢本、黃省曾本、夫容館本、朱燮元本、馮紹祖本、袖珍本、吳中本、長沙本、俞初本、凌毓枏本、閔齊伋本、乾本亦皆有「也」字。胡氏考異云「袁本、茶凌本改下有其字。安不袁用五臣也。校語云：逸作何不改此度也。與尤正同。茶陵本以五臣亂之。非。楚辭何不改乎此度也。洪興祖本何不改此度。當各依其舊。讀者易惑。故詳出之」。胡說語焉不詳。沈祖緜所謂「胡說游移兩可」者也，無由信從。聞氏校補云：「案本篇乎字凡十五見。『願竢時乎吾將刈』，『延佇乎吾將反』，『歷吉日乎吾將行』等三乎字皆在二分句之間，其作用與『覽民德焉錯輔』之焉略同。（惟焉表地，此表時）。餘皆訓於。以上二義於本文皆無施，然則一本『改』下有『乎』字，非是。（古書於乎夫三虛字通用。一本『乎』字蓋涉下文『來吾道夫先路』之『夫』而衍。然下文夫字當訓彼，『夫先路』卽『彼先路』（華案『路』誤作『輅』）。一本誤指示代名詞之『夫』爲介詞之『夫』，因於此句亦加介詞『乎』字，不知『改』爲外動詞，外動詞後固不容有介詞也。）『何不改此度也』與思美人『未改此度也』，句例略同」。聞氏此說有可商。尤以主無「乎」字說爲無據。張亨輯校駁之甚當。其言曰：「案乎字非必不可有，正當訓於，與下文夫字相當。先路非卽先輅（見下條），夫亦不訓『彼』。二者同爲介詞。（古書外動詞後亦不乏有介詞之例，如論語『三年無改於父之道』，孟子：『不明乎善不誠其身矣。』……他例甚多，聞說非是。）思美人同一句無乎字，亦因二篇句法不必盡同，文例各異，未足爲確據」。張說是也。沈祖緜證辨亦云：「乎字解者多疏略。趙岐註孟子然而無有乎爾，（見盡心下篇）謂歎而不怨也，正合文義」。是也。

至於「也」字之有無，姜氏校註云：「寅按思美人『未改此度也』，句法與此同。然離騷句法，句尾有也字作頓，必雙施於兩韵，今先路下無也字，則此必以思美人而誤增，無之是也」。據此，則戴震註本於「度」下與下句「路」下並有「也」字，誤矣。劉氏通箋據章句黃省曾本增「也」字亦誤。

華案此句句法凡五，語勢依字數之多寡而殊。例如：

(1)朱註（底本）作：「何不改乎此度」；

(2)王氏章句作：「何不改乎此度也」；

(3)洪氏補註作：「何不改此度」；

(4)唐寫本文選：「何不改此度也」；

(5)六臣註文選：「何不改其此度也」。

就字數言，則有五言：如例(3)；六言：如例(1)、(4)；及七言：如例(2)、(5)不等。就句法言，本篇大致爲六言之賦。（若連句首「羌」、「夫」，句末「兮」、「也」等虛字計，則大抵爲七言句。）鮮有五言之句。據此，則洪補本爲不可取。實則「何不改此度」之語氣亦嫌短促不協調。又據本篇單句有虛字「兮」、雙句無虛字之句法例之，則王註本、唐寫本及六臣註本文選亦皆不可取矣。

似此，則惟朱註本爲佳勝也。張、沈二氏但知乎字當有，而不知一作「何不改其此度」。其與乎同義。遠遊：「終不反其故鄉」。洪補：「其，一作乎」。卽其證。

椉騏驥以駝騁兮

文選（唐寫本、六臣註本、淳熙本）、章句馮紹祖本「椉」作「乘」。朱註引一本作「乘」。洪補亦作「乘」。惟洪氏考異引一本作「椉」。姜氏校註以爲「乘」乃「椉」之隸變。是也。五臣註文選「椉」作「策」。洪氏考異謂「文選作策」。當卽此本。朱註亦謂「一作策」。

文選（唐寫本、六臣註本、淳熙本）「駝」皆作「馳」。洪補本亦作「馳」。考異曰：「馳一作駝」。又補曰：「駝卽馳字」。（疑洪補本原亦作「駝」，後人乃依隸變體改。參見姜氏校註）。如賈誼惜誓「涉舟水而駝騁」，考異（華案：沈祖緜誤以爲王逸註）亦云：「駝一作馳」。沈氏證辨云：「古二字通用」。駝卽馳字，猶佗卽他字，洪說是，非通用字。

來吾道夫先路

文選（五臣本、六臣本、贛州本、淳熙本、淳祐本）及鮑明遠舞鶴賦註引「道」皆作「導」。惟唐寫本文選、章句（馮紹祖本、文徵明書）、洪補（四部叢刊本、惜陰軒叢書本）皆同底本作「道」。導、道正假字（張亨輯校語）古多以道爲導，實不需如劉永濟通箋必從戴本作「導」也。

文選（唐寫本）、章句（錢本、王鏊本）句末皆有「也」字。洪氏考異亦云：「一本句末有也字」。戴本不僅有「也」字，其屈原賦音義尙云：「與上也字一爲呼一爲應，俗本删去者非」。劉氏通箋從之。聞氏校補亦云：「案一本有也字，是」。然姜氏校註云：「路下也字，乃援上何不改此度也句而增，無也字是也」。案此也字之爲衍文，亦猶上句「何不改乎此度也」句中之「也」字，並爲文字之贅疣。姜說是也。（又參見上文「何不改乎此度」條）。

昔三后之純粹兮

文選（唐寫本、六臣本、淳熙本）、章句（錢本、文徵明書、馮紹祖本）及後漢書馮衍傳註引皆同。惟文選張平子思玄賦「何道眞之淳粹兮」註引「純」作「淳」。（句末亦略「兮」字。）乃涉正文「淳粹」而改。純、淳古通用。朱氏解故云：「遠遊：『精醇粹而始壯』……洪氏補註：『班固云：不變曰醇，不雜曰粹』。補註所引，卽出班氏離騷經章句。然宋世久亡，蓋從文選魏都賦『非醇粹之方壯』，劉淵林註轉引得之。據孟堅此註知離騷故書本作『醇粹』。與遠遊同矣」朱說固有理，惜無內證。不便遽從。然可備一說也。

雜申椒與菌桂兮

文選（唐寫本、六臣本、淳熙本）章句（錢本、文徵明書、馮紹祖本）及漢書揚雄傳註、藝文類聚八十九引皆同。又洪補（四部叢刋本、惜陰軒叢書本）亦同。惟洪氏考異云：「菌一作箘，其字從竹。五臣以爲香木，是矣」。朱註亦云：「菌，渠隕反。或從竹」。戴本「菌」作「箘」。其音義云：「以其似箘竹，故名。譌作菌。非」。文選左太沖蜀都賦「邛竹緣嶺，菌桂臨崖」劉註引本草經曰：「菌桂，出交阯，圓如竹，爲衆葯通使」。吳仁傑離騷草木疏卷二謂本草有菌桂、正圓如竹。菌一作箘。又云：「菌與桂爲兩物。如桂與桾也。山海經：孟子之山，其草多菌蒲。蓋桂之似竹者曰箘桂，其字從竹，菌蒲之菌，其字從草。渠可強牽合而一哉？陳藏器謂本草菌桂字本作筒，故方有筒桂，後人誤書爲菌。」朱駿聲離騷補註亦云：菌讀爲箘。箘桂，梫也。正圓如竹，空中。生交趾，桂林。今肉桂也」。菌桂屬竹科，字當從「竹」。「菌」乃「箘」之假借也。朱氏謂「菌讀爲箘」，卽以菌爲箘之借字。故說文通訓定聲云：「菌借爲箘」。並引此文證之。陳藏器謂本草箘桂字本作筒，不知筒乃箘之誤也。

豈維紉夫蕙茝

文選（唐寫本、六臣本、淳熙本）、章句（馮紹祖本）「維」字皆同。章句（錢本、文徵明書）則作「惟」。然朱註云：「維當作唯，古通用」。是也。（參見上文）。

文選（六臣本、淳熙本）「紉」正文、注文並作「紐」。非也。（見同上文）。文選（唐寫本、五臣本）、章句（錢本、文徵明書、馮紹祖本）皆同底本。

文選（唐寫本、六臣本、淳熙本）、章句（錢本、文徵明書、馮紹祖本）及洪補（四部叢刊本，惜陰軒叢書本）「茝」字皆同。朱註云：「茝，昌改反。一作芷」。獨不知所云係何本？吳仁傑離騷草木疏卷一別「芷——芳」與「茝——葯」爲二物。氏曰：「按集韵：芷，諸市切。香艸也。茝字，艸名，蘼蕪也。今離騷茝多作芷。蓋茝有芷音，讀者亂之。茝音芷者，謂蘄茝也」。又云：「集韵茝字……又昌亥切。云艸名虈。二茝音訓當如是別。曹憲博雅以葯爲芷葉。按淮南書云：舞者身如秋葯之被風。則葯至秋猶茂。今白芷立秋後枯。故東方朔七諫云：『捐芷葯與杜衡』，王褒九懷云：『芷室兮葯房』。以芷葯齊稱而並擧之。其爲二物明甚。憲與逸其失同科」。吳說近是。但謂「今離騷茝多作芷」。則有失詳審。考「茝」與「芷」字離騷一篇各三見。「茝」字離騷以外之他篇共六見，合計九見。「芷」字離騷以外之他篇共十一見，合計十四見。「芷」字楚辭一書固較「茝」字多五見。二字之用法似亦有別。不得謂「離騷茝多作芷」明矣。朱駿聲離騷補註云：「茝芷古今字」。失之。姜氏校註云：「集韵『茝』字有二音，諸市切者，與芷同音，故相亂也」。是也。沈祖緜證辯云：「茝，廣雅釋草：白芷，其葉謂之葯。疏證：芷與茝古同聲，芷卽茝也。說文云：茝，虈也。又虈，楚謂之蘺，晉謂之虈，齊謂之芷。文選三十五張景陽七命註：本草經曰：白芷——名虈。可證同是一物。方言有異爾。凡楚辭草木之名，當詳攷小徐繫傳、爾雅邢疏、（邵氏爾雅說野）、廣雅疏證，可知其略」。按沈說之誤，亦誤同音。蓋沈氏雖知同一物方言有異讀，惜未知茝、芷雖同一讀而實二物也。又廣雅釋草「白芷，其葉謂之葯」云者，說同博雅。其失亦同博雅。疏證亦以同聲而混「芷」爲「茝」。至於楚辭草木之名，小徐、邢昺與王氏念孫等說之外，豈能不詳攷吳仁傑離騷草木疏一書哉⁉沈祖緜不應不提及之。又案茝與芷古人往往以爲一物，其來源亦甚早。如韓詩外傳九：「鮑魚不與蘭茝同笥而藏。」說苑指武篇茝作芷，漢書禮樂志：「茝蘭芳」。顏師古註：「茝，卽今白芷」。並其證。

附誌

聞氏校補「昔三后之純粹兮，固衆芳之所在。雜申椒與菌桂兮，豈維紉夫蕙茝」條下云：「案四句當在上文『紉秋蘭以爲佩』下。知之者，此處上云『乘騏驥以馳騁兮，來吾道夫先路也』，下云『彼堯舜之耿介兮。旣遵道而得路』，上下均言行止，中忽闌入此四句，則文意扞格。實則此言雜申椒，紉蕙茝，仍以服飾爲言，紉蕙茝之紉，卽前『紉秋蘭以爲佩』之紉，，故知四句當與彼文相承。夫如此，而後自『紛吾旣有此內美兮』至『恐美人之遲暮』一段專言服飾，自『不撫壯而棄穢兮』至『傷靈脩之數化』一段專言行止，層次井然，文怡理順矣」。案聞說似有理。惜無內證，難以服人。張亨亦大不以其說爲然。氏曰：「案聞說殊辯，顧無確據，於前後文意亦未盡合。本篇自『帝高陽之苗裔兮』至『來吾道夫先路』皆自叙身世，當及壯努力之意，如以『昔三后之純粹兮』四句置之『紉秋蘭以爲佩』下殊爲不類。言三后、堯、舜、桀紂者，皆有感於今之時政而發，與上文之僅叙身世者不同。『扈江離與辟芷兮，紉秋蘭以爲佩』，屈原自謂彼服芳潔也；『雜申椒與菌桂兮，豈維紉夫蕙茝』，謂三后之朝爲衆賢所聚也。二者喻意各異，豈可以皆言服飾悉類從之？……各本並與今本同」。張說雖未能提出旁證，然楚辭古今各本既皆如此，必欲移易之可乎？

彼堯舜之耿介兮

文選（唐寫本、六臣本、淳熙本）章句（錢本、文徵明書，馮紹祖本）、洪補（四部叢刊本、惜陰軒叢書本）及文選顏延年登巴陵城集注引皆同。

何桀紂之昌被兮

文選（唐寫本、六臣本、贛州本、淳熙本、淳祐本、）章句（米書、元本、文徵明書、黃省曾本、夫容館本、朱燮元本、馮紹祖本、俞初本、袖珍本、閔齊伋本、吳中本、長沙本、凌毓枬本、乾本）、日本新撰字鏡六引原本玉篇巾部引此「昌」字皆同。唐寫本文選集註引公孫羅音決、後漢書馮衍傳註引、章句錢本及洪補（四部叢刊本、惜陰軒叢書本）「昌」皆作「猖」。洪補引釋文作「倡」。聞氏校補云：「易林觀之大壯曰：『心志無良，昌披妄行』，亦作昌披。是猖字古本當作昌。今作猖者，蓋後人以訓詁字改之」。沈祖緜證辨云：「俗作猖」。姜氏校註亦云：「猖字古多作昌，猖則俗字也」。據上引文選各古本及底本觀之，聞、沈、姜各氏說皆是。廣雅釋訓作「衵」。梁章鉅文選旁證據王注「衣不帶貌」義，以爲字當作「衵」張亨輯校亦以爲字本當作「衵」，「昌」乃假借字。案此說蓋本王註「衣不帶」義滋衍。然王義本不妥。故本當作「衵」說似亦未可遽信。朱駿聲離騷補註（亦見說文通訓定聲）則以爲字當讀爲「倀」並引說文云：「倀，狂也」。沈祖緜證辨謂「其說允」。案廣韵四十三映：「⿱亡明」字下云：「倀，失道皃」，狂而失道，桀，紂所以崩之由也。此正屈賦之本義。然於字，楚辭古今各本未有作「倀」者，仍當依聞、沈、姜各氏說，以文選各本及底本所載作「昌」爲此文之舊。

文選（唐寫本、六臣本、五臣本、淳熙本、淳祐本、贛州本、舊鈔本）、章句（錢本）、洪補（四部叢刊本、惜陰軒叢書本）、及後漢書馮衍傳註引「被」皆作「披」。洪氏考異引釋文，朱註引一本並作「披」。又易林觀之大壯云：「心志無良，昌披妄行」，亦作「披」。日本新撰字鏡六引原本玉篇巾部引本篇作「帔」。朱駿聲離騷補註（又見說文通訓定聲）以爲當讀爲「跛」。案文選五臣良註云：「昌披謂亂也」。錢氏集傳、朱氏補註並謂「行不正也」。「行不正」與亂意近，與上文「昌」、「猖」、「倀」之「狂」、「失道」意亦洽。沈祖緜證辨稱此說允，是也。唐寫本文選集註引音決、章句（米書、元本、文徵明書、黃省曾本、夫容館本、朱燮元本、馮紹祖本、俞初本、袖珍本、閔齊伋本、吳中本、長沙本、凌毓枏本、乾本、王鏊本、大小雅堂本）皆同底本作「被」。案帔，被，披古皆通用。釋名釋衣服：「帔披也」。莊子知北遊篇：「齧缺問道乎被衣」。釋文：「被，本亦作披」。皆其證。惟原本玉篇引此文作帔，且又在巾部，然則此文舊本蓋作帔矣。

夫唯捷徑以窘步

文選（唐寫本、六臣本、淳熙本）、章句（馮紹祖本）及文選曹大家東征賦註、顏延年和謝監靈運註引皆同。章句（錢氏本）「唯」作「維」；洪氏考異引一本亦作「維」。章句（文徵明書、吳中本、長沙本，閔齊伋本）皆作「惟」。案「唯」、「維」、「惟」三字古通用，已見上文。

惟黨人之偷樂兮

文選（六臣本、淳熙本、淳祐本、贛州本）、章句（錢本、米書、文徵明書、吳中本、長沙本、黃省曾本、夫容館本、朱燮元本、馮紹祖本、袖珍本、閔齊伋本、俞初本、凌毓枬本、乾本）皆同。

文選（唐寫本、五臣本）、洪補（四部叢刋本、惜陰軒叢書本）「惟」下皆有「夫」字。劉永濟通箋云：「按逸訓惟爲念，則無夫字是也」。張亨輯校不以劉說爲然。氏曰：「案夫猶此也（見釋詞）作指稱詞用，與上文夫字義異，下文『惟此黨人其獨異』、『惟此黨人之不諒兮』二『惟此』同。不宜刪『夫』字。」案張說似是而非。「夫」固可作指稱詞用、猶此也；又猶茲也。除張氏所擧二例外，楚辭一書尚有。「惟茲佩之可貴兮」（離騷）、「惟茲何功」？（天問）、

「惟其紛糅而將落兮」（九辯三。「夫」猶「其」也。指示之詞。見裴學海古書虛字集釋），共五見。然則楚辭一書，「惟」字下不用「夫」、「此」、「其」、「玆」等指稱詞如「惟庚寅吾以降」、「唯草木之零落兮」（離騷）等例，不下二十餘條之多。張氏安得以少例多，以有「夫」字爲是耶？況多一「夫」字，與本篇六言（「兮」字除外）之句法亦殊爲不類。

路幽昧以險隘

原本玉篇阜部「阸」（玉篇「阸」、「阨」不分）字下引此「隘」作「阸」。與各本異。洪補云：「隘，狹也。遠遊云：『悲世俗之迫阨』，相如大人賦作『迫隘』，阨、隘一也」。案遠遊「悲時俗之迫阨兮」考異云：「阨，一作隘」。洪補（又朱註）亦曰：「阨，音厄。或讀作隘」。洪說近是。說文十四篇下𨸏部云：「阸，塞也」。又云：「隘，篆文𨽌。從𨸏、益」。「𨺅」部又云：「𨽌，陋也」。段註云：「𨸏部曰：陋者，阸陝也；阸者，塞也；陝者，隘也。然則四字相爲轉註」。段說雖近是。然以義求之，則當以作「阸」爲是。蓋「路幽昧險塞」之義較「路幽昧險陋」爲佳勝也。原本玉篇阜部「阸」字引左傳「所遇又阨」杜預註曰：「地險不便車也」。「地險不便車」，正屈子下文所以「恐皇輿之敗績」之由。洪補及朱註並云：「君車宜安行於大中至正之道。而當幽昧險隘之地，則敗績矣」。足見必作「阸」方與屈賦義合。又據上文遠遊「悲時俗之迫阨兮」，洪補引作「悲世俗之迫阨」，知洪氏所見者乃係未避唐太宗李世民諱前之古本也。原本玉篇野王所引作「阸」，尤爲確證。則楚辭唐前本「隘」字必當作「阸」。或作阨，乃阸之俗變。

恐皇輿之敗績

文選唐寫本正、注文「輿」並作「轝」。惟注引音決與底本同作「輿」。六臣註文選（四部叢刊本，四庫善本叢書本）左思魏都賦「不覩皇輿之軌躅」註引「敗績」作「則續」。李善註文選（淳熙本）引此脫「績」字。文選陸士龍宴會被命作詩註引與底本及各本同。案唐寫本文選及左思魏都賦註引並誤。涉形近而誤也。

忽奔走以先後兮及前王之踵武

文選（唐寫本、六臣本、淳熙本）、章句（錢本、文徵明書、馮紹祖本）、及文選劉孝標辨命論註、王仲寶褚淵碑文註引此皆同。（左思魏都賦註引「之踵武」誤倒作「踵之武」。）洪氏考異、朱註並引一本「忽」作「急」。作「急」疑涉王註「言己急欲奔走先後」義改。本當作「忽」。（又參姜氏校註）。朱註又引一本作「曶」。（說同上文「日月忽其不淹兮」條）。

荃不揆余之中情兮

文選（唐寫本、六臣本、五臣本、贛州本、淳熙本、淳祐本）、及唐寫本文選集註引陸善經註、文選沈休文早發定山註、任彥昇宣德皇后令註引「揆」皆作「察」。惟章句（米書、錢本、文徵明書、黃省曾本、夫容館本、朱燮元本、馮紹祖本、袖珍本、閔齊伋本、吳中本、長沙本、俞初本、凌毓枬本、乾本）皆同底本作「揆」。洪氏考異亦引一本作「揆」。案作「察」是也。據上文所引，知唐及其以前楚辭古本固作「察」矣。卽章句原本亦應作「察」。此可由王註「言懷王不徐察我忠信之情」中之「不徐察」知之。又文選五臣濟註亦云：「言君不觀察我之中誠」。此外，本篇下文亦云：「終不察夫民心」、「孰云察余之中情」、「孰云察余之善惡」，九章惜誦：「又莫察余之中情」，語例皆同。可證也。作「揆」疑後人涉上文「皇覽揆余于初度兮」句而妄改。張亨謂「形近而誤」。「揆」與「察」，義或相通，形不相近也。（又參姜氏校註）。

淳熙本李善註文選「中」作「忠」。洪氏考異、朱註、錢氏集傳亦皆引一本作「忠」。蓋卽此本也。據王註「忠信之情」。蓋卽釋正文之「忠情」，則作「忠情」，乃王本之舊。且忠與讒對言，此與九章惜誦之作「中情」不同，彼文「中情」猶「衷情」也。

反信讒而齌怒

文選（唐寫本、五臣本、淳熙本、淳祐本、贛州本）、及唐寫本文選集註引音決與陸善經註、顏師古匡謬正俗七「齌」皆作「齊」。洪氏考異、朱註並引一本作「齊」。洪補引釋文云：「齊或作齎」。是釋文本亦作「齊」。爾雅釋詁云：「齊，疾也」。王逸以「疾」釋「齌」，知王註原本亦必作「齊」。今作「齌」亦後人以訓詁字改也。（聞氏校補語）。蓋「齌」字本義說文以爲「炊餔疾也」。段註云：「引申爲凡疾之用」。故「齌」、「齊」得以通假。釋文與朱註並引一本作「齎」。朱註又引一本作「欳」。作「齎」者，劉氏通箋以爲卽「傳寫之誤」。作「齌」、「齎」、「欳」者，姜氏校註以爲「皆後起專字」。二氏並以作「齊」爲是。是也。

曰黃昏以爲期兮羌中道而改路

文選（唐寫本、六臣本、五臣本、淳熙本）、章句錢本皆無此二句。洪補曰：「一本有此二句。王逸無註。至下文『羌內恕己以量人』，始釋羌義。疑此二句後人所增耳。九章曰：『昔君與我誠言兮，曰黃昏以爲期。羌中道而回畔兮，反既有此他志』。與此語同」。朱註云「洪說有據。然安知非王逸以前此下已脫兩句邪？更詳之」。案朱說雖無據，所疑並非無理。陳本禮屈辭精義云：「考今王逸本現有此二句，惟文選脫此二句。似昭明不知離騷有敘，特刪此二語，使敘文聯成一篇。故後世以訛傳訛，實自昭明始。」又云：「標經正文，故以曰字另起」。序文之說，確否難信。「標經正文」云云，劉氏通箋頗不以爲然。氏曰：「然以文義求之，此二句不得爲經文首句。陳臆說不足信」。然此二句爲昭明所刪，沈氏祖緜亦韙之。其證辨云：「此兩句文選無，或以爲衍文。非也。蓋以下文初既與余成言兮，後悔遁而有他句冗，昭明刪之爾。抽思云：昔君與我成言兮，曰黃昏以爲期。羌中道而回畔兮，反既有此他志。思美人：指嶓冢之西隈兮，與纁黃以爲期。嶓冢、西隈，秦地，皆言奉懷王命使齊，與齊合從，繼從張儀之說，背齊結秦，致楚國勢日蹙，是屈子最痛心之事。朱子以黃昏爲婚禮，義是而旨尚非。當云背齊約方合」。朱子以黃昏爲婚禮，詩法中一比喻也。沈氏以黃昏爲背齊約，亦一比喻也。二說介乎仁者與智者之間，孰是孰非，難以論定。

屈復曰：「此二句與下『悔遁有他』意重，又通篇皆四句，此多二句，明係衍文」。（聞氏校補引）。

王樹枏離騷註云：「案此即從抽思篇竄入，離騷通篇無連用五韵者」。（見張亨輯校引）。朱駿聲補註亦云：「俗本此二句上有『曰黃昏以爲期兮，羌中道而改路』兩語。按『昔君與我成言兮，曰黃昏以爲期。羌中道而回畔兮，反既有此他志』。見抽思篇。離騷通篇無用五韵者。下文『羌內恕己』，王逸始注：『羌，楚人語詞』。則此爲後人竄入無疑。今刪」。

聞氏校補云：「案本篇叶韵，通以二進，此處武怒舍故路五字相叶，獨爲奇數，於例不合。此亦二句當爲衍文之確證。二句本抽思文，後人以其與本篇下文『初既與余成言兮，後悔遁而有他』二句相似，因誤入本篇，又易『回畔』爲『改路』，以叶韵也。……當刪」。姜氏校註亦以洪說爲是。並以爲離騷用韵，皆四句一協，決無例外者。此二句不與上下文協，爲錯亂之一確證。二句係衍文無疑。華案楚辭一書，錯簡與脫簡，所在多有。李嘉言「離騷錯簡說疑」（見楚辭集釋）、林庚「涉江的斷句及錯簡」（同上）、金德厚「關於離騷中插入的文字」（見楚辭研究論文集第二輯、文學遺產增輯六輯）等，言之甚詳。本篇此二句之爲錯簡，例與九歌少司命「與女遊兮九河，衝風至兮水揚波」二句同。洪氏考異云：「王逸無註。古本無此二句」。補曰：「此二句河伯章中語也」。朱熹以爲當刪去。是也。

初既與余成言兮後悔遁而有他

文選（唐寫本、淳熙本）、章句（錢本、馮紹祖本）並同。

洪補云：「成言謂誠信之言。一成而不易也。九章作誠言」。非是。王註云：「成，平也」。是王本原作「成」。不得以九章文亂之。洪說亦朱子所不采。集註云：「成言謂成其要約之言也」。文選各本與章句各本皆同。洪說無據。唐寫本文選集註引音決、文選（六臣本、五臣本、贛州本、淳祐本）與章句（文徵明書）「遁」作「遯」。洪氏考異、朱註並引一本作「遯」。疑卽此本也。劉永濟通箋謂：「遁、遯字通。」姜氏校註以爲「遁訓遷，遯訓逃，悔遯有他，則當作遯矣。遁則假借字也」。是「遁」字原本當如音決與文選各本作「遯」。

六臣註文選（四庫善本叢書本、四部叢刊本）「他」作「佗」。洪氏考異與朱註亦並引一本作「佗」。章句（文徵明書）作「它」。姜氏校註云：「他佗隸變也，實一字」。它、佗古今字，他又佗之俗變也。

余既不難夫離別兮

文選（唐寫本、五臣本）與章句各本、洪氏各本皆底本同。惟文選（六臣本、贛州本、淳熙本、淳祐本）無「夫」字。洪氏考異與朱註並引一本無「夫」字。疑卽此本。姜氏校註云：「有無皆無關重要。然文氣以有一夫字爲較充沛。夫猶於也」。姜說是也。就句法言，「余既不難夫離別兮」，亦與下文「余既滋蘭之九畹兮」八言之句對文。

余既滋蘭之九畹兮

文選（唐寫本、六臣本、五臣本、淳熙本）、章句（錢本、文徵明書、馮紹祖本）皆同。一切經音義九十八、藝文類聚八十一引此並無「余」字。白帖三引「余」作「予」。「滋」字洪補及朱註並引釋文作「茲」。朱註又云：「與栽同」。姜氏校註以爲茲乃六朝俗字，宜作栽。妄人增艸，再誤從茲。案王註：「滋，蒔也」。滋、栽並蒔之借字，茲乃六朝隋唐相傳俗字。

又樹蕙之百畮

漢書揚雄註引及章句（文徵明書、馮紹祖本）並同。洪氏考異引釋文「畮」字同。朱註云：「畮，古畝字」。

文選（唐寫本、六臣本、五臣本、淳熙本）、章句（錢本）及藝文類聚八十一、白帖三引「晦」皆作「畝」。

畦留夷與揭車兮

文選（唐寫本、淳熙本）、章句（錢本、文徵明書、馮紹祖本）及後漢書馮衍傳註引皆同。惟唐寫本文選「留」字從俗作「畱」。

文選（六臣本、贛州本、淳祐本）作「蒥荑」。文選顏延年和謝靈運詩註引作「留荑」。蓋涉顏詩正文「攀林結留荑」改。案王逸曰：「留夷，香草也」。是王本原亦作「留夷」。司馬相如上林賦云：「雜以留夷」。張揖曰：「留夷，新夷」。顏師古曰：「留夷，香草。非新夷。新夷乃樹耳」此漢唐古本皆作「留夷」之證也。姜氏校註云：「按留夷草木以音命名者也。以其為草，故加草。其實此為專字，古只作留夷」。姜說得之。

爾雅釋草郭註引「揭車」作「藒車」。六臣本文選註云：「五臣本作『藒車』」；（張亨輯校謂五臣本、舊鈔本作「楬車」）。洪氏考異、朱註及劉師培考異皆稱文選作「藒車」。未審所指係何本？案王註云：「揭車，亦芳草。一名芞輿」。是王本原作「揭車」。漢書司馬相如傳云：「揭車衡蘭」註：應劭曰：「揭車，一名芞輿，香草也」。宋玉高唐賦：「揭車苞并」。漢書音義云：

「揭車，香草也。苞并，叢生也」。凡此，皆兩漢及其以前古本已作「揭車」之明證也。凡作「藒」、「藒」、「藒」等，皆後起分別專字也。（參見姜氏校註）。

雜杜衡與芳芷

文選（唐寫本、淳熙本）、章句（錢本）及漢書揚雄傳註、後漢書馮衍傳註引皆同。

文選（六臣本、五臣本）、章句（文徵明書、黃省曾本、夫容館本、朱燮元本、馮紹祖本、袖珍本、閔齊伋本、吳中本、長沙本、俞初本，凌毓枬本、乾本）及藝文類聚八十一引「衡」皆作「蘅」。洪氏考異、朱註、錢氏集傳亦皆引一本作「蘅」。案山海經西山經云：「天帝山有草，其狀如葵，其臭如蘼蕪，名曰杜衡」。爾雅釋草：「杜，土鹵」。郭註云：「杜蘅也，似葵而香」。邢疏引本草唐本註云：「杜衡，葉似葵。形如馬蹄，故俗云馬蹄香」。據此，知自先秦至李唐之際，各書已作「衡」。朱駿聲補註云：「蘅當作衡」。姜氏校註云：「杜衡衡字……其增草之義，與上留夷、揭車同」。二氏說並是也。後漢書馮衍傳註引「芳」作「芬」。蓋聯想之誤。藝文類聚八十一引「芷」作「誕」。案作「誕」殊爲不詞。其誤無疑。惟宋本藝文類聚八十一引作芳芷，不誤。

冀枝葉之峻茂兮

文選（唐寫本、六臣本、淳熙本）、章句（錢本、文徵明書、馮紹祖本）、及唐寫本文選集註引音決、陸善經註皆同。

文選五臣註本作「葰」。漢書司馬相如傳、文選司馬相如上林賦並曰：「實葉葰楙」。郭璞註引司馬彪曰：「葰，大也。葰，音俊」。朱註、錢氏集傳並引一本作「葰」。是唐及其以前楚辭已有作「峻」與作「葰」之本並行於世矣。古文苑蜀都賦云：「宗生族攢，俊茂豐美」。聞氏校補云「峻茂與葰茂，俊茂並同」。姜氏校註云：「按峻卽說文陖字，訓陗高；而葰乃葯中三柰，無由用爲高長之義；蓋原本當作俊，古文苑蜀都賦有『俊茂豐美』可證。後人因其稱枝葉，遂爾增艸也」。聞、姜二氏說近是。惟姜氏以爲「峻卽說文陖字」。說似未妥。「峻」與「陖」二字，音義固近矣。其爲異形之二字亦顯然。蓋「峻」乃「𡾊」字之省簡。說文云：「高也」。阜部云：「陖，陗高也」細審之，自有歧異也。案王註：「峻，長也」。長與高義符。然則作葰或俊並借字矣。

願竢時乎吾將刈

文選（唐寫本、六臣本、淳熙本）、章句（錢本、文徵明書、馮紹祖本）及唐寫本文選集註引音決皆同。惟洪氏考異謂：「文選竢作俟」。案現傳文選未有作「俟」之本。顯然，「俟」乃「俟」之僞。由朱註云：「竢一作俟」。可證。然考現傳文選各本亦未有作「俟」者。豈宋人所見之文選，別有亡（今）佚之古本乎？

衆皆競進以貪婪兮

文選（唐寫本、六臣本、五臣本、淳熙本）同。

唐寫本文選集註引陸善經本無「衆」字。今文選張平子思玄賦註、謝靈運初去郡註引此亦並無「衆」字。疑李善註文選間采陸善經本。

章句（錢本、文徵明書、黃省曾本、夫容館本、朱燮元本、馮紹祖本、袖珍本、閔齊伋本、俞初本、凌毓枏本、乾本）及一切經音義四十二、四十八引「以」皆作「而」。洪氏考異、朱註並引一本作「而」。王引之經傳釋詞卷一云：「以，猶而也」。此亦其證。

一切經音義四十二，四十八並引「婪」作「惏」。慧琳蓋以「婪」、「惏」同義而通用。據音義四十二條目作「貪惏」，而四十八之條目則作「貪婪」，可知也。非謂其所引楚辭有作「惏」之本。實則現傳楚辭亦無作「惏」之本也。案說文十篇下心部云：「惏」，河內之北謂貪曰惏。從心，林聲」。十二篇下女部又云：「婪，貪也。從女，林聲。杜林說：卜者攩相詐論爲婪」。段註云：「此與心部之惏音義皆同」。是也。王逸以愛食爲婪，當亦有所本。然不如朱駿聲補註以「愛色曰婪」爲妥恰。蓋以婪從女故也。

憑不猒乎求索

文選（唐寫本、淳熙本）、章句（錢本）、「憑」並作「憑」。然章句（米書、吳中本、長沙本、閔齊伋本）則作「馮」。朱註、錢氏集傳亦並引一本作「馮」。

梁章鉅文選旁證云：「憑與馮同。方言：『馮，怒也。楚曰馮。郭璞註：『馮，恚盛貌』。昭五年左傳：『震雷馮怒』，杜預註：『馮，盛也』。本書長門賦『心馮噫而不舒』，註『馮噫，氣滿貌』。皆可互證」。

朱駿聲補註云：「憑當作馮。讀爲啚。下文喟憑心同」。案王逸訓「憑」爲「滿」，楚人名滿曰「憑」。廣雅釋詁亦訓「憑」爲「滿」。是「憑」與「憑」乃一字之異體。又文選長門賦註釋：「馮噫」爲「氣滿」。則「憑」、「憑」、「馮」義通。姜氏校註云：「按憑字卽馮字之變，而憑則隸變省字也」。姜說近是。唐寫本文選集註引音決、文選（六臣本、五臣本）、章句（米書、文徵明書、吳中本、長沙本、乾本）「猒」字皆作「厭」。錢氏集傳亦引一本作「厭」。案說文云：「厭，笮也。一曰合也」。又云：「猒，飽也」。此王註所本。作「猒」是也。段註云：「淺人多改猒爲厭，厭專行而猒廢矣。……猒、厭古今字」。段說是。

羌內恕己以量人兮

文選（唐寫本、淳熙本）、章句（錢本、文徵明書）、及文選魏文帝典論論文註引皆同。惟文選（六臣本、五臣本）、章句（馮紹祖本）「羌」並作「羗」。俗字也。朱註引一本無「己」字。據王註「謂與己不同」云云，知王本原有「己」字。無「己」非是。又據洪補：「自恕以度人」。疑所據本原無己字。

各興心而嫉妬

文選（唐寫本、淳熙本、六臣本）、唐寫本文選集註引音決及陸善經本、、章句（文徵明書、馮紹祖本）、及北堂書鈔三十引皆同。

一切經音義二十七、七十二並引「各」作「故」。

五臣本文選「興」作「與」。洪氏考異謂：「文選誤作與」。朱註云：「興，一作與。非是」。蓋並指五臣本文選而言也。

唐寫本文選集註引音決又一本、章句（錢本）、及一切經音義二十七、七十二引「妬」字皆作「妒」。姜氏校註云：「按妬者妒之或體，本字當作妒，婦妒夫也」。姜說有可商。案說文十二下女部云：「妬，婦妬夫也。從女，石聲」。段註云：「各本作戶聲。篆亦作妒。今正。此如拓、橐、蠹等字，皆以石爲聲。戶非聲也。當故切」。段說謹嚴可據。要之、唐及其以前楚辭已有作「妬」與作「妒」之本並傳焉。

忽馳騖以追逐兮

文選（唐寫本、六臣本、五臣本、淳熙本）、章句（錢本、文徵明書）、唐寫本文選集註引音決及陸善經註、及一切經音義三十一、五十一、八十二、八十九引此皆同。惟音義引皆略「兮」字耳。未有如劉師培考異、姜氏校註及張亨輯校所謂音義三十一引「以」作「而」者。蓋劉氏先失檢，姜、張踵其誤也。

章句（馮紹祖本）「馳」作「駝」。洪氏考異、錢氏集傳亦並引一本作「駝」。案「駝」即「馳」字。說見上文「桀騏驥以駝騁兮」條。章句（黃省曾本、夫容館本、馮紹祖本、俞初本、閔齊伋本、凌毓枬本）「騖」皆作「鶩」，從「鳥」，不從「馬」。

案說文四篇上鳥部云「鶩，舒鳧也。從鳥，敄聲」，又十篇上馬部云：「騖，亂馳也。從馬，敄聲」。據此，則作「騖」是也。作「鶩」乃同音通假。

老冉冉其將至兮

漢書揚雄傳註引晉灼註、後漢書馮衍傳註引此並同。

朝飲木蘭之墜露兮

唐寫本及今本文選、章句各本皆同。

文選左太冲招隱詩註、北堂書鈔一五二、藝文類聚八十一、八十九引亦皆同。

夕餐秋菊之落英

文選唐寫本「餐」作「飧」。淳熙本及藝文類聚八十一引並作「湌」。洪氏考異、朱註亦並引一本作「湌」。錢氏集傳引一本作「湌」。文選（六臣本、五臣本）、章句（錢本、文徵明書、馮招祖本）及文選左太冲招隱詩註、白帖三十引皆同底本。

案說文五篇下食部云：「餐，呑也。從食，𣦼聲」。段註云：「餐猶食也。……引伸之為人食之。又引伸之爲人所食。……其形則飧。或作飧」。說文又云：「湌，餐或從水」。是「湌」、「飧」與「飧」皆爲「餐」字之或體。而「湌」又「湌」之俗簡也。姜氏校註以「湌」爲「誤書」。非是。（太平御覽十二引「餐」作「採」，蓋因「採菊」聯想之誤。）

長顑頷亦何傷

唐寫本文選「顑頷」作「減淫」。集註引王逸註亦作「減淫」。又引曹：「減淫二音，陸善經曰：顑頷亦爲咸淫」。（華案：饒宗頤楚辭書錄頁一一七、一二一「減」或誤爲「滅」；「淫」誤爲「搖」，或又誤爲「淫」。）唐寫本作「減淫」及「咸淫」，與各本皆異。咸，蓋減之壞字。饒宗頤曰：「當是音假」。張亨輯校云：「顑頷、減滛古韵並屬侵部，疊韵連語，疑是音近相假」。案唐寫本文選集註引音決：「顑，口感反」。引玉篇：「呼感反。頷，胡感反」。饒、張二氏說近是。朱氏解故云：「是唐人所傳文選，此句蓋有二本：「一曰顑頷，公孫羅、陸善經本如是。今所見宋尤延之刻李善註本及宋刻六臣註本亦皆如是。正與今楚辭同耳；一曰減滛（華案：原作「滛」，朱氏誤。）文選集註殘卷及陸善經所記別本如是。集註故以李善註爲本而兼出諸家異同者，善之學原出曹憲之傳，則此句直書『減淫』，與音決所記曹讀相應，亦無足怪，但集註於此，未知卽據李本，抑但依曹音改字耳」。唐寫文選所以作「減滛」。蓋依曹音改字，古人引書，往往有此例。

擥木根以結茝兮

五臣本與舊鈔本文選「擥」並作「掔」。洪補謂文選作「掔」。朱註、錢氏集傳亦並引一本作「掔」。

案王逸訓擥爲持。乃本諸說文。說文手部云：「擥，撮持也」。洪補釋「擥，亦持也」。則用「掔」之引伸義。說文手部又云：「掔，固也」。段註云：「掔之言堅也，緊也。謂手持之固也」。五臣作「掔」，錢氏集傳以爲非是。張亨輯校謂之「形譌」。恐有味於五臣、慶善所采引伸之義。

洪補、朱註並引一本「茝」作「芷」。

貫薜荔之落蘂

唐寫本文選「蘂」作「蘂」。從「糸」，不從「木」。集註引音決及陸善經本亦並作「蘂」，蓋俗誤。此與楚辭、文選各本皆異。文選左思蜀都賦註引「貫」作「採」，又「蘂」作「英」，蓋涉上文「落英」而誤。

索胡繩之纚纚

唐寫本文選及集註引音決與陸善經本、原本玉篇二十七引此皆同。

謇吾法夫前脩兮

五臣本文選、唐寫本文選集註引陸善經本、文選陸士衡文賦註、張景陽雜詩註引「謇」並作「蹇」。洪氏考異謂「文選謇作蹇」。當係指五臣本。朱註亦引一本作「蹇」。洪補曰：「謇又訓難易之難。非蹇難之字也。世所傳楚辭，惟王逸本最古。凡諸本異同，皆當以此爲正」。據王註「忠信謇謇者」云云，知王本原作「謇」也。文選（唐寫本、六臣本、淳熙本）、章句（錢本、文徵明書、馮紹祖本）、洪補（惜陰軒叢書本、四部叢刊本）亦皆同底本作「謇」。後漢書馮衍傳註引作「搴」。非是。

案「謇」、「蹇」、「搴」三字楚辭多見。屈、宋辭賦用法昭彰不紊。後儒引之，乃溷淆不分。大抵「謇」字多用為難、難於言，語詞等義；「蹇」字多用為跛、難於行，或借為語詞等義；而「搴」字則但用為拔取、采取等義。絕不混淆。就中只「謇」、「蹇」二字可通用也。（詳見拙作：「郭璞『爾雅音義』名義釋疑」一文。載大陸雜誌第四十九卷第三期，一九七四年九月十五日）。

非世俗之所服

文選（唐寫本、六臣本、淳熙本、淳祐本、贛州本）、及文選陸士衡文賦註引「世」皆作「時」。洪補曰：「李善本有以世為時，為代，以民為人之類。皆避唐諱。當從舊本。」如六臣本引五臣向釋「世俗」為「代俗」者，其例也。五臣本文選及文選張景陽雜詩註引並同底本作「世」。又章句（馮紹祖本）及洪補引王逸註釋語「今時俗人」及「今世俗人」並出。則是唐人著述亦有不避唐諱之例，或本已避諱改字，後人復其舊者邪？

願依彭咸之遺則

文選各本及章句各本皆同。

文選揚雄羽獵賦註引「則」作「制」。疑涉彼正文「不同之制」而譌。雖則「則」、「制」於義固可通也。

長太息以掩涕兮

唐寫本文選「太」作「大」。作「大」是故書。

文選潘岳西征賦註、曹子建贈白馬王彪註、陸士衡門有車馬客行註及弔魏武帝文註引此句皆同。

哀民生之多艱

文選（唐寫本、六臣本、贛州本、淳熙本、淳祐本）「民」作「人」。錢氏集傳引一本作「人」。疑卽此文選之本。蓋避唐諱改也。卽引王逸註「萬民受命而生」亦改爲「萬人受命而生」。然五臣本文選正文雖仍作「民」，翰註「萬民」却作「萬姓」。蓋亦避諱。

余雖好脩姱以鞿羈兮

唐寫本文選、今本文選、章句各本、及文選（淳熙本）顏延年赭白馬賦李善註引皆同。文選（四部叢刊本、四庫善本叢書本）六臣註引「好」誤作「小子」。

王念孫讀書雜誌云：「雖與唯同，言余唯有此修姱之行，以致爲人所係累也。唯字古或作雖，大雅抑篇曰：『汝雖湛樂從，弗念厥紹，』言女唯湛樂之從也」。臧氏用中拜經日記云：「脩上不宜有好字。王註云：『己雖有絕遠之志，姱好之姿』。『絕遠之志』釋『脩』字，『姱好之姿』釋『姱』字。不言『好修』。『余雖脩姱以鞿羈』，與上文『余情其信姱以練要兮』同一句法。舊本好字，因下文好脩而衍。」姜氏亮夫以王、臧二氏說爲是。張亨輯校則以有「好」字未必爲非是。

案「好脩」一詞楚辭離騷所習見。本句之外，本篇下文又云：「余獨好脩以爲常」，「汝何博謇而好脩兮」，「苟中情其好脩兮」，「莫好脩之害也」。若以臧氏說爲是，脩字上皆不宜有好字。則上引諸「好」字皆衍矣，恐無是理。又據唐寫本，文選集註引音決「好，音耗」；引陸善經「好自脩飾」云云，知唐及其以前楚辭舊本已與今本同有「好」字。且爲「好脩」一詞之所不可省者。非衍文也。是以王、臧、姜諸氏說皆非。

文選（唐寫本、六臣本、五臣本、淳熙本）、章句（錢本、文徵明書、馮紹祖本）以及洪補各本「羈」皆作「䩭」。與底本異。案「䩭」本字也。「羈」則俗變也。

謇朝誶而夕替

唐寫本文選、今本文選、章句各本及文選集註引音決與陸善經本皆同。

王注云：「誶，諫也。詩曰：『誶予不顧』。」洪補云：「今詩作訊。訊，告也」。

案詩陳風墓門云：「夫也不良，歌以訊之。訊予不顧，顛倒思予」。毛傳云：「訊，告也」。釋文云：「訊又作誶。…韓詩：訊，諫也」。朱氏補註云：「毛本皆作訊」。是作「訊」，訓「告」，乃古文詩毛氏傳。而今楚辭作「誶」，王逸訓「諫」者。叔師采自今文詩韓氏傳本也。朱氏補註云：「訊，誶形聲俱近」。

案說文：「誶，讓也。國語曰：誶申胥。」今本國語吳語「誶」作「訊」。韋昭註：「訊，告讓也」。「訊」乃「誶」之誤。詩：「誶予不顧」，洪補云：「今詩作訊」。「訊」亦「誶」之誤。訓諫、訓告，皆當作「誶」。說文：「訊，問也」。與「誶」之義迥別。「誶」從「卒」，六朝俗書作「卆」，與「卂」形近，故「誶」、「訊」二字往往相亂。

聞氏校補「謇朝誶而夕替。既替余以蕙纕兮」條下云：「案誶當為綷，而替字並當為紋，皆字之誤也。綷，縛也。……捽亦搏也。……搏與縛，捽與綷，並義相近。……繱卽棄字。……繱或誤為⿰糹替。……今本作替，卽⿰糹替之省。……今本繱誤為替，相承讀為替廢之替，（他計切）則既失其義，又失其韵矣」。

臺先生靜農曰：「按『謇朝誶而夕替』一句，指小人而言，意謂朝罵而夕毀之也。（說文『誶，讓也』；卽責讓也。漢書賈誼傳『立而誶語』，服虔註『誶，猶罵也。』替，王船山楚辭通釋云『替，虧替之，謂讒毀也。』）如聞說不特迂曲，於文理亦難通」。臺先生說是。聞說於義似有理，然無內證可據。至艱、替失韵云云，坐同陳第屈宋古音義以「替」為「朁」（說文：朁，象簪也。古讀侵），朱氏補註以為「誤也。侵艱尤乖古韵」。此外，江有誥楚辭韵讀別創「脂文借韵」說；戚學標又以「艱」字籀文作「囏」、固有「喜」音，可與「涕」、「替」爲韵云；（見張亨輯校引）姚鼐古文辭類纂、沈祖緜證辨並以「長太息以掩涕兮，哀民生之多艱」兩句爲錯文誤倒，當上下句互易。夫必如是則涕、替方叶韵云。凡此皆足以解釋聞氏「艱、替失韵」之疑，並可爲替卽替、或憖說之反證也。

既替余以蕙纕兮

唐寫本文選、今本文選、章句各本（錢本除外）、及原本玉篇二十七系部引皆同。

章句（錢本）「余」作「予」。

唐寫本文選集註引音決「纕」作「襄」。蓋纕之壞字。

又申之以攬茝

唐寫本文選「申」上有「重」字。張亨輯校云：「當是註文誤入正文」。非是。蓋唐寫文選集註引音決：「重，直用反」。又引陸善經曰：「復重攬結茝也」。是正文已有「重」字之證。非自注文所誤入。王注：「猶復重引芳茝以自結束」。「重引」蓋以釋「重申」也。

朱註引一本無「以」字。曰：「非是」。案「以」爲介詞。無之則不詞。有之是也。洪氏考異曰：「一云：又申之擥茝」。無「以」字譌同朱說。又舊鈔本文選及章句（錢本）「攬」並作「擥」。

沈氏證辨謂：「攬、擥非正字，當作擥」。姜氏校注亦以「擥」爲本字。是也。

雖九死其猶未悔

唐寫及今本文選、章句各本、及後漢書馮衍傳註、史弼傳註、儒林傳註引皆同。惟史弼傳註及儒林傳註引句末並有「也」字。

後漢書寇恂傳註引「其猶」作「而」，其與而同義，而略引猶字耳；又引「悔」下有「也」字。

怨靈脩之浩蕩兮

唐寫本及今本文選、章句各本、後漢書張衡傳註、藝文類聚三十引此皆同。

文選謝靈運還舊園作見顏范二中書註引「怨」作「悲」。張平子思玄賦註引「浩」作「皓」。浩、皓（正作晧）正假字。

終不察夫民心

文選（唐寫本、六臣本、淳熙本）、及文選集註引陸經本「民」皆作「人」。洪氏考異亦引一本作「人」。避唐諱改也。然文選五臣本及藝文類聚三十引此並同底本不改。

衆女嫉余之蛾眉兮

唐寫本及今本文選、章句各本皆同。沈氏證辨謂：「蛾，文選作娥」。不知所據何本而云然?!洪氏考異、朱註及錢氏集傳皆引一本作「娥」。亦未知所指何本？作「娥」朱註以爲非是。洪補且援及離騷及詩衞風碩人作「娥眉」、顏師古「蛾眉，形若蚕蛾眉也」以爲證。然據大招，「娥眉曼兮」，與此作「娥」之本合。方言：「娥，好也」。「娥眉」卽好眉、美眉之意。作娥亦未爲非。

漢書揚雄傳晉灼註引「蛾」作「蛾」。案作「䖸」疑涉彼正文「䖸眉」改。說文十三下「䖵」部云：「䗊」，蚕七飛蟲，從䖵，我聲」。又云：「䖸，或從虫」。是「䖸」爲「䗊」之或體字。

沈氏證辨謂「正字當爲䗊」。是也。

後漢書崔駰傳註引「嫉余」作「皆妬余」。案「皆」字衍。嫉、妬同義。

謠諑謂余以善淫

文選（唐寫本、六臣本、五臣本、淳熙本）、章句（文徵明書）及原本玉篇九言部引「淫」皆作「淫」。文選註引王逸註語、章句（馮紹祖本）載王氏註語亦皆作「淫」。案說文十一上水部云：「淫，浸淫隨理也。從水，𡈼聲。一曰久雨曰淫」。國語晉語「知程鄭端而不淫」。韋註云：「

淫，邪也」。呂覽音初「世濁則禮煩而樂淫」。高誘注：「淫，邪」。此王逸註騷之所本也。「滛」則說文所無，其他字書亦多無。蓋「淫」之誤字也。正字通云：「淫，從壬，正。譌俗作滛」。五臣註文選「以」作「之」。洪氏考異、朱註並引一本作「之」。蓋卽此本也。以、之同義。

固時俗之工巧兮

唐寫本及今本文選、章句各本皆同。

文選張平子思玄賦註引「固」作「因」。

劉永濟通箋云：「按固疑何字之誤。此句兩見九辯中，皆作何。何有疑怪意。作固，則肯定矣。作何於義爲長。今據改」。

聞氏校補云：「案劉說近是。何因形近而誤。然七諫謬諫曰：『固時俗之工巧兮，滅規矩而改錯』，襲騷文而字亦作固，則東方朔所見本已誤」。

案劉、聞二氏說並非是。劉氏但知此句兩見九辯中，却不知「固時俗」此習語楚辭所常見也。聞氏咎在以少例多，顚倒是非，謬言惑衆也。本篇下文云：「固時俗之流從兮」；七諫哀命云：「固時俗之溷濁兮」，又謬諫云：「固時俗之工巧兮」。總計「固時俗」一語凡四見，較諸九辯五、六「何時俗之工巧兮」一語兩見，尤爲普遍通用。聞氏焉能誣指習見通用之語爲誤，而以少見罕用之語爲是哉？（華案：其實少見罕用之語未必非也。）至於語氣。作「固」固帶肯定意；作「

何」固有「疑怪意」。然意隨人殊，用者自命耳。猶曰：「悲時俗之迫阨兮」（遠遊）。「惟時俗兮疾正」（九懷思忠）、「傷時俗兮溷亂」（九懷陶壅）等，皆無不可。安得以「何時俗」爲是、「固時俗」爲非耶？靈均既不誤在先，東方朔沿用騷文而字作固，尤證其所見本爲眞古也。

忳鬱邑余侘傺兮

六臣本（淳祐本）文選「邑」作「悒」。洪氏考異、朱註及錢氏集傳皆引一本作「悒」。當卽此本也。悒、邑正假字。

寧溘死以流亡兮

文選張平子思玄賦註、江文通恨賦註、劉孝標辨命論註引此皆同。

一切經音義八十一引「溘」作「溘」。九十三、九十八引並作「溘」。五十六引此字同底本作「溘」。案說文新附云：「溘，奄忽也。從水，盇聲」。徐灝說文解字註箋云：「鈕曰：離騷：甯溘死以流亡兮。王註：溘猶奄也。按說文盇、奄並訓覆。以溘訓奄、疑古作盇。箋曰：此疑許偶失載」。是奄忽字古葢作「溘」。「溘」乃「溘」之俗變。盇、葢古通，故溘又作溘也。章句（錢本、文徵明書、黃省曾本、夫容館本、朱燮元本、馮紹祖本、閔齊伋本、俞初本、凌毓枬本、乾本）「以」皆作「而」。洪氏考異、朱註並引一本作「而」。以、而同義。

余不忍爲此態也

唐寫本、今本文選、及劉孝標辨命論註引皆同。

鷙鳥之不群兮

唐寫本及今本文選（五臣本除外）、章句各本、及唐寫文選集註引音決皆同。五臣本文選及一切經音義九十四引並無「之」字。姜氏校註云：「按無之則文義與下句自固諸文不相屬矣。省之字者非是」。姜說是。

自前世而固然

唐寫本、六臣本及淳熙本文選「世」皆作「代」。洪氏考異謂「李善文選世作代」。錢氏集傳引一本作「代」，蓋卽此本。避唐諱改也。五臣本文選所以同底本作「世」者，疑係唐以後人改復其舊也。

何方圜之能周兮

唐寫本文選、文選集註引音決、章句（文徵明書、馮紹祖本）皆同。文選六臣本、五臣本、淳熙本及唐寫本引王逸註「圜」皆作「圓」。洪氏考異、朱註亦並引一本作「圓」。

案說文、「圜，天體也」。又云：「圓，圜全也」。段註云：「許書圓、圜、圓三字不同。今字多作方圓、方員、方圜，而圓字廢矣。依許則言天當作圜；言平圓當作圓；言渾圓當作圓」。「圓」字今固廢用矣。而「圜」與「圓」學者多互用不分，如唐寫文選正文作「圜」，而引王逸註文則又作「圓」，即其例。

章句錢本「周」作「同」。洪氏考異、朱註亦並引一本作「同」。案上文「競周容以爲度」，王註之：「周，合也」。又「雖不周於今之人兮」，王註亦云：「周，合也」。與本句下王註「言何所有圜鑿受方枘而能合者」中之「能合」義合。此王本原作「周」之證也。作「同」者周之壞字。

屈心而抑志兮

唐寫本及今本文選、章句各本及一切經音義八引皆同。

忍尤而攘詬

唐寫及今本文選、章句（錢本、文徵明書、馮紹祖本）及唐寫文選集註引音決（以及洪補各本）

「詢」皆作「詬」。與底本特異。洪氏考異云：「釋文詬作詢」。錢氏集傳亦引一本作「詢」。則底本所據爲釋文乎？

朱氏解故云：「史記伍子胥列傳：『伍奢曰：員爲人剛戾忍詢，能成大事』。太史公自序亦曰：『能忍詢於魏齊』。離騷：『攘詬』字，故書亦當作『詢』，蓋與史記正同，釋文本是也。今離騷文作『詬』者，猶史記伍子胥傳之有鄒氏本矣（索隱云：『鄒氏作詬』也；然徐廣、裴駰字俱作詢，明故書應爾）。今謂『攘詢』卽『忍詢』。此承上言『忍尤』，故變云『攘詢』，忍、攘於楚，直是代語，皆謂隱忍耳。太史公曰：『故隱忍就功名，非烈丈夫孰能致此哉？』（見伍子胥列傳）此靈均之所由『屈心而抑志』歟？卽此足以見志，故不必如王註之以『除去耻辱』爲辭也。」

案說文言部云：「詬，謑詬也。從言后聲」。又云：「詢，詬或從句」。段註云：「后、句同部」。是「詬」、「詢」乃一字之異體。漢、唐以來已兩出之。朱註稱一本或又作「垢」。姜氏校註謂「形之譌」。「詬、垢」古通，非誤字。莊子讓王篇云：「強力忍垢」列仙傳作「詬」，呂氏春秋離俗篇作「詢」。猶此文有「詢」、「詬」、「垢」之別也。

回朕車以復路兮及行迷之未遠

唐寫本文選、章句（錢本、文徵明書、馮紹祖本）及後漢書馮衍傳註引此皆同。惟文選（六臣本、五臣本、淳熙本）及丘希範與陳伯之書註、陶淵明歸去來辭註引「囘」皆作「迴」。洪氏考異、朱註及錢氏集傳皆引一本作「迴」。沈氏證辨謂囘、迴古通用。姜氏校註以囘為本字，迴為別字。案說文云：「囘，轉也。從口中象囘轉之形」。則囘為本字是也。迴則通假。廻乃俗字。文選丘希範與陳伯之書註及陶淵明歸去來辭註引「以」並作「而」，又引「行迷」並作「迷塗」。此與各本俱異。不知引自何本。或因聯想歸去來辭「實迷途其未遠」而誤與？

步余馬於蘭皐兮

唐寫本及今本文選、章句各本、及文選班彪北征賦註、北堂書鈔一五七引皆同。

馳椒丘且焉止息

唐寫本及今本文選、章句（錢本、文徵明書）、及唐寫文選集註引陸善經本、史記司馬相如列傳索隱、北堂書鈔一五七引此皆同。

章句馮紹祖本「馳」作「駝」。洪氏考異、錢氏集傳並引一本作「駝」。案「駝」即「馳」字。說見上文「乘騏驥以馳騁兮」、「忽馳騖以追逐兮」條。又本句章句正文雖作「駝椒丘」，然注文仍作：「遂馳高丘而止息」云。是「駝」、「馳」同字互用之又一例證也。

文選司馬相如上林賦註引此作「馳椒丘兮焉且」。（案六臣本「且」下有「且，音昌呂切」五字；

淳熙本「且」下有「且，止也。音昌呂切」七字。）易培基楚辭校補云：「按且焉當作焉且。焉，於是也。後人不得其解，遂將焉字置且字下，誤矣。楚詞此例甚多，如遠遊『焉乃逝而徘徊』，招魂『巫陽焉乃下招』所用焉字，皆與此同。文選上林賦『出乎椒丘之闕』，李註引楚辭『馳椒丘焉且止息』，尤可證也」。案易說非是。其誤約有二端：一曰：文選上林賦李註引此不作：「馳椒丘焉且止息」，而作：「馳椒丘兮焉且」；（案文選註所引「焉且」下蓋脫「止息」二字，則「焉」字可訓於是。）二曰：「焉」字訓「於是」固是矣。然「焉且」連文，無文，無此文例。且遠遊、招魂之「焉乃」，所用焉字，不得與「焉且」之「焉」同也。王引之經傳釋詞卷二云：「焉，猶於是也。……楚辭離騷曰：『馳椒邱且焉止息』。言且於是止息也。……又招魂曰：『巫陽焉乃下招曰』。言巫陽於是下招也。……家大人曰：「…焉乃者，語詞。猶言巫陽於是下招耳。王註曰：因下招屈原之魂，因字正釋焉乃二字』。……遠遊篇曰：『焉乃逝以徘徊』，列子周穆王篇曰：『焉洒觀日之所入』。此皆古人以焉乃二字連文之證」。王說是也。「焉乃」連文，古例甚多。「乃」雖猶「且」也。（見王氏釋詞卷六）然「焉乃」不得借「且」作「焉且」也。楚辭一書，「焉」字雖夥（凡五十五見），無一與「且」字連文也。後人固未將「焉」字置「且」字下，易氏異想新奇耳。又王氏釋「焉」爲「於是」。招魂、遠遊：「焉乃」亦訓「於是」，然此文「焉」字不必訓爲「於是」。蓋招魂、遠遊：「焉乃」爲複語。「焉」猶「於是」，「乃」亦猶「於是」也。裴學海古書虛字集釋八云：「離騷：馳椒邱且焉止息。且猶而也。焉，乃也」。案

「且、焉」複語，且猶而也，焉亦猶而也。「馳椒丘且焉止息」，猶言「馳椒丘而止息」也。下文「覽民德焉錯輔」。裴氏云：「焉猶而也」，與此焉字同義。胡氏文選考異卷二云：「袁本、茶陵本無『焉且且止也』五字。袁本有『且且』二字。茶陵本有『焉且且』三字。案各本皆譌。當作『馳椒丘且焉止息』也。」胡說是也。

進不入以離尤兮退將復脩吾初服

文選（唐寫本、六臣本、淳熙本）、章句各本、及文選潘岳西征賦註、曹子建七啓註、後漢書張衡傳註引皆同。五臣註文選及張平子思玄賦註引並無「復」字。洪氏考異、朱註亦並引一本無「復」字。惟據王註「故將復去脩吾初始清潔之服也」云云，則是王本原有「復」字。

製芰荷以爲衣兮

文選（唐寫本、五臣本、淳熙本）、章句（錢本、文徵明書、馮紹祖本）、及文選孔德璋北山移文註、北堂書鈔一二九、藝文類聚六十七、八十二（二見）、白帖四引皆同。六臣註文選「製」作「制」。惟據李善註引王註曰：「製，裁也」。則是正文原當作「製」也。姜氏校註以作制爲挩爛之文。制、製古亦通用。

雧芙蓉以爲裳

文選（唐寫本、六臣本、五臣本、淳熙本）、章句（文徵明書）、及文選孔德璋北山移文註、北堂書鈔一二九（二見）、藝文類聚六十七、八十二、白帖四引「雧」皆作「集」。洪氏考異、朱註、錢氏集傳亦皆引一本作「集」。朱註云：「雧，古集字」。案說文雥部云：「雧，群鳥在木上也」。又云：「集，雧或省」。段註云：「今字作此」。則「雧」、「集」古今字也。朱說是

初學記二十六引「雧」作「採」。白帖三十引作「緝」。疑憑意妄改。

唐寫本文選正文、注文「芙蓉」並作「扶容」。漢書揚雄傳載雄反離騷云：「被夫容之朱裳」。（案洪補引此「夫容」作「芙蓉」。）明爲騷經此句而發。則似經文原作「夫容」。朱氏解故所謂「楚辭故書，初不從艸」者，近似。

初學記二十六引作「薜荔」。疑涉上文「貫薜荔之落蘂」改。非是。文選孔德璋北山移文註引「以」作「而」，義同，前已有說。下文亦有例。

高余冠之岌岌兮

唐寫及今本文選、章句各本、文選集註引及原本玉篇二十二，後漢書馮衍傳、宦者列傳註引皆同。

長余佩之陸離

唐寫及今本文選、章句各本、文選集註引音決、及原本玉篇二十二引皆同。後漢書馮衍傳註引「余」作「吾」。疑涉傳文「長吾佩之洋洋」改。

芳與澤其雜糅兮

原本玉篇九食部引「糅」作「鈕」。朱氏補註云：「糅當作粈」。說見下文附錄：「原本玉篇引騷紀要」。

唯昭質其猶未虧

章句（文徵明書）「唯」作「惟」。馮紹祖本「虧」作「虧」（案注文則與底本同作「虧」）。洪氏考異、錢氏集傳亦並引一本作「虧」。字從「兮」（案洪補四部叢刊誤作虧）。文選（六臣本、五臣本）則作「虧」。案說文五篇上云：「虧，气損也」。又云：「虧，虧或從兮」。段註云：「亏、兮皆謂气」。是「虧」乃「虧」之或體。作「虧」，則「虧」之俗字。

忽反顧以游目兮

文選潘安仁在懷縣作註引「反」作「返」。案「返」、「反」正、假字，其例習見。文選班固西都賦註、班彪北征賦註、曹大家東征賦註、潘岳西征賦註引「以」皆作「而」。文選（唐寫本、淳熙本）、章句（錢本、文徵明書、馮紹祖本）、及文選揚雄甘泉賦註、潘安仁在懷縣作註、張茂先情詩註、石季倫思歸引序註、班固西都賦註、班彪北征賦註、潘岳西征賦註引「游」皆作「遊」。惟曹大家東征賦註引同底本作「游」。而唐寫本文選正文雖作「遊」，但註文却仍作「游」。游、遊古今字。

佩繽紛其繁飾兮

唐寫及今本文選、章句各本、及文選班固西都賦註引皆同。原本玉篇二十七引「飾」作「餝」。「餝」乃「飾」之異體。莊子漁父篇：「擅飾禮樂」。日本高山寺本「飾」作「餝」與此同例。又一切經音義六十三引王註云：「芬，盛貌也」。劉氏考異云：「似卽此註。或所據之本紛作芬。九歌王註亦云：紛，盛貌」。劉說似亦有理。

民生各有所樂兮

唐寫本及今本文選「民」並作「人」。洪氏考異亦謂文選「民」作「人」。錢氏集傳「民一作人」云者，蓋指此本也。避唐諱改。說已見上。

余獨好脩以爲常

洪氏考異、朱註、錢氏集傳皆引「脩」一本作「循」。朱氏以爲非是。洪補曰：「下文云：『汝何博謇而好脩』？又曰：『苟中情其好脩』。皆言好自脩潔也」。二氏說是也。案唐寫及今本文選、章句各本所載王註皆云：「我獨好脩正直以爲常行也」。是唐以來文選與楚辭各本皆作「脩」之證。三家所引作「循」之本不知何據。是「循」乃「脩」之形譌。戴氏音義云：「脩，一作循。二字舊書多錯互。今並正之」。是也。

朱氏補註曰：「常當作恒。漢人避諱改耳。如田常、常山之比」。梁章鉅文選旁證亦云：「常當作恒，與懲爲韵，此避漢諱改」。劉氏通箋從梁說。以爲今諸本皆作常者，足證漢人之所改也。沈氏證辨亦以漢諱恒爲常、恒常叶韵云。今案漢諱恒固是矣，然於楚辭一書無徵。天問云：「恒秉季德」。王註云：「恒，常也」。（案王國維「殷卜辭中所見先公先王考」以恒爲王恒也。王註非是）。招魂云：「去君之恒幹」。王註云：「恒，常也」。又云：「去君之恒閈」。七諫自悲：「淩恒山其若陋兮」。王註云：「恒山，北嶽也」。哀時命云：「舉世以爲恒俗兮」，王註云：「恒，常」。屈賦不避漢諱，自不待言。東方朔、嚴忌並漢人也，其所爲楚辭並用「恒」，不避漢諱也。王叔師漢人也。所作章句亦不避「恒」字。漢人避漢諱改「恒」爲「常」之說不足徵也。聞氏校補除以楚辭不諱「恒」字外，又云：「孔廣森、姚鼐，梁章鉅並以常懲不叶，謂常當爲恒，避漢諱改。江有誥則以爲陽蒸借韵。案江說是也。常懲元音近，韵尾同，例可通叶。天問曰『荊師作勳夫何長，吳光爭國何久余是勝』，（華案：「國」下「何」字衍。）……長與勝叶，例與此同」。聞說是也。戴震音義亦云：「懲，讀如長。蓋方音」。段玉裁曰：「懲，本音在第六部，離騷以合韵常字。」（詩經音韵表）朱氏說文通訓定聲云：「離騷叶常懲。懲，按讀如創也」。據此，則「常」、「懲」固叶矣。不必別求諸「恒」。

豈余心之可懲

章句（文徵明書、黃省曾本、夫容館本、朱燮元本、馮招祖本、袖珍本、閔齊伋本、兪初本、凌毓枬本、乾本）「豈」皆作「非」。洪氏考異、朱註、錢氏集傳亦皆引一本作「非」。（華案：沈氏證辨云：「豈，文選李善作非」。今查宋淳熙本、明毛晉本李善註文選「豈」並作如是。四部叢刋、四庫善本叢書本六臣註文選亦並同。又唐寫本文選亦同。是唐本及今本文選各本皆無作「非」者，沈氏不知所據何本而云然？）朱子曰：「非是」。案朱說略嫌武斷。本句作「豈」作「非」於文義並爲兩可。雖然，作「非」於語氣非似較直率，作「豈」似較宛轉。文選五臣本「可」作「何」。洪氏考異云：「文選可作何。五臣云：『言我執忠貞之心，雖遭支解亦不能變。於我心更何所懼。懲，懼也』。朱註與錢氏集傳亦並引一本作「何」。惟洪朱並以五臣爲非是。洪補云：「以可爲何，以懲訓懼，皆非是」。洪、朱說是也。可字若爲疑問詞「何」，則句首無論作「豈」或作「非」，均爲不詞：「豈余心之何懲」？「非余心之何懲」？或就五臣「於我心更何所懼」意以釋之，句義亦甚爲難通。或曰「何」或作「可」。例如：石鼓文「其魚佳可」？郭釋「佳可爲「惟何」（參見郭沫若石鼓文研究上册頁十三）。又如戰國策韓策「夫爲人臣者，言可必用？盡忠而已矣」。「言可必用」卽「言何必用」也。（參見裴學海古書虛字集釋頁二六二）。然則作「何」之「可」亦仍爲疑問詞也。反之，古書借「何」爲「可」之例極少。如墨子非攻上篇：「此何謂知義與不義之別乎」！「何」借爲「可」，明、淸刻本多改「何」爲「可」，非其舊也。姜氏校註謂「可何形近而誤」，容或然也。然則復援五臣「更何所懼」義以證成句首作「豈」之是，豈非自相矛盾哉？

女嬃之嬋媛兮

說文女部、水經註三十四引、及唐寫與今本文選、文選集註引音決、章句各本皆同。劉氏考異云：「案詩桑扈鄭箋云：『胥，有才智之名也』。疏云：『易歸妹以須』。註亦云：『須，有才智之稱』。天文有須女，屈原之妹名女須。鄭志答冷剛云：『須，才智之稱。屈原之妹以爲名』。是胥爲才智之稱。胥須古今字耳。據詩疏所云，似鄭君所見之本嬃字作須」。案劉說似亦有理。「嬃」、「須」古字通用。兩漢以來已然。如史記呂后本紀云：「太后女弟呂嬃，有女爲營陵侯劉澤妻。……過其姑呂嬃。嬃大怒曰：『若爲將而棄軍，呂氏今無處矣』。」漢書樊噲列傳云：「

噲以呂后弟呂須爲婦」。王先謙補註云：「須，官本作嬃。下同」。又漢書高后紀亦同史記作「嬃」。馬宗霍說文解字引群書攷（卷一頁三十四）云：「是屈原姊名古但作須，爲叚借字。嬃則後起之專字。凡女子之名皆得施之」是也。然據說文與水經註所引，則許、酈二君所見之本作「嬃」甚明。豈東漢鄭玄所見之本果作「須」，而今已蕩然無存乎？（參見上文「說文引楚辭考」：「女嬃之嬋媛兮」條。）

洪氏考異、朱註、錢傳皆引「嬋媛」一本作「撣援」。然皆未置評。朱氏補註、聞氏校補、姜氏校註則皆謂當從一本作「撣援」。其說於理固近似，然所謂「一本」究係何本？固無內證以爲援。不便信從也。（說見上文「說文引楚辭考」。）又白帖六、二十八（劉氏考異誤作十九）引「媛」並作「娟」。疑涉「嬋娟」一詞，或因聲近而誤。

申申其詈予

白帖六、二十八引「申」字不重。案「申申」重言乃古之習語。論語曰：「申申如也」。此引脫。五臣本文選、章句（文徵明書、黃省曾本、夫容館本、朱燮元本、馮紹祖本、袖珍本、閔齊伋本、兪初本、凌毓枬本、乾本）「詈」皆作「罵」。洪氏考異、朱註、錢傳亦皆引一本作「罵」。戴氏音義云：「俗本作詈，非」。劉氏通箋云：「按六臣本作罵，今據改」。案二氏說並非是。戴氏以作「詈」者爲俗本。殊爲牽強理斷。戴氏固未知唐寫本文選、公孫羅音決之原作「詈」也。

然當知六臣本及淳熙本亦並作「詈」，朱鑑本集註、四部叢刊本及惜陰軒叢書本洪補亦皆作「詈」也。是皆俗本乎？而劉氏永濟之誤尤甚。傳戴氏之訛，一也；六臣本文選不作「罵」，二也。實則說文云：「詈，罵也」。又云：「罵，詈也」。是二字得以互訓。沈氏證辨云：「徐鍇韵會：正斥曰罵，旁及曰詈。上用申申，是正斥也。罵爲正文，殆罵不雅馴，改爲詈字爾」。沈說雖近似，然無內證。要之，唐以前已有作「詈」與作「罵」之本傳焉。而其中要以沈氏所謂較「雅馴」之作「詈」之本爲通行者也。

白帖六、二十八引、章句（錢氏、馮紹祖本、文徵明書）「予」皆作「余」。洪氏考異、錢傳亦並引一本作「余」。案予、余並爲我也。二字古書通用。詳見上文：「楚辭『予』字考校」。

曰鮌婞直以亡身兮

說文十二篇下引、五臣本文選、胡氏刊淳熙本文選王僧達祭顏光祿文註引「鮌」皆作「鯀」。洪氏考異、朱註、錢傳亦皆引一本作「鯀」。朱子曰：「鮌，與鯀同」。姜氏校註謂：「古籍鮌鯀掍用。蓋一字」。唐寫本、六臣本文選、文選集註引音決及陸善經本「鮌」皆作「⿰舟系」。洪氏考異、朱註、錢傳又皆引一本作「⿰舟系」。劉氏考異云：「案一本作⿰舟系，與宋咸國語補音所引古文尚書合」。錢氏集傳云：「鮌、鯀、⿰舟系並通」。姜氏校註則云：「舷、⿰舟系皆形譌也」。竊以爲禹父之名，古籍所載有異文。四部叢刊本及四庫善本叢書本文選王僧達祭顏光祿文註引「鮌」作「體」。

明涉「鯀」字之譌也。（說又詳上文：「說文引楚辭考」。）朱註云：「婞，一作悻」。不知所引係何本？錢氏集傳亦云：「婞，與悻同」。似亦暗示傳世別有一作「悻」之本。姜氏校註云：「朱註……引一本作「倖」（華案：實為「悻」之譌）。寅按作婞是也。」沈氏證辨云：「婞字原為緈。說文：緈、直也。後人以鮌為四凶，改緈為婞」。何錡章屈原離騷研究（頁一三一）云：婞直、卽耿直之假字」。沈、何二氏說雖似有理，然無內證，難於信據。惟據上述說文所引、及唐寫與今本文選所載觀之，則漢、唐以還已作「婞」矣。五臣註文選「亡」作「方」。洪氏考異亦云：「文選亡作方」。錢傳稱：「亡、一作方」者，蓋卽五臣本文選也。梁章鉅文選旁證云：「六臣本亡作方」。（華按四部叢刋本與四庫善本叢書本六臣註文選均作「亡」。且註云：「五臣作方」。梁說非是。）吳汝綸古文辭類纂校勘記云：「依五臣蓋讀身為命。方命，卽堯典所謂『方命』。盤庚『汝悔身何及』，漢石經身作命。逸註『不順堯命』，五臣濟註『不用堯命』，皆釋方命之文，下云殀羽野，此不應先言亡身也」。劉氏通箋云：「按尚書『方命圮族』，鄭玄註云：『好方直之名，違敗善類』。王肅註曰：『放棄教命』。五臣濟註蓋用王說也。方古作匚（華案：方古與匚通，非古作匚也。）與亡形近。賈昌朝群經音辨匚部曰：『匚，放也』。書『匚命圮族』，此方誤亡之故也。然命誤作身，未詳其故。吳說雖可通，終不剴切，蓋亡身卽忘身，惜誦所謂吾誼先君而後身也。不必援書方命為說，尤為剴切」。劉氏自相抵牾：旣謂方亡古字形近，「此方誤亡之故也」。又謂「亡身卽忘身」。似仍以作「亡」為是。其非矛盾乎？雖然，「

亡身卽忘身」。說蓋有徵也。章句（兪初本、袖珍本）、及五百家註韓昌黎集三永貞行祝註引「亡」並正作「忘」。聞氏校補云：「案古字亡忘互通。亡身卽忘身，言鮌行婞直，不顧己身之安危也。王註如字讀之，非是」。聞說近是。沈氏證辨正文作「忘」，不知所據何本？註云：「路史後記十二註引忘作終」。亦不知路史註引自何本？疑涉下句「終然殀乎羽之野」而譌。然則「忘身之義仍不如「放身」之義爲長也。此王師叔岷之灼見也。王師曰：「由文選『亡』作『方』推之，『亡』蓋本作『匚』，此古字之僅存者，淺人誤爲『亡』耳。『匚』、『方』古通。（說文、匚，讀若方，）方，放也。『方身』猶『放身』。敦煌本唐虞世南帝王略論云：『鮌治洪水九年，其功不成，堯放之於羽山。』正此所謂『匚身』或『方身』也。」王師說至碻。前賢所未及見者也。天問：「永遏在羽山」，王註云：「言堯長放鮌於羽山」。禮記祭義疏引鄭志答趙商曰：「鮌非誅死，鮌放諸東裔，至死不得反於朝」。（聞氏校補引）亦皆其證。

終然殀乎羽之野

文選（唐寫本、六臣本、五臣本、淳熙本）「殀」作「夭」。洪氏考異、朱註、錢傳亦皆引一本作「夭」。聞氏校補云：「案鮌非短折，焉得稱殀？殀當從一本作夭。夭之爲言夭遏也。淮南子俶眞篇曰：『天地之間，宇宙之內，莫能夭遏』，又曰：『四達無境，通于無圻，而莫之要御夭遏者』。夭遏雙聲連語，二字同義，此曰：『夭乎羽之野』，猶天問曰：『永遏在羽山』矣。禮記祭義疏引鄭志答趙商曰：『鮌非誅死，鮌放諸東裔，至死不得反於朝』。案放之不得反於朝，即夭遮遏止之使不得反於朝也。此蓋本作夭。王註誤訓爲蚤死，後始正文以徇之。唐寫本及今本文選並作夭。王十朋蘇東坡詩集註十二次韵答章傳道見贈注引同。」沈氏證辨亦以作「夭」爲是。氏曰：「殀，文選作夭。殀，說文無。夭爲正字」。姜氏校註亦云：「作夭是也」。聞、沈、姜三氏說固是也。然唐寫本文選集註引音決云：「殀，於表反」。是公孫羅所見本已作「殀」。則唐以前楚辭已有作「夭」與作「殀」之本並行於世矣。五臣本文選「羽」下有「山」字。洪氏考異亦引一本作：「羽山之野」。蓋指五臣本也。然五臣有「山」不如各本無「山」之句法較爲簡淨與對文工整也。

汝何博謇而好脩兮

唐寫文選集註云：「音決：『女，而與反』。……今案音決汝爲女」。音決作「女」，與唐宋各本皆異。惟戴震註本與朱氏補註本並作「女」。豈二氏所據本同公孫羅所見本乎？五臣本文選「謇」作「蹇」。唐寫文選集註云：「今案……陸善經本謇爲蹇」。洪氏考異、朱註亦並引一本作「蹇」。惟洪補則曰：「博謇當如逸說」。朱子亦曰：「作蹇非是」。據王註「博采往古，好脩謇謇」云云，是王本固作「謇」。且唐寫本文選及音決亦並同。洪、朱二氏說是也。聞氏校補云：「案今本文選仍作謇，五臣作蹇。路史後紀註一引本書亦作蹇。謇謇正借字」。案謇、蹇二字楚辭一書固有時而通假之例。然二字本義自殊也。說詳拙作：「郭璞『爾雅音義』名義釋疑」一文。
（載於大陸雜誌第四十九卷第三期）。

紛獨有此姱節

後漢書馮衍傳註引「姱」作「夸」。案說文無「姱」字。十篇下大部云：「夸，奢也」。集韵十虞以姱、夸爲一字。大招云：「朱脣皓齒，嫭以姱只」。淮南脩務訓云：「曼頰皓齒，形夸骨佳」。是「夸」、「姱」古書互用之證。朱氏補註云：「節當作飾，方合古韵，亦與前後文義一貫」。劉氏通箋韙之。曰：「節、飾二字隸書形近易譌。姱節，卽上文繁飾，義亦明碻，今從朱說」。戴氏音義云：「節，讀如則。蓋方音」。段玉裁詩經音韵表云：「節……離騷合韵服字，讀如側」。戴、段二氏合韵說，與朱氏形譌說異。聞氏校補云：「案節與服不叶，朱駿聲謂當爲飾之譌，是也。飾節形近，往往相亂。禮記玉藻『童子之節也』，儀禮士冠禮註引作飾。韓非子飾邪篇『國難節高』，今本誤作飾。本書天問註『脩飾玉鼎』，御覽八六一引誤作節，並其比，上文曰：『佩繽紛其繁飾兮』，下文曰『及余飾之方壯』，姱飾與繁飾，壯飾，皆謂盛飾也」。朱、劉、聞三氏說似可通。竊疑「節」又或「飭」字之譌也。蓋「飭」、「飾」古通，二字古書恒互用。如禮記樂記「合情飭貌者」。釋文云：「飭，本亦作飾」。又樂記「復亂以飭歸」，史記樂書作：「復亂以飾歸」。易雜卦云：「蠱則飭也」。校勘記云：「石經飭作飾」。釋文：「飭，王肅本作飾」。皆其例。然「節」古今各本皆作如字。則其譌爲時已尚歟？

薋菉葹以盈室兮

唐寫及今本文選、章句各本皆同。惟洪氏考異云：「今詩薋作茨」。朱註亦云：「薋，自資反，亦作茨」。案作「茨」是也。王註「蒺藜」之字，說文作「薺」。許君曰：「薺，蒺藜也」。段註云：「今詩鄘風、小雅皆作茨」。疑叔師所據以爲訓之詩，乃卽作「薋」之本也。說文云：「薋，艸多皃」。段註云：「離騷曰：薋菉葹以盈室。王註：薋，蒺藜也。菉，王芻也。葹，枲耳也。詩：楚楚者薋。三者皆惡草也。據許君說，正謂多積菉葹盈室。薋非草名。禾部曰：積，積禾也。音義同。蒺藜之字，說文作薺。今詩作茨。叔師所據詩作薋，皆假借字耳」。段君所說大抵近是，然猶有未安者。其所謂薋非草名，而係動字，碻甚。然以叔師所據詩作薋皆假借字，則未安。竊以爲叔師所據詩作「薋」乃「茨」之誤也。蓋說文云：「茨，茅蓋屋」。段註云：「鄭箋：釋名曰：屋以草蓋曰茨」。說文又云：「葺，茨也」。九歌湘夫人：「葺之兮荷蓋」。五臣曰：「願築室結茨於水底，用荷葉蓋之」。洪補曰：「葺，說文：茨也」。湘夫人又云：「芷葺兮荷屋」。王註云：「葺，蓋屋也」。叔師蓋本說文爲訓。則「葺之兮荷蓋」、「芷葺兮荷屋」，語例正同「茨菉葹以盈室兮」。是「茨」之誤「薋」，自王逸以來已然矣。

衆不可戶說兮孰云察余之中情

文選庾元規讓中書令表註引「余」作「予」。任彥升齊竟陵文宣王行狀註引與底本同。

世並舉而好朋兮

唐寫本文選「世」作「俗」。避唐諱改也。今本文選不諱者，後人已復唐以前楚辭之舊也。

夫何煢獨而不予聽

文選（唐寫本、淳熙本）、章句錢本、洪補四部叢刊本「煢」皆作「焭」。朱註亦引一本作「焭」。六臣註文選、文徵明書章句並作「𥤱」。洪氏考異亦引一本作「𥤱」。洪補又云：「煢，渠營切。今詩作惸」。朱氏補註亦云：「煢，讀爲惸。實爲窘迫也」。沈氏證辨云：「焭爲俗字，正字作𦐈，作儝亦同」。沈以「焭」爲俗字，是也；然以「𦐈」、「儝」爲正字則非。案說文云：「煢，囘疾也。從凡，營省聲」。段註云：「囘轉之疾飛也。引申爲煢獨，取裴囘無所依之意。或作憌」。惟詩小雅正月云：「憂心惸惸，念我無祿。……哿矣富人，哀此惸獨」。鄭箋云：「愧本又作焭。其營反。一云獨也。篇末同」。其字俱作「惸」，而非憌。況說文「㷀，驚詞也。……憌，或從心」。段君誤「惸」爲「憌」矣。至「煢」之訓「囘疾也」，乃自「卂」字得義。說文云：「卂，疾飛也。從飛而羽不見」。段註云：「飛而羽不見者，疾之甚也」。此即「煢」字之本義。而「獨」則「煢」之引申義也。考說文無「焭」、「𥤱」、「𦐈」等字。惟廣韻清第十四云：「煢，獨也。焭，上同。惸，無兄弟也。㑳、特也」。又庚第十二云：「翁，翁然，飛聲」。廣雅釋詁三：「翁，飛也」。集韵：「翁，翁翁，飛也。或作蓊、猗、狥」。正字通：「焭、㷀通」。據此，則「煢」爲正字。「焭」、「㷀」與「翁」等皆爲俗字。如上述文選（唐寫本、淳熙本）作「焭」，六臣註文選作「㷀」等皆其例。蓋隋、唐人好爲俗字故也。然則楚辭各本無作「翁」者。沈氏證辨謂「正字作翁」。不知何據而云然。恐非是。朱氏解故云：「按方言第六：『絓、挈、㑳、介，特也。楚曰㑳，晉曰絓，秦曰挈，物無耦曰特，獸無耦曰介』。郭註：『㑳，古焭字』。是也。重言則曰『焭焭』，如思美人所云也」。朱說足證「焭」、「㷀」二字通用由來已久。至詩小雅正月今本作「憂心惸惸，……哀此惸獨」。前「惸」字毛傳謂：「憂意也」。是也。蓋與「憂心京京」、「憂心慘慘」、「憂心愈愈」、「憂心慇慇」等「我心憂傷」義有關。然後「惸」字恐非是。竊以爲應從鄭箋所謂又一本作「煢」。緣孟子梁惠王下引此詩云：「哿矣富人，哀此煢獨」。字正作「煢」。焦循云：「詩人言居今之世，可矣富人，但憐憫此煢獨羸弱者耳」。又楚辭各本王註引詩小雅正月亦正作「煢」。是作「煢」爲不誤也。

朱註云：「不字疑衍」。又云：「况世人又方並爲朋黨，何能哀我煢獨而見聽乎」？朱氏蓋誤以此「予」爲屈子自予而云然。錢氏集傳云：「女嬃謂人皆好朋，汝何焭苦獨處而不聽我言」？錢氏則以此「予」爲女嬃自予，故不以「不」字爲衍也。戴氏從其說。其屈賦註云：「察予之予，予，屈原也。予聽之予，女嬃自予也」。亦並不以「不」字爲衍。華案「不」字非衍，自語法言，正宜然。反之，若從朱子說刪去「不」字，則「夫何煢獨而予聽」。尤爲不詞矣。考楚辭語法，第一身人稱代詞用在賓位時，作否定語氣之法有二：

㈠爲順言法。如：「不聽予」（V＋O）；㈡爲倒裝法。如：「不予聽」（O＋V）。茲舉例以明之：

㈠順言法：

荃不察余之中情兮。（離騷）

迷不知吾所如。（九章涉江）

尚不知余之從容。（九章抽思）

羌不知余之所藏。（九章懷沙）

衆不知余之異采。（九章懷沙）

以上各例中之否定詞「不」字，概可省略。雖然語氣不同（成爲肯定式），但仍合語法，成語義也。一如下列各肯定句，均可在動詞前置否定詞「不」字、而亦分毫無損於語法與語義也：

雷師（不）告余以未具。（離騷）

鴆（不）告余以不好。（離騷）

靈氛既（不）告余以吉占兮。（離騷）

期不信兮（不）告余以不閒。（九歌湘君）

鴟鴞鳴（不）聒余。（九思疾世）

上舉各例順言法，正、反或肯定、否定兩便，無害於語法。換言之，若刪去否定詞「不」，亦自成有意之文句。然倒裝法則不然。其否定詞決不能刪去。否則則不成語義矣。其例如下：

㈡倒裝法：

不吾知其亦已兮。（離騷）

恐年歲之不吾與。（離騷）

國無人莫我知兮。（離騷）

退靜默而莫余知兮。（九章惜誦）

世溷濁而莫余知兮。（九章涉江）

哀南夷之莫吾知兮。（九章涉江）

世溷濁莫吾知。（九章懷沙）

不吾理兮順情。（九歎逢紛）

躬速速其不吾親。（九歎逢紛）

心懺慌其不我與兮。（九歎逢紛）

九年之中不吾反兮。（九歎離世）

靈懷其不吾知兮。（九歎離世）

靈懷其不吾聞兮。（九歎離世）

上舉各例中之「不」字決不可無。無則不詞也。此蓋楚辭行文之定法。未有例外。可表列如下：

順言		倒裝
〔±V＋O〕	＝	〔−O＋V〕
（不）聽予	＝	不予聽

準此，則離騷本句「夫何煢獨而不予聽」中之「不」字決不可無。質言之，亦即非衍也。文選古今各本與章句各本皆有之。是也。朱說謬甚。

章句（錢本、文徵明書、黃省曾本、夫容館本、朱燮元本、馮紹祖本、俞初本）「予」字皆作「余」。予、余古書通用。說並詳見上文：「楚辭『予』字考校」。

依前聖以節中兮

文選（唐寫本、五臣本、六臣本、淳熙本、淳祐本）「以」皆作「之」。唐寫本文選集註引陸善經曰：「己之所行，皆依前聖節度中和之法，而被放流，經歷於此，故撫心而歎」。是陸善經本亦作「之」也。洪氏考異謂文選「以」作「之」。朱註、錢傳亦並引一本作「之」。案之、以同義，之猶以也。九章惜誦云：「令五帝以折中兮」。彼用「以」，此用「之」，其義一也。姜氏校註亦云：「之字非」。「之」字未爲非，或原文本作「以」耳。

喟憑心而歷茲

唐寫本文選、音決「憑」並作「憑」。洪氏考異（惜陰軒叢書本）亦引一本作「憑」。淳熙本文選及班彪北征賦註引、章句錢本皆作「憑」。章句吳中本、長沙本並作「馮」。洪氏考異、錢傳亦並引一本作「馮」。

案說文無「憑」字。篆作「凭」，通作「馮」。馬部云：「馮，馬行疾也」。段註云：「按馬行疾馮馮然。此馮之本義也。展轉他用，而馮之義廢矣。馮者，馬蹏箸地堅實之皃。因之引申其義爲盛也、大也、滿也、懣也。如左傳之馮怒、離騷之馮心，以及天問之馮翼惟象，淮南書之馮馮翼翼……皆謂充盛，皆皕字之合音叚借。皕者，滿也；俗作憑，非是」。段說碻甚。是「馮」爲本字。「憑」、「憑」、「憑」概其俗體也。（又參見上文「憑不猒乎求索」條。）

就重華而陳詞

文選（唐寫本、六臣本、五臣本、淳熙本）、文選集註引陸善經本「陳」皆作「陳」。洪氏考異、朱註、錢傳亦皆引一本作「陳」。朱子曰：「陳，古陳字」。則「陳」乃隋、唐以來之俗省。唐寫文選集註引陸善經本「詞」作「辭」。蓋「辭」之俗體也。洪氏考異、錢傳亦並引一本作「辭」。疑卽此陸善經之本。詞、辭本、借字。古書多通用。

啓九辯與九歌兮

唐寫本文選「辯」作「辨」。與各本異。辯、辨古通用。

五子用失乎家衖

王引之云：「失字因王註而衍。註內失國、失尊位，乃釋家巷二字之義，非文中有失字而解之也。『五子用乎家巷』者，用乎之文，與用夫、用之同。下文云：『日康娛而自忘兮，厥首用夫顛隕』。『后辛之菹醢兮，殷宗用之不長』。是也。若云五子用失乎家巷，則是所失者家巷矣。註何得云『兄弟五人家居閭巷失尊位』乎？揚雄宗正箴曰：『昔在夏時，太康不恭。有仍二女，五子家降』。降與巷，古同聲而通用，亦足證家巷之文爲實義，而用乎之文爲語詞也。巷，讀孟子『鄒與魯鬨』之鬨。劉熙曰：『鬨，構也。構兵以鬭也』。五子作亂，故曰家鬨。家，猶內也」。（讀書雜誌餘編下。）王說雖有理，然尚欠周恰。蓋所衍者非「失」字，實乃「乎」字也。卽「失」字亦譌。涉王註而譌也。然則王說究已足匡本句之謬贅。是以劉氏永濟韙之。聞氏匡齋所見尤高一等。其校補云：「案當作『五子用夫家巷』。巷讀爲鬨。（王引之說）『五子用夫家鬨』與後文『厥首用夫顛隕』句法同。意者後人讀巷爲閭巷之巷，則句中無動詞，文不成義，因改夫爲失以足其義。一本巷作居，亦以求動詞不得而私改，而不悟居之不入韵也。班固離騷序引淮南王離騷傳叙說曰

『五子以失家巷，謂五子胥也』，是淮南王本作『五子以失家巷』。以用聲轉義同，『以失家巷』猶『用失家巷』。淮南本夫已誤作失，正以讀巷如字而改之。然淮南本夫雖誤失，而尚無乎字。今本又衍乎字者，後人以『五子用失家巷』不類離騷語調，乃又沾乎字以求合乎騷體也」。案聞說甚佳。然揚雄、王逸所見之本已作「用夫家巷」，則淮南王所見此文，不可能作「以失家巷」，蓋本作「以夫家巷」，（或易用爲以）後人據誤本改夫爲失耳。至「用夫」之用法，楚辭習見。如：「又何必用夫行媒」（離騷）、「馭安用夫強策」（九辯）並其例。又張亨輯校說無據。文選（唐寫本、六臣本、五臣本、淳熙本）、章句（錢本、文徵明書、馮紹祖本）「衖」皆作「巷」。朱註亦引一本作「巷」。案「衖」、「巷」古今字。淮南所見此文蓋本不謬，其謬在以「五子」爲「五子胥」耳。班孟堅已言之在先。茲不贅。

羿淫遊以佚畋兮

文選（唐寫本、六臣本、五臣本、淳熙本）、章句（文徵明書、馮紹祖本）「畋」皆作「田」。洪氏考異、朱註、錢傳亦皆引一本作「田」。案畋、田正、假字。呂氏春秋直諫篇「以畋於雲夢」。高註：「畋，獵也。」文選畋獵題註引禮記王制曰：「天子諸侯無事則歲三田」。馬融曰：「取獸曰畋」。

又好射夫封狐

唐寫及今本文選、章句各本並同。惟聞氏校補云：「案夷考古籍，不聞羿射封狐之說。狐疑當爲豬字之誤也。篆書者作[illegible]，缺其上半，與[illegible]相仿，而豕旁與犬旁亦易混，故豬誤爲狐。天問說羿事曰『馮珧利決，封豬是射』（華案「豬」乃「豨」之誤），淮南子本經篇曰『堯乃使羿……禽封豨於桑林』，封豨卽封豬也。其在左傳，則神話變爲史實，昭二十八年稱樂正后夔之子伯封『謂之封豕，有窮后羿滅之』，封豕亦卽封豬也。古文宛揚雄上林苑箴曰『昔在帝羿，失（原作共，當爲失之譌。失與佚通。）田淫（原誤徑）遊，弧矢是尚，而射夫封豬，不顧於愆，率遇後憂』，字正作豬。揚文語意全襲離騷，『封豬』之詞或卽依本篇原文。若然，則漢世所傳離騷猶有作豬之本」。

案豕、豨、豬一類也。而狐與豬異類也。善射佚畋如羿者，所射狐、豬必夥。不必拘於一類，亦不必強此狐爲彼豬也。而況者，瓜之篆書，形未必近，不易致誤。至豕、豨、豬三字之通用。古書習見。說文云：「豕，彘也。竭其尾故謂之豕。象毛足而後有尾。讀與豨同」。段註云：「左傳申包胥也：吳爲封豕長蛇以荐食上國。淮南書說封豨脩蛇，卽封豕長蛇也」。說文又云：「豬，豕而三毛叢尻者」。國說周語：「狄，封豕豺狼也」。韋註云：「封，大也」。山海經海內經「有封豕」，郭璞註云：「大豬也。羿射殺之」。蓋本說文。羿之射殺封豕，亦見天問。天問云：「帝降夷羿，革孼夏民。胡䠶夫河伯，而妻彼雒嬪？馮珧利決，封豨是䠶」。「封豨」卽「封豕」，亦卽郭璞所謂之「大豬」也。是羿之射夫封豬，屈子已有明文。而封狐之數爲尤衆，羿豈有不射殺之之理？招魂云：「封狐千里些」。王註云：「封狐，大狐也。言……又有大狐健走千里求食，不可逢遇也」。五臣云：「大狐其長千里」。沈氏證辨云：「失其義。上文云：蝮蛇蓁蓁。言其地蝮蛇積衆，則千里言地方遼闊，皆有封狐也。」沈說是也。其地既千里盡是封狐，則羿豈有不射殺之理。若依聞說此句「又好射夫封狐」爲「封豬」：則於情理與事實並不通也。况古今各本皆無作「豬」者乎？「封狐」古書亦作「豐狐」，莊子山木篇：「豐狐文豹」，釋文引司馬彪註：「豐，大也」。

固亂流其鮮終兮

章句（錢本、文徵明書、黃省曾本、夫容館本、朱燮元本、馮紹祖本、袖珍本、閔齊伋本、俞初本、凌毓枬本、乾本）「固」皆作「國」。洪氏考異云：「固、一誤作國」。朱註云：「固，一作國。非是」。戴氏音義亦云：「俗本作國。非」。唐寫及今本文選並同底本。然沈氏證辨則云：「洪本固一誤作國。洪說非，作國是也」。案沈說無據。洪、朱、戴各氏說是也。姜氏校註謂：「固國形近而譌也」。說容或然。竊疑涉王註「以亡其國」之「國」字而譌。

洪氏考異、朱註、錢傳皆引一本「鮮」作「尠」。然未言何本。案「尠」、「鮮」正、假字。然經傳多借「鮮」爲「尠」。「鮮」可知也。三家引一作「尠」之本，疑後人改復本字也。

澆身被服強圉兮

案「澆」論語作「奡」。憲問云：「南宮适問於孔子曰：『羿善射，奡盪舟，俱不得其死』。孔註：「羿，有窮國之君，篡夏后相之位。其臣寒浞殺之，因其室而生奡。奡多力，能陸地行舟。爲夏后少康所殺」。左傳襄公四年：「浞因羿室，生澆及豷」。然說文豕部云：「豷，豕息也。……春秋左傳曰：『生敖及豷』。說文夰部又云：「奡，嫚也。……論語：『奡湯舟』。」左傳襄四年。阮元校勘記云：「案惠棟云：澆說文引作敖。論語作奡。管子云：若敖之在堯。說文引論語『奡湯舟』。是敖與奡通。今傳作澆者，敖澆聲相近，師讀各異故也。陳樹華云：古今人表作奡。師古曰：音五到反。楚辭所謂澆者也。……論語疏亦云澆卽奡也」。阮校是也。魏三體石經正作：「奡、敹、敖」。洪考、朱註、錢傳皆引一本作「奡」。姜註謂：「潛夫論亦以澆爲奡」。（與許君所見本及今本論語並合。）章句（錢本、文徵明書、黃省曾本、夫容館本、朱燮元本、馮紹祖本、閔齊伋本、凌毓枏本、乾本）「服」皆作「於」。洪考、朱註並引一本作「於」。恐非是。蓋「被服」乃複語，古書習見。如國語周語下「夫子被文矣」，韋註云：「被，被服之也」。漢書景十三王傳「被服儒術，造次於儒者」。王先謙補註云：「史記作被服造次，必於儒者」。皆其例。姜註云：「短言則曰被、曰服，長言則曰被服」。是也。則唐寫及今本文選、底本與洪本作「服」皆不誤。

朱氏補註云：「圉讀爲禦。詩云：『曾是強禦』。傳：『彊梁禦善也』。」案詩大雅蕩云：「咨女殷商，曾是彊禦」。孔疏云：「彊梁者，任威使氣之貌；禦善者，見善事而抗禦之。是心不嚮善、不從敎化之人也」。詩蒸民又云：「不侮矜寡，不畏彊禦」。孔疏云：「不欺侮於鰥寡孤獨之人，不畏懼於強梁禦善之人」。圉、禦同聲通假，彊（六臣註文選亦作「彊」）、強古今字。強圉亦作彊禦。爾雅釋天云：「太歲在丁曰強圉」。又一例也。唐寫文選集註「圉」作「園」。形近而譌。

縱欲而不忍

章句（文徵明書、黃省曾本、夫容館本、朱燮元本、馮紹祖本、袖珍本、閔齊伋本、俞初本、凌毓枬本、乾本）「欲」下皆有「殺」字。洪考、朱註、錢傳亦皆引一本有「殺」字。（華案：錢傳且云：「欲，一作殺：一兼作欲殺」。）然朱註云：「欲下一有殺字，非是」。姜註云：「按：王逸註：『縱放其情，不忍其欲』，則王本無殺字。於義亦不得有殺字」。張亨輯校亦云：「案殺字疑涉注文『縱放其情，不忍其欲，以殺夏后相也』，之殺字而誤衍」。朱、姜、張三氏說皆有可商。而姜、張二氏說「殺」字尤相抵牾。竊以爲自「不忍」義而言，當以有「殺」字爲是。况逸註原有「殺」字，又與各句六字（「兮」字除外）對文乎⁉「縱欲殺而不忍」謂縱其欲念殺人而不能自制也。

日康娛而自忘兮

章句（文徵明書、黃省曾本、夫容館本、朱燮元本、馮紹祖本、袖珍本、閔齊伋本、俞初本、凌毓枬本、乾本）「而」皆作「以」。洪考、朱註、錢傳亦皆引一本作「以」。「而」、「以」同義。前已有說。王師叔岷曰：「忘借爲荒，詩唐風蟋蟀：『好樂無荒』。鄭箋：『荒，廢亂也』。『自荒』，謂自荒廢也」。王師說甚新穎，是也。上文「夏康娛以自縱」語例正同，可證。

厥首用夫顚隕

洪考、朱註、錢傳皆引「夫」一本作「以」，一本無「夫」字。皆未指明係何本。與今傳知見各本皆異。洪考引釋文「顚」作「巔」。朱註亦引一本作「巔」。蓋卽釋文也。朱氏補註云：「顚，讀爲𧼨，爲蹎，或爲槇」。案說文走部云：「𧼨，走頓也。……讀若顚」。足部云：「蹎，跋也」。段註云：「經傳多假借顚字爲之。如左傳『子都自下射之顚』，是也。貢禹傳：『誠恐一旦蹎仆氣竭』」。說文木部又云：「槇，木頂也。一曰仆木也」。段註云：「人頂曰顚，木頂曰槇。今顚行而槇廢矣」。又云：「人仆曰顚，木仆曰槇。……頂在上而仆於地，故仍謂之顚」。凡此容或朱氏讀蹎、𧼨或槇說之所本。然楚辭原文未必有作「𧼨」、作「蹎」或作「槇」之本也。至釋文作「巓」、乃顚之俗體。

后辛之菹醢兮

文選（六臣本、五臣本、淳熙本）、章句（文徵明書、馮紹祖本）、及唐寫文選集註引陸善經本「菹」皆作「葅」。洪考、錢傳亦並引一本作「葅」。案「葅」蓋「菹」之或體。說文艸部云：「菹，酢菜也」。集韵云：「葅，同菹。」說文無「葅」字。

殷宗用之不長

文選（唐寫本、六臣本、淳熙本）、章句（錢本）「之」並作「而」。朱註亦引一本作「而」。案「而」猶「之」也。二字古書恒互通。如大戴禮勸學篇：「不如升高而博見也」。荀子勸學篇而作之。韓詩外傳十：「爲宗廟而不血食邪？則祝人太宰在」，晏子春秋諫篇而作之；論語泰伯：「人而不仁，疾之已甚。」論衡問孔篇「而」作「之」皆其例也。本句文選作「殷宗用而不長」，與九章惜誦：「鮌功用而不就」，語例正同。

湯禹儼而祇敬兮

文選（唐寫本、六臣本、贛州本、淳熙本、淳祐本），章句（錢本、文徵明書、黃省曾本、夫容館本、朱燮元本、馮紹祖本、袖珍本、閔齊伋本、俞初本、凌毓枏本、乾本）「儼」皆作「嚴」。洪考、朱註亦並引一本作「嚴」。洪補又云：「禮記曰：『儼若思』，儼亦作嚴」。案儼、嚴正、假字。古書多借嚴爲儼。說文人部云：「儼，昂頭也」。段註云：「陳風『碩大且儼』。傳曰：『儼，矜莊皃』。曲禮註同。古借嚴爲之」。段說是也。唐寫文選集註引音決：「嚴，騫上人：『魚檢反』。」集註又云：「今案陸善經本嚴爲儼」。朱氏解故云：「是道騫、李善、公孫羅字並作嚴，蓋故書如是，今作儼者，依音改字，殆始於陸善經耳」。朱說固是矣。然猶未切。蓋據王註知王本原已作「嚴」。而陸善經本所以作「儼」者，必其改借字以復本字耳。朱氏補註云：「嚴讀爲儼」。是也。

周論道而莫差

唐寫本文選「而」作「既」。然文選集註引陸善經本「既爲而」。疑文選古本原作「既」，今本文選乃據陸善經本改。朱氏解故則謂：「後人又以文選改楚辭耳」。案「既」猶「而」也。九章：姜中道而回畔兮，反既有此他志」。既亦猶而也。（裴學海古書虛字集釋五有說）與此同例。

舉賢才而授能兮

文選（唐寫本、六臣本、五臣本、淳熙本）無「才」字。朱註、錢傳亦並引一本無「才」字。洪本無「才」字。補曰：「一云：舉賢才」。蓋指底本及章句各本而言。沈氏證辨、姜氏校註並以無「才」字爲是。姜氏曰：「舉賢授能，戰國常語，見於儒行。莊子庚桑楚，蓋賢與能對，則才字誤衍也」。姜說是也。才字蓋因賢字聯想而誤衍。況據王逸「舉賢用能」註文推之，王本當無「才」字。禮記禮運：「選賢與能」（與讀爲舉）亦以賢能對言，與此同例。朱氏補註云：「授當作援。禮記儒行云：『其舉賢援能有如此者』。聞氏校補非之曰：「莊子庚桑楚篇曰：『且夫尊賢授能，先善（華案：誤作「善義與利」）與利，自古（又案：引脫「古」字）堯舜以然』。荀子成相篇曰：『堯授能，舜遇時，尚賢推德天下治』。『授能』之語，並與此同。呂氏春秋贊能篇『舜得皋陶而堯受之』。高註曰『受，用也』。受授古同。授能猶用能也。……本篇王註曰『舉賢用能』，訓授爲用，與高說正合。然則儒行『舉賢援能』實授能之誤。（漢曹全碑、永受嘉福瓦及陳受印受並作受，與爰形近，故援授二字古書每相亂。九歌東君『援北斗兮酌桂漿』，御覽七六七引誤作授，呂氏春秋知分篇『授綏而乘』，意林引作援。）當據本篇及莊荀之文以訂正。朱氏反欲援彼以改此，疏矣」。聞說切確有據，不容朱氏以訛亂正也。況現傳知見各本皆無作「援」者乎⁉

循繩墨而不頗

文選（六臣本、淳熙本、贛州本、淳祐本）、章句（文徵明書、閔齊伋本）「循」皆作「脩」。

章句（黃省曾本、夫容館本、朱燮元本、馮紹祖本、袖珍本、俞初本、凌毓枬本、乾本）則皆作「修」。洪考、朱註、錢傳皆引一本作「脩」。洪、朱並謂作脩非是。沈氏祖緜亦以作脩爲非是。但却以作「修」爲正。其證辨云：「修脩有別，治故曰修，溫故曰脩。古字通用。此句揆諸字義，以修爲正。禮記中庸：『修道之謂教』。註：『修，治也』。」。沈說非是。蓋脩、修古字通用，作脩既非，則作修亦非無疑。後漢書張衡傳註、文選張平子思玄賦註、及白帖二十四引皆作「遵」。易誤也。

案「遵」亦「循」也。足證作「循」之不誤。脩、循隸書與俗體字形並相近，易誤也。

文選（淳熙本、尤本）「頗」作「陂」。洪考、朱註、錢傳亦皆引一本作「陂」。洪補又云：「易泰卦云：『無平不陂』。陂，一音頗」。今案易泰卦九三正作：「無平不陂。」今各本（文選淳熙本及尤本除外）載王逸註引易作「頗」，與今本易別。姜氏校註云：「頗陂實後起分別專字。王逸訓偏（華案非是。王逸訓頗爲傾也。錢氏集傳乃曰：「頗猶偏也」。姜說有失詳審）。則兩字皆可用。頭偏曰頗，與阪偏曰陂蓋同。然經典多用頗，少用陂」。姜說近似。朱氏解故云：「方言第六：『陂（偏頗）、傜、袤（宋本誤作袤）也。陳楚荊揚曰陂』。此自楚語，字正作陂，一本是也。陸德明周易音義泰卦出『不陂』云：『彼僞反，徐：甫寄反，傾也。註同。又破河反，偏也』。陸氏雖出又音，而不破字，知所見諸本，亦皆作陂也。今章句引易亦作頗者，蓋後人不曉陂字古音，讀離騷不諧，遂變其舊文，並改王註也」。朱說確甚。古亦借波爲陂，莊子外物篇「且以狶韋氏之流觀今之世，夫孰能不波」！「不波」猶言「不陂」；亦卽「不頗」矣。

皇天無私阿兮

原本玉篇二十二𨸏部引「無」作「无」，案說文亡部云：「无，奇字無也」。段註云：「謂古文奇字如此作也，今六經惟易同此字」。離騷古本亦用此字也。

朱氏補註云：「私阿讀爲厶倚」。案說文厶部云：「厶，姦衺也。」韓非曰：「倉頡作字，自營爲厶」。段註云：「公私字本如此。今字私行而厶廢矣。私者禾名也」。朱、段說私、厶字義有別，是也。至朱氏說阿讀倚則非。說文人部云：「倚，依也」。私倚意未恰。𨸏部又云：「阿，大陵曰阿。……一曰阿曲𨸏也」。段註云：「引申之凡曲處皆得偁阿」。又云：「凡以阿言私、曲言昵近者，皆引申叚借也」。段說是。是「阿」不必讀爲「倚」矣。

覽民德焉錯輔

文選（唐寫本、六臣本、淳熙本）「民」作「人」。洪考云：「文選民作人」。卽是。錢傳亦引一本作「人」。並爲避唐諱改也。洪考又云：「德一作悳」。「悳」、「德」正、假字也。說文心部云：「悳，外得於人，內得於己也」。段註云：「俗字假德爲之。德者，升也。古字或叚得爲之」。是也。惟不知洪考所指係何本。疑楚辭原作「德」。後人乃改「悳」以復本字也。朱氏補註云：「錯輔讀爲措俌」。朱說固近是。然楚辭原未必作「措俌」也。各本亦無作「措俌」者。

蓋「錯輔」之假爲「措俌」由來已久。經傳多有也。說文金部云：「錯，涂也」。段註云：「或借爲措字。」手部云：「措，置也」。段註云：「經傳多叚錯爲之。」說文人部又云：「俌，輔也」。段註云：「釋詁：『弼、棐、輔、比、俌也』。郭云：『俌猶輔也』。廣韻曰：『俌出埤蒼』。輔專行而俌廢矣」。段說是也。僖五年左傳引周書曰：「皇天無親，惟德是輔」。（又見僞古文尚書蔡仲之命。）作輔與此同。

夫維聖哲之茂行兮

文選（唐寫本、六臣本、淳熙本）、章句（錢本、文徵明書、馮紹祖本）「之」皆作「以」。朱註亦云：「之一作以」。案「之」猶「以」也。古書通用。

瞻前而顧後兮

後漢書張衡傳註引同。

相觀民之計極

文選（唐寫本、六臣本、淳熙本）「民」諱作「人」。洪考、錢傳亦並引一本作「人」。

阽余身而危死兮

原本玉篇二十二阜部、一切經音義九十八引「而」並作「以」。案「而」、「以」同義，說見前。

章句（文徵明書、黃省曾本、夫容館本、朱燮元本、馮紹祖本、袖珍本、閔齊伋本、俞初本、凌毓枬本、乾本）「死」下皆有「節」字。洪考、錢傳亦並引一本「死」下有「節」字。沈氏證辨云：「文選無節字，王註有伏節之賢士等語，可證原文當有節字」。姜註以有「節」字爲非是。張亨輯校亦謂：「節字疑不當有」。案就句法言，有「節」字則可與下句「覽余初其猶未悔」對文。然揆諸文義，則猶張亨所謂「不詞矣」。蓋涉下句王註「伏節之賢士」而衍。玉燭寶典二引此正無「節」字。

不量鑿而正枘兮

唐寫本文選「枘」誤「柄」。文選集註引音決與陸善經本並作「枘」，不誤。又朱註引一本「正」作「進」。非是。王註云：「正，方也」。是王本原作「正」。

固前脩以菹醢

文選（六臣本、淳熙本）、章句（文徵明書、馮紹祖本）「菹」皆作「葅」。洪考、錢傳亦並引一本作「葅」。說見前。

曾歔欷余鬱邑兮哀朕時之不當

漢書揚雄傳註引「曾」作「增」。洪考、朱註、錢傳亦皆引一本作「增」，蓋即師古所據本。朱氏補註云。「曾讀爲增」。是也。增、曾正假字。

六臣註文選、唐寫文選集註引陸善經本「邑」並作「悒」。洪考、錢傳亦並引一本作「悒」。案「悒」、「邑」正、假字。

攬茹蕙以掩涕兮

唐寫本文選、章句（錢本、文徵明書、黃省曾本、夫容館本、朱燮元本、馮紹祖本、閔齊伋本、俞初本、凌毓枏本、乾本）「攬」皆作「⿰扌監」。五臣本文選、漢書揚雄傳註載晉灼註、文選曹子建洛神賦註引皆作「擥」。洪考、朱註亦並引一本作「⿰扌監」、又一本作「擥」。洪考又引文選一本作「掔」，與觀瀾文集所引之五臣本同。則五臣有作「擥」與作「掔」之異本矣。案攬、⿰扌監、擥、掔各字說見前。

朱氏解故云：「日本古鈔卷子本揚雄反離騷：『臨江瀕而掩涕兮』，晉灼曰：『離騷云：擥茹蕙以掩涕』。（景祐本以下並作茹蕙。）尋反離騷：『衿芰茄之綠衣兮，被芙蓉之朱裳』。正旁離騷『製芰荷以爲衣兮，集芙蓉以爲裳』。師古曰：『茄，亦荷字，見張揖古今字詁』。是也。平既茄衣而惠纕，故云『擥茄蕙而掩涕，霑余襟之浪浪』也。晉灼本於義爲長。灼當典午中朝，離騷舊本，班、賈之書，大抵具在。故其見聞或出章句之外。然自茄、荷相貿，茹之爲茄，不復可知者亦已久矣」。朱說似有理。

文選（唐寫本、六臣本、淳熙本）、章句各本，並洪本「淹」皆作「掩」。日本古鈔卷子本揚雄傳反離騷：「臨江瀕而掩涕兮」註載晉灼註，文選曹子建洛神賦註引亦並作「掩」。是楚辭古今各本原作「掩」。底本譌作「淹」。疑涉下文「涕」、「浪」等從水之字而誤。但註文仍作：「以自掩拭」。不誤也。

霑余襟之浪浪

文選曹子建洛神賦註引「霑」作「沾」，「余」作「予」。案霑、沾、余、予並古字通用。

跪敷衽以陳辭兮

章句（文徵明書）「陳」作「陳攴」。朱氏補註云：「陳，讀爲陳攴，列也」。案「陳攴」、「陳」古今字。說已見前。

唐寫本文選、章句（錢本）「辭」並作「詞」。洪考、朱註亦並引一本作「詞」。「詞」、「辭」正假字也。唐寫文選集註引陸善經本、文選沈休文宋書謝靈運傳論註引並同底本作「辭」。

駟玉虬以椉鷖兮

文選（淳熙本）及後漢書馮衍傳註引「虬」並作「虯」。洪考、朱註、錢傳亦皆引一本作「虯」。

朱氏補註云：「虬當作蚪」。是也。說文虫部云：「蚪，龍無角者。從虫，丩聲」。此蓋王註之所本。則「蚪」乃「虬」之本字。沈氏證辨所謂「正字」者，是也。

山海經海內經郭註引「以」作「而」。二字古書通用。文選（唐寫本、六臣本、淳熙本）、章句（文徵明書、馮紹祖本）、及山海經海內經十八郭註、後漢書馮衍傳註引「棄」皆作「乘」。洪考、錢傳亦並引一本作「乘」。案「棄」本字。「乘」隸變也。隋釋道騫楚辭音殘卷正作「棄」。

山海經海內經郭註、後漢書馮衍傳註引、及唐寫本文選、文選集註引音決「鷖」皆作「翳」。洪考、朱註、錢傳亦皆引一本作「翳」。朱氏補註云：「鷖讀為翳。海內經：『北海之內，蛇山有五采之鳥，飛蔽一鄉。名曰翳鳥』。郭註：鳳屬」。劉氏通箋云：「按作翳者，是也。鷖，說文：『翳，華蓋也』。山海經之翳鳥，有五采，飛蔽一鄉，蓋取義於翳，作鷖者，通叚字也。鷖，說文鳧屬。戴本作翳，今據正」。饒宗頤楚辭書錄「隋僧道騫楚辭音殘卷校箋第三」云：「劉永濟離騷通箋據戴本，以翳字為正，然證此卷，隋本乃作翳，知二字通用，作鷖未必非」。沈氏證辨亦云：「翳，說文：『華蓋也』。與王註不合。史記司馬相如傳張揖註、文選註、後漢書張衡傳註引山海經亦作鷖。似當作鷖。山海經作翳，乃鷖之假借」。姜註云：「鷖、翳一字也。從鳥與從羽無別」。今案說文釋鷖、翳二字文殊義別。原本固非一字也。鷖字本義既屬鳥類，則當以鷖為正字、翳為通假字也。今騫音之作「鷖」，尤足證楚辭故書之原必作「鷖」。

溘埃風余上征

文選左太沖吳都賦註、張平子思玄賦註、謝玄暉在郡臥病呈沈尚書註、謝靈運初發石首城註引「溘」皆作「溢」。劉氏通箋云：「按溢颸風是唐代舊本如此，然溢，說文：『器滿也』，廣雅釋詁一：『出也』，釋詁二：『盛也』，不如溘字義長。（溘，奄忽也）。疑溢又溘之誤，當作溘颸風余上征」。劉氏「溢颸風是唐代舊本如此」云云，恐未必碻。蓋鶱音、唐寫本文選及文選江文通雜體詩註引皆作「溘」也。惟氏又「疑溢又溘之誤」者，是也。蓋溢、溘形近易譌也。朱註又引一本作「壒」。姜註云：「作壒者涉下文埃字從土而誤。仍當作溘」。是也。案「溘」乃「溢」之俗變，說已見前。文選左太沖吳都賦註、謝玄暉在郡臥病呈沈尚書註、謝靈運初發石首城註、江文通雜體詩註引「埃」皆作「颸」。劉師培考異云：「似卽此句異文，存以俟攷」。劉說非是。所謂「溢颸風」者，決非楚辭此異文也。「溢」字既「溘」之形誤。而「颸」字又涉彼正文「翼颸風之颲颲」、「戾戾颸風擧」之「颸風」而譌也。如張平子思玄賦「浮蠛蠓而上征」註引則作「溢渙風」，而不作「溢颸風」，可證也。王夫之楚辭通釋云：「埃當作竢。傳寫之譌」。王說聞氏匡齋韙之。其校補云：「案王說殆是也。遠遊曰：『……凌天池以徑度，風伯爲余先驅兮，氛埃辟而清涼，淮南子原道篇曰：『是故大丈夫……乘雲陵霄，與造化者俱，縱志舒節，以馳大區……令雨師灑道，使風伯掃塵』。諸言飛昇者，必先使風掃塵。此亦託爲神仙之言，何遽欲冒塵埃之風上升哉？『溘竢風余上征』與『願竢時乎吾將刈』句法略同。至文選吳都賦劉註、謝玄暉在郡臥病呈沈尚書詩註，江文通雜體詩註，吳曾能改齋漫錄五，葉大慶考古質疑六所引作颸之本，疑亦非是。雖然，惟其字本作竢，故一本得以聲近誤爲颸。若作埃，則無緣別有作颸之本矣」。聞說「竢」、「颸」聲近而誤，容或有理；然以涉彼正文「颸風」而誤，尤爲可能也。竊疑楚辭別無一作「颸」之本。王氏以「埃」爲「竢」，於義固通。奈無內證，亦不可從。況王註「埃，塵也」，騫音、唐寫文選亦並作「埃」。是楚辭故書作「埃」之證也。莊子逍遙篇：『鵬之徙於南冥也，搏扶搖而上者九萬里。野馬也塵埃也，生物之以息相吹也』。彼文風（扶搖）與塵埃分言，此以埃、風合言耳。史記留侯世家正義（佚文）云：「莊子曰：『野馬者，塵埃也』。按遠望空中，埃塵隨風，飄疾如野馬群奔」。所謂「埃塵隨風」，即「埃風」矣。

文選左太沖吳都賦註引「余」作「兮」；張平子思玄賦註、謝玄暉在郡臥病呈沈尚書詩註、謝靈運初發石首城註引皆作「而」。俱非是。

朝發軔於蒼梧兮

原本玉篇十八車部、毛詩小旻正義、一切經音義七十四引、唐寫本文選、騫音皆同。

夕余至乎縣圃

文選五臣註本「縣」作「懸」。洪考、朱註、錢傳亦皆引一本「縣」作「懸」。疑卽此五臣之本。朱氏補註云：「水經河水註：『昆侖之山三級。中曰玄圃。一名閬風』。穆天子傳：『春水之澤，清水出泉。溫和無風。飛鳥百獸之所飲食。先王所謂玄圃』。縣亦作玄」。沈氏證辨云：「文心雕龍辨騷篇縣作懸，並云，崑侖懸圃，非經義所載。文選三張衡東京賦『左瞰暘谷，右睨玄圃。』縣作玄。縣懸與玄古並通用」。縣與玄古通用，良是；縣、懸正、俗字，非通用字也。騫音、唐寫本文選並同底本。

欲少留此靈瑣兮

劉師培考異云：「案文選北征賦註引少作去。誤」。姜氏校註亦云：「文選北征賦引作去，非是」。今案文選（四部叢刊本、四庫善本叢書本、淳熙本）班彪北征賦註引皆同底本作「少」。劉氏不知所據何本而云然？姜氏則純襲劉說而未檢。惟朱註引一本作「夕」。則誠非是。疑涉上文「夕余至」義而譌。

唐寫本文選集註引音決、文選（六臣本、五臣本、贛州本、淳祐本）「瑣」皆作「璅」。洪考、朱註、錢傳亦皆引一本作「璅」。朱氏補註云：「瑣讀爲䟽。門戶疏窗也」。聞氏校補云：「案瑣璅並當爲藪，聲之誤也。（說文操讀若藪，而古字喿巢音同。（說文藻重文作薻）是璅音亦近藪。）此本作藪，以聲誤爲璅，而璅與瑣同，故又轉寫爲瑣。靈藪卽上文之縣圃。周禮職方氏曰

『雍州其澤藪曰弦蒲』。說文藪篆下亦曰『雝州弦圃』，弦圃，弦蒲即玄圃，亦即縣圃。縣圃爲古九藪之一，以其爲神靈所居，故曰『靈藪』。十洲記崑崙洲記曰：『其王母所道諸靈藪，禹所不履，唯書中夏之名山耳』，此則古稱崑崙諸山爲靈藪之實例。言崑崙，斯縣圃在其中矣」。聞說固爲有理，惜無直接內證。而騫音、唐寫本文選、集註引陸善經本皆同底本作「瑣」。

日忽忽其將暮

漢書揚雄傳註載晉灼註、後漢書馮衍傳註引同。騫音「暮」作「莫」。「莫」、「暮」正俗字。

吾令羲和弭節兮

文選張衡東都賦註、左思蜀都賦註、班彪北征賦註、孫綽遊天台山賦註、曹子建應詔詩註、顏延年秋湖詩註、郭璞游仙詩註、曹子建贈王粲詩註、郭璣雜體詩註、曹子建與吳季重書註引皆同。枚乘七發註兩引作「羲和弭節兮」，略「吾令」二字。

望崦嵫而勿迫

騫音「崦嵫」作「奄茲」。此隋唐之季所見古本也。朱註云：「崦音淹，嵫音茲。古但作奄茲」。是也。騫音註云：「山海經大荒西經云：『西海陼中有神，人面鳥身。珥兩青蛇，踐兩赤蛇。名曰弇茲』。騫案弇茲之神居此山，因以名焉。而加山旁。穆天子傳云：『天子遂驅陞于弇山』。郭：『弇，弇茲山，日所入也』。是「弇茲山」卽「崦嵫山」也。騫音於「奄」字下註云：「宜作崦。崦（華案原註無此字。疑脫。今補）崦二字同於炎反」。音於「茲」字下又註云：「宜嵫。（華案宜下疑脫作字）……山海經云：『西南三百六十里曰崦嵫之山。……』註云：『日沒所入山也』。禹大傳云：『洧盤水出崦嵫山也』。穆天子傳云：『遂驅陞于弇山。乃紀其迹于弇山之石而樹之』。案此弇山卽崦嵫山也」。釋道騫說是也。原本玉篇山部及一切經音義九十六引山海經正並作「崦嵫之山」。今山海經西山經所以作「崦嵫」者，或與顧野王及釋慧琳所見之本異也。然野王所見之楚辭古本已作「崦嵫」矣。原本玉篇山部引楚辭曰：「望崦嵫而勿迫」。可證也。又山海經西山經註、文選郭璞雜體詩註、一切經音義七十四及唐寫本文選、集註引音決、陸善經本皆同。聞氏「敦煌舊鈔楚辭音殘卷跋」云：「唐寫本文選集註殘卷作奄茲」。非是。疑誤混騫音爲唐寫文選也。

洪考、朱註、錢傳皆引一本「勿」作「未」。山海經西山經郝懿行疏引、章句（文徵明書、黃省曾本、夫容館本、朱燮元本、袖珍本、馮紹祖本、閔齊伋本、俞初本、凌毓枬本、乾本）皆作「未」。朱註云：「非是」。姜註亦云：「作未字與上下文義不相屬矣，非也」。案「未」、「勿」同義，非誤字。戰國策秦策：「而未能復戰也」。高誘註：「未，無也」。小爾雅廣詁：「勿，無也」。是「未」亦猶「勿」矣。一切經音義七十四引「迫」作「迨」。形近而誤也。

路曼曼其脩遠兮

文選唐寫本、文選集註引音決及騫音「曼曼」皆作「𡚶𡚶」。隋、唐俗字也。文選（六臣本、五臣本）、洪考引釋文並作「漫漫」。朱註、錢傳亦並引一本作「漫漫」。文選班彪北征賦「遵長城之漫漫」註引同底本作「曼曼」。善註云：「漫與曼古字通」。姜註云：「曼本字，漫則俗借字也」。是也。案說文又部云：「曼，引也」。段註云：「魯頌毛傳曰：『曼，長也』。」說與洪補引集韵「曼曼，長也」合。長亦遠也。王逸曰：「其路曼曼遠而且長，不可卒至」。是也。五臣濟曰：「漫漫，遠貌」。「曼」、「漫」二字楚辭多通用。如九章悲回風：「終長夜之曼曼兮」、遠遊：「路曼曼其脩遠兮」、九歎遠遊：「路曼曼其無端兮」，及九歎逢紛：「違故都之漫漫」、（洪考云：「漫一作曼」）又憂苦：「塗漫漫其無時」（洪考云：「漫漫一作曼曼」）。皆其例。

沈氏證辨云：「修遠當作長遠，淮南治楚辭，諱長爲修。此作修，非原文也」。沈說似是而非。方言第一：「脩，長也。陳、楚之間曰脩」。淮南治騷，正用楚言鄉音，何諱之有？

吾將上下而求索

騫音「索」作「索」，本字也。朱氏補註云：「索讀爲索」。朱說得之。騫音殘卷之復得，正可爲朱說之證。騫公註云：「取也」。經傳多借「索」字爲之。此卷作「索」，騫公所見楚辭古本信古而可寶者也。

飲余馬於咸池兮揔余轡乎扶桑

文選陸士衡前緩聲歌註及擬東城一何高註並引「於」作「乎」、又擬東城一何高註引「乎」作「於」。非是也。蓋與楚辭語法不合。考屈賦連用「於」、「乎」二介詞時，習作「……於……」，「……乎……」之句式。其例除本二句外，如離騷：「朝發軔於蒼梧兮，夕余至乎縣圃」、「覽相觀於四極兮，周流乎天余乃下」、「朝發軔於天津兮，夕余至乎西極」；遠遊：「軼迅風於清源兮，從顓頊乎增冰」；惜誓：「馳騖於杳冥之中兮，休息虖崑崙之墟」；七諫亂曰：「甂甌登於明堂兮，周鼎潛乎深淵」；九歎憂苦：「偓促談於廊廟兮，律魁放乎山閒」等皆是。聞氏校補九歎逢紛「馳余車兮玄石，步余馬兮洞庭；平明發兮蒼梧，夕投宿兮石城」條云：「案本篇兮字無在句中者。此當作『馳余車於玄石兮，步余馬於洞庭；平明發於蒼梧兮，夕投宿於石城』。今本四於字誤爲兮，乃刪一三兩句末之兮字以避複也。太平寰宇記補闕一一三岳州華容縣引一二兩句兮字皆作於，文選謝靈運登臨海嶠初發疆中作與從弟見羊河共和之詩註引末句兮亦作於，是其確證」。案聞氏所謂確證，尚未全確。英人郝大衛（David Hawkes Ch'u Tz'u, the Songs of the South P.207）云："The song — form of these two lines is probably the result of corruption。The four 兮's should be emended to 於，乎，於，乎，and 兮's supplied after 石 and 梧。" 意謂此四句語法蓋非是。四兮字應校訂爲「於，乎，於，乎」。並於「石」，「梧」字之後加「兮」字。作：「馳余車於玄石兮，步余馬乎洞庭；平明發於蒼梧兮，夕投宿乎石城」。郝說得之。與楚辭句法合。與本篇語法尤合。足證陸士衡前緩聲歌註、擬東城一何高註及漢書揚雄傳註載晉灼註引作：「乎……乎……」、「……乎……於……」及「總余轡於扶桑」爲非是也。

轡音，唐寫本及今本文選、章句（錢本、文徵明書、馮紹祖本）「揔」字皆與底本同。（華案姜註謂「朱註本作總」。非是）其中惟章句馮紹祖本正文作「揔」，而註文則作「總」。案「揔」訓結，自以從絲作「總」爲是。姜註云：「總，正字。揔則六朝以來俗字也」。其說是。「轡」，轡音作「轡」。亦六朝以來俗字也。洪考、朱註並謂：「扶，說文作榑」。案說文部云：「榑，榑桑神木，日所出也」。叒部又云：「叒，日初出東方湯谷所登榑桑」。段註云：「離騷『總余轡乎扶桑，折若木以拂日』二語相聯，蓋若木卽謂扶桑，扶若字卽謂榑叒字也」。洪、朱、段說皆是。呂氏春秋求人：「禹東至榑木之地」；山海經東山經：「無臯之山，東望榑木」。郭註：扶桑二音」。郝疏：「榑木卽扶桑。但不當讀木爲桑。註有脫誤」；淮南子墬形訓：「暘谷榑桑在東方」。覽冥訓又云：「朝發榑桑」。註云：「榑桑，日所出也」。皆扶桑古書作榑木、榑桑之證。唐寫本文選集註云：「音決：『榑，音扶』。今案音決扶爲榑」。則音決尙存此榑桑神木之古本字也。朱氏解故云：「後人並作『扶』者，以今字改古字耳」。朱說欠妥。各本「榑」作「扶」、乃通假。公孫羅音決云：「榑，音扶」是同音通假。況漢書揚雄傳註載晉灼註、文選陸士衡前緩聲歌註、擬東城一何高註引、及文選（唐寫本、六臣本、五臣本、淳熙本）章句各本皆作「扶」。則漢、唐以來已作「扶」，豈可謂今？姜註謂：「則作扶者，聲借字也」。是也。

折若木以拂日兮

山海經南山經註、後漢書張衡傳註、文選曹子建與吳季重書註、應休璉與從弟書註、藝文類聚八十九引、及文選（六臣本、五臣本淳熙本）、章句各本皆同。唐寫本文選脫「以」字。

洪考云：「拂，一云蔽也」。朱氏補註亦云：「此蓋與悲回風『折若木以蔽光』同意。拂讀爲茀，蔽也」。案悲回風「折若木以蔽光」，王註云：「光謂日也」。則「蔽光」卽「蔽日」，亦猶「拂日」也。朱氏解故云：「朱氏補註義是也。蔽謂之拂，蓋楚言。易林渙之睽：『折若蔽目，不見稚叔』。某氏註引離騷此文；又云『目當作日』，並是也」。二朱氏說並是。王師叔岷史記斠證屈原賈生列傳「脩路幽拂兮」條下云：「索隱：楚詞『幽拂』作『幽蔽』也。……拂、蔽古通，刺客荊軻傳：『跪而蔽席，』燕策三蔽作拂，卽其證」。師說甚是。拂、蔽既古通。則屈賦兩出之，亦極自然。此篇作「拂日」，未必非本文也。由叔師註「或謂拂蔽也」，可證。各本正皆作「拂」。

聊逍遙以相羊

漢書揚雄傳註載晉灼註引「逍遙」作「消搖」。今文選（淳熙本）司馬相如上林賦「消搖乎襄羊」註引司馬彪曰：「消搖，逍遙也」。「逍遙」卽「消搖」之俗體字。而晉灼註所引楚辭古本隋釋道騫亦曾見之。然其楚辭音註云：「本或作消搖二字。非也」。騫公旣非「消搖」。乃采作「須臾」之本。騫音註云：「須臾者，謂待卜日也」。饒宗頤書錄以爲作「須臾」者「義較長」。然未言明其所以較長之理。聞氏楚辭音殘卷跋則云：「案義仍是逍遙，作須臾者，古字假借。本書九思守志篇：『涉巒山以逍遙』，註：『逍遙，須臾也』。」。聞說義較長。「須」，「須」古通。文選（唐寫本、六臣本、贛州本、淳熙本、淳祐本）正皆作「須臾」。洪考、朱註、錢傳亦皆引一本作「須臾」。文選（五臣本）、唐寫集註引陸善經本、張衡西京賦註、曹子建與吳季重書註、應休璉與從弟書註引及章句（錢本、文徵明書、馮紹祖本）皆與底本同。文選曹子建與吳季重書註、應休璉與從弟書註引「羊」並作「佯」。洪考、朱註、錢傳皆引一本作「佯」。朱註又云：「玉篇引作儴徉」。唐寫文選集註云：「今案音决羊爲徉」。與玉篇所引本合。文選司馬相如上林賦「消搖乎襄羊」李善註引郭璞曰：「襄羊猶彷徉也」。則相羊、相佯、襄羊、儴佯，儴徉等乃叠韵聯語，字異而義同。惟儴、佯、徉，皆俗字。

前望舒使先驅兮

文選揚雄羽獵賦註、陸士衡贈顧彥先註、張景陽雜詩註、謝玄暉齊敬皇后哀策文註引皆同。張景陽七命註引「驅」作「駈」。區古讀爲丘，故「驅」亦作「駈」。北堂書鈔一百五十引此作「吾令望舒先駈兮」。劉師培考異云：「即此語」。書鈔引書每擅改原文。此其一例。

後飛廉使奔屬

漢書揚雄傳註載應劭註、文選揚雄羽獵賦註、成公綏嘯賦註、陸士衡演連珠註引皆同。張景陽雜詩註引「廉」後有「兮」字。非是。

鸞皇爲余先戒兮

漢書揚雄傳應劭音義引「皇」作「凰」，「凰」乃俗字。洪考亦引一本作「凰」。今文徵明書章句正作「凰」。朱註則引一本作「鳳」。蓋因凰字聯想而誤。朱註又引「余先」一本作「我前」。洪考、錢傳亦並引「先」一本作「前」。今案章句（文徵明書、黃省曾本、夫容館本、朱燮元本、馮紹祖本、袖珍本、閔齊伋本、俞初本、凌毓枏本、乾本）正皆作「前」。據叔師註語「言已使仁智之士如鸞皇先戒」及應劭音義所引，則楚辭故書原本作「先」。唐寫及今本文選正同底本作

「先」。

雷師告余以未具

漢書揚雄傳反離騷「鸞鳳騰而不屬兮，豈獨飛廉與雲師」應劭音義引「雷師」作「雲師」。又註云：「雲師，豐隆也」。是揚雄反騷所據本與應劭所引本合。「雷師」並作「雲師」。此與現存各本皆異也。至豐隆究爲雲師耶？抑爲雷師耶？衆說紛紛，莫衷一是。本篇下文「吾令豐隆椉雲兮」，王註（馮紹祖本）云：「豐隆，雷師」。朱註亦謂「雷師」。洪補則云：「豐隆，雲師。一曰雷師。下註同」。九章思美人「願寄言於浮雲兮，遇豐隆而不將」。王註亦云：「雲師徑遊不我聽也」。朱註亦以豐隆爲雲師。遠遊：「召豐隆使先導」。王註云：「呼語雲師使清路也」。朱子無註。但謂見騷經。又九歌雲中君題註洪補云：「雲神豐隆也。一曰屛翳」。朱註云：「謂雲神也」。朱氏解故謂：「此註或非王註，然洪氏已引之，則必舊本有之，當不晚於釋文，要足證離騷王註之爲『雲師』也」。是叔師以豐隆爲雲師，與應劭註合。朱氏解故又云：「若遠遊稱『雨師』、『雷公』，註於『雨師』云屛翳，於『雷公』獨不云豐隆者，益知叔師不以豐隆爲雷師也」。朱說固是。然本篇下文「吾令豐隆椉雲兮」洪補又曰：「九歌雲中君註云：雲神豐隆。五臣曰：『雲神屛翳』。按豐隆或曰雲師；或曰雷師屛翳，或曰雲師；或曰雨師；或曰風師。歸藏云：『豐隆筮雲氣而告之』。則雲師也。穆天子傳云：『天子升崑崙，封豐隆之葬』。郭璞云

『豐隆筮雲，御雲得大壯卦。遂爲雷師』。淮南子曰：『季春三月，豐隆乃出以將其雨』。張衡思玄賦云：「豐隆軯其震霆，雲師䨴以交集」。則豐隆，雷也；雲師，屏翳也。天問曰：「蓱號起雨」。則屏翳，雨師也。洛神賦云：『屏翳收風』，則風師也。又周官有飌師，雨師；淮南子云：『雨師灑道，風伯掃塵』。說者以爲箕畢二星。列仙傳云：「赤松子神農時爲雨師」。風俗通云：『玄冥爲雨師』。其說不同。據楚詞，則以豐隆爲雲師，飛廉爲風伯，屏翳爲雨師耳」。洪說固近是。然亦不害本句「雷師告余以未具」之「雷師」，唐以前本已作「雷師」矣。如唐寫本文選及文選集註引陸善經註「雷聲赫赫，以興於君也」，並可證。

文選五臣本「余」作「我」。洪考、朱註並引一本作「我」。疑卽此五臣之本也。

吾令鳳鳥飛騰兮繼之以日夜

錢傳引一本「令」作「命」。「令」、「命」古字通。

文選（唐寫本、六臣本、贛州本、淳熙本、淳祐本）「鳥」皆作「皇」。章句（文徵明書、黃省曾本、夫容館本、朱燮元本、馮紹祖本、袖珍本、閔齊伋本、俞初本、凌毓枏本、乾本）則皆作凰。錢傳所謂：「鳥，一作凰、一作皇」，疑卽指此二本也。文選（六臣本、贛州本、淳熙本、淳祐本）、文選集註引陸善經本「繼」上皆有「又」字。錢傳稱「一有又字」，疑卽此本。惟唐寫本文選與底本同無之。以句法揆之，則有「又」字上下始爲對文。

飄風屯其相離兮

騫音、唐寫本文選及各本皆同。

帥雲霓而來御

章句（文徵明書、黃省曾本、夫容館本、朱燮元本、馮紹祖本、袖珍本、閔齊伋本、俞初本、凌毓枬本、乾本）「帥」皆作「率」。洪考、朱註、錢傳亦皆引一本作「率」。朱氏補註云：「帥讀爲達。先導也」。「帥」、「率」古字通。

文選五臣本正文「霓」誤作「電」。註文不誤也。朱註引一本「霓」作「蜺」。洪補云：「霓，五稽、五歷、五結三切。通作蜺」。是也。爾雅釋天：「蜺爲挈貳」。郭註云：「蜺，雌虹也。見離騷」。是景純所見本「霓」固作「蜺」也。

紛總總其離合兮

原本玉篇二十七糸部引「總」作「総」。唐寫本文選集註引陸善經本亦作「総」。六朝以來俗字也。劉師培考異：「案原本玉篇糸部引註作『猶噂噂，衆貌』。」非是。今案玉篇引王註實作：「聚皀也」。（皀卽皃之俗變）劉氏失檢。張亨輯校誤同。騫音、唐寫本文選並同底本。

斑陸離其上下

騫音、章句（錢本、文徵明書、馮紹祖本）並同。唐寫本文選集注引陸善經本並作「斑」。文選（六臣本、淳熙本）並作「班」。洪考、朱註、錢傳亦皆引一本作「班」。案「斑」、「斑」、「班」皆「辬」之俗段字。說文文部云：「辬，駁文也」。段註云：「斑者，辬之俗字。今乃斑行而辬廢矣。又或假班爲之」。段說是也。而「班」本作「班」。說文珏部云：「班，分瑞玉」。俗字作「班」。

吾令帝閽開闗兮倚閶闔而望予

騫音、唐寫及今本文選、及張平子思玄賦「叫帝閽使闢扉兮」註引皆同。章句（錢本）「閽」作「閽」。從「昏」者。俗誤。文選揚雄甘泉賦「馳閶闔而入凌兢」註引作「令帝閽開閶闔而望予」。略「吾」、「闗兮倚」四字。又「選巫咸兮叫帝閽，開天庭兮延群神」註引脫「闗」字。此引書妄省而又疏脫之一例也。張平子思玄賦註、潘安仁寡婦賦註引「望予」並作「望兮」。「兮」、「予」形近而譌。說詳上文：「楚辭『予』字考校」。或係涉上句「兮」字而誤。

時曖曖其將罷兮

章句（文徵明書）「時」作「旹」。此乃「時」之古文。

鶩音、文選（唐寫本、六臣本、淳熙本）、及潘安仁寡婦賦註引皆同。

文選五臣本「罷」作「疲」。洪考、錢傳亦並引一本作「疲」。朱氏補註云：「罷讀爲疲」。姜註云：「罷疲聲同而誤也。作罷是」。姜說近似。鶩音「罷」卽作「疲音」。則作「疲」似又涉音而改者矣。古人往往據所音之字而改正文。

結幽蘭而延佇

文選潘岳西征賦註、禰正中鸚鵡賦註、陸士衡君子有所思行註、悲哉行註、張茂先情詩註、江文通雜體詩：離情註、王元長永明九年策秀才五首註引皆同。

章句（文徵明書、黃省曾本、夫容館本、朱燮元本、馮紹祖本、袖珍本、閔齊伋本、兪初本、凌毓枏本、乾本）「而」皆作「以」。洪考、錢傳亦並引一本作「以」。「而」、「以」古通。說已見前。

世溷濁而不分兮好蔽美而嫉妬

唐寫本文選「世」諱「時」，避太宗諱改也。

章句（錢本）「妬」作「妒」，同。

騫音同底本。

朝吾將濟於白水兮

唐寫及今本文選、章句各本、及張平子思玄賦註引皆同。然洪考、錢傳則並引一本「於」作「乎」。未知所指何本。作「乎」不合楚辭語法。非是。聞氏校補亦云：「季君鎮淮云：『離騷語法，凡二句中連用介詞『於』『乎』二字時，必上句用於，下句用乎。……此文『朝吾將濟於白水兮，登閬風而緤馬』，正符上句用『於』之例。一本於作乎，則非例，斷不可從』。案季說是也」。季、聞二氏說並是。參見上文「飲余馬於咸池兮，揔余轡乎扶桑」條。

登閬風而緤馬

原本玉篇二十七糸部引「閬」作「浪」。淮南子地形篇：「縣圃、涼風、樊桐在崑崙閶闔之中」。註云：「縣圃、涼風、樊桐皆崑崙之山名也」。日本古鈔卷子本漢書揚雄傳反離騷「望崑崙以樛流」蘇林註引亦作「涼」。（景祐本以下並作「閬」）是淮南書及其所見楚辭本與揚雄據以反騷之本同作「涼」。朱氏解故云：「離騷、淮南，文字相應，蘇本是也。依顧野王所引，又知江南舊本，尚不從門，持校古書，偏旁未失也。然字作浪者，依廣韻四十二宕：浪，閬同紐，豈在陳世已讀『力宕反』，隋本如騫公所據，遂逕作閬字邪？（敦煌本楚辭音出閬『力宕反』，是騫所見已同今本。)」朱說是也。騫音正同底本。

原本玉篇糸部引「而」誤作「雨」(「而」、「雨」形近，又因風字聯想而誤。)朱氏解故云：「今按：原本玉篇『風』下衍『雨』字」。非是。實誤而非衍也。

原本玉篇糸部引「緤」作「紲」。(華案劉師培攷異誤作「緤」。)唐寫文選集註引音決亦作「紲」。文選(六臣本、五臣本)、及漢書張衡傳註引並作「絏」。洪考、朱註、錢傳亦皆引一本作「絏」。唐寫本文選作「緤」，乃避世字之諱而改。騫音、史記司馬相如傳正義、漢書揚雄傳反離騷註、文選張平子思玄賦註引此皆同。姜註云：「緤、絏並紲之或體，古從世之字，多又從曳，如抴又作拽，齛又作齥，泄又作洩，皆是」。姜說是也。

忽反顧以流涕兮哀高丘之無女

漢書揚雄傳反離騷蘇林註引此、唐寫及今本文選、又騫音「涕」、「女」字皆同。

溘吾遊此春宮兮

騫音「溘」作「溘」。此「溘」之俗省。北堂書鈔一二八引作「盍」。此「溘」之壞字。洪考引一本作「壒」。洪補曰：「壒，塵也。無奄忽義」。洪說是。錢傳又引一本作「壒」。「蓋」、「盍」古通，此又訛作「壒」之所從出。章句(黃省曾本、夫容館本、兪初本)正皆作「壒」。

是以錢傳乃註云：「作墻者非」。

折琼枝以繼佩

後漢書張衡傳思玄賦註、文選揚雄甘泉賦註、北堂書鈔一二八引皆同。騫音「折」、「繼」字、唐寫及今本文選亦皆同。

文選張平子思玄賦註引「佩」作「珮」。佩、珮正俗字。

及榮華之未落兮

文選潘安仁寡婦賦註引同。

相下女之可詒

文選（唐寫本、六臣本、五臣本、贛州本、淳熙本、淳祐本）、唐寫文選集註引音決、騫音「詒」皆作「貽」。洪考、錢傳並引一本作「貽」。亦並謂「詒通作貽」。朱氏補註云：「貽當作詒，讀爲遺。實爲饋詒」。案詒、貽古今字。唐寫文選集註引王逸註語作「詒」。可證王本正文本作詒。

吾令豐隆椉雲兮

漢書揚雄傳註引「令」作「命」。「令」、「命」古字通。文選左思吳都賦註、張平子思玄賦註、郭景純游仙詩註、張景陽雜詩註引「椉」皆作「乘」。洪考、錢傳並引一本作「乘」。

求虙妃之所在

饔音、唐寫本文選、章句（文徵明書、馮紹祖本）「虙」皆作「宓」。朱註、錢傳並引一本作「宓」。洪補曰：「漢書古今人表有宓羲氏。宓音伏。字本作虙。顏氏家訓（書證篇）云：『虙字從虙，宓字從虙。下俱爲必。（「末世傳寫，遂誤以虙爲宓」。洪引脫。今補。）孔子弟子宓子賤（華案：原作「虙子賤」）卽虙羲之後。俗字以爲宓。或復加山。子賤碑云：濟南伏生卽子賤之後。是知虙之與伏，古來通用。誤以爲密，（華案：原作「宓」。）較可知矣』。洛神賦註云：『宓妃，伏犧氏女，溺洛水而死，遂爲河神』。」顏、洪說是也。顏氏所謂「末世傳寫，遂誤以虙爲宓。或復加山」者，至唐時猶然。唐寫本文選正文作「宓」、註云：「求隱士清潔若宓妃者」，正其例。文選郭璞游仙詩註、漢書揚雄傳註引同。

解佩纕以結言兮吾令蹇脩以爲理

文選顏延年秋胡詩註、郭璞游仙詩註、北堂書鈔一二八引、唐寫及今本文選、章句各本皆同。騫音「解」、「纕」、「蹇」三字亦皆同。然聞氏校補乃云：「案路史後記註一引文選五臣本蹇作謇，最是。謇，吃也。上云『解佩纕以結言』，下云『令謇脩以爲理』，蓋謂令謇吃之人爲媒，結言而往求彼美，必難勝任，亦後文理弱媒拙（詘），導言不固之意也。……王逸乃以蹇脩爲伏羲臣名，翟灝，章炳麟又牽合爾雅『徒鼓鐘謂之脩，徒鼓磬謂之謇』之文，謂以蹇脩爲理，即以聲樂達情，意者皆不知字本當作謇而強說之也」。案聞說固似有理。惜其所據路史註引之文選五臣本實作「蹇」而非「謇」。而況五臣本之前、隋釋道騫楚辭音、唐寫文選集註引陸善經本皆早已作「蹇」。現存各本亦皆同。理乃使之借字，（王註：「理，分理也」。非。）蹇脩當是人名。

忽緯繣其難遷

唐寫本文選「繣」作「纗」引音決云：「緯，音揮，紀，呼麥反」，「纗」乃「繣」之誤。騫音、今本文選及章句各本皆同底本作「緯繣」。惟騫音註云：「緯，宜作敳；繣，宜作𢡄」。又云：「王逸云：乖戾也；廣疋：敳𢡄，乖刺也」。朱註云：「緯，一作徽；繣，一作𢡄。二字一作敳𢡄」。錢傳亦引一本作「敳𢡄」。案廣韵二十一麥：「徽繣，乖違也」。騫音釋「敳𢡄」

爲「乖刺」，乃出廣雅釋訓。王氏疏證云：「說文：『敧，戾也』。玉篇：『⿰忄畫，乖戾也』。合言之則曰敧⿰忄畫」。王說得之。王逸註云：「緯繣，乖戾也」，正用此合言之義。朱氏補註云：「緯繣，雙聲連語。字可作敧劃。乖刺之意」。推而廣之，則作「緯繣」、「敧⿰忄畫」、「徽繣」、「徽嫿」（饒氏書錄謂馬融說）等，皆同義而異體之字矣。

原本玉篇糸部「緯」字下野王案曰：「楚辭或以此爲幃字（華案：原作「愇」。誤。下文同）。幃，香囊也。音呼違反。在巾部」。據此，知野王所見楚辭、又別有作「幃繣」之本矣。

朝濯髮乎洧盤

楚辭（吳中本、長沙本）「乎」並作「於」。非是。說同前。騫音「濯」、「洧」二字同。唐寫本文選正文「盤」作「般」，註文則仍作「盤」。則「般」蓋「盤」之壞字。文選（六臣本、淳熙本）並作「槃」。洪考、錢傳亦並引一本作「槃」。案說文木部云：「槃，承槃也。鎜，古文從金」。段註云：「鎜古以金，後乃以木」。說文又云：「盤，籀文從皿」。段註云：「今字皆作盤」。是也。姜註云：「依說文槃本字」。未妥。「鎜」、「槃」、「盤」古今字也。

保厥美以驕傲兮

章句（文徵明書、馮紹祖本）「傲」作「敖」。洪考、朱註亦並引一本作「敖」。蓋卽此本。朱註又引一本作「驁」。未知係何本。漢書匈奴傳：「倨驁其辭」。師古曰：「倨，慢也；驁，與傲同」。是傲、驁古通。爾雅釋言云：「敖，傲也」。傲，正字。敖、驁，並借字。

騫音「驕」、「傲」二字，及唐寫與今本文選、章句（錢本、黃省曾本、夫容館本、朱燮元本、袖珍本、閔齊伋本、俞初本、凌毓枬本、乾本）皆同。

雖信美而無禮兮

文選王粲登樓賦註引及各本皆同。

騫音「違」字下註云：「胡歸反。詩曰：『何斯違斯』。毛曰：『違，去也』。又曰：『中心有違』。毛曰：『違，離也』。廣疋曰：『違，偝也』。而本或作遙字。與招反。方言：『遙，遠也。梁、楚曰遙』。字書：『逍，遙也』。」饒氏書錄云：「按唐本文選亦作『違』補註考異及各本無作『遙』者，此當是隋以前別本」。案此別本作「遙」，非是。故爲騫公所不采。蓋「違」訓「去」、「離」、「偝」等義，與棄義吻合。亦與王註義合。作「遙」於義不恰。張亨疑作「遙」乃形近之譌。甚是。

來違棄而改求

文選（唐寫本、六臣本、五臣本、淳熙本）文選集註引陸善經本「棄」皆作「弃」。洪考亦引一本作「弇」。蓋卽此本。姜註云：「本作𢍰，上作𠫓，又省作棄，從𠫓，從華。華所以盛子而棄之也。下從廾，象兩手推𠦒形。更省則作弃矣。故𢍰棄弃一字也。」姜說近是。

覽相觀於四極兮

洪考、錢傳並云：「覽相，一作求覽」。劉氏通箋云：「按求字因上句末而誤衍。覽相觀三字同義」。是也。然劉氏又云：「戴本删相字。……然本篇有『相觀民之計極』句，疑此與之同。覽字或後人旁註以釋相者，誤入正文耳，今删」。其說非。朱氏補註云：「覽相觀三疊字猶詩：『儀式刑文王之典』。左傳『繕完葺牆』，亦三疊」。姜註云：「相觀，乃離騷習語，則作求覽者非」。張亨輯校云：「離騷文例凡以『於』字作句中介詞者，每在句之第四字：『朝發軔於蒼梧兮』、『飲余馬於咸池兮』……均其例也。如此處删覽字則不合本篇用於字之文例矣」。朱氏解故云：「覽、相、觀，皆言視也。上篇云：『相觀民之計極』，此又云覽，亦止明一意耳。古人辭氣，自有其比，不獨韵文也。（見俞先生古書疑義舉例：二語緩例）敦煌本楚辭音：『覽，力敢反；相，息亮反；觀，古丸反』。自是舊本如此。一本求字，因上改求字衍，又脫相字，不足據」。兩朱氏及姜、張說盔皆是。今案騫音「覽」、「相」、「觀」三字，及唐寫與今本文選、章句各本皆同。足證楚辭古本已如此也。漢樂府陌上桑：「爲人潔白皙，鬑鬑頗有鬚」。潔、白、晳，三字疊義，此亦見於韵文者也。

周流乎天余乃下

唐寫文選集註引陸善經本、文選五臣本「乎天」並作「天乎」。唐寫本文選無「乎」字。洪考云：「一云：『周流天乎』；一無『乎』字」。蓋指此二本也。二本並非是。姜註云：「作天乎不詞，一本省乎，則無介字，亦非。作乎天是也」。姜說蓋是。

望瑤臺之偃蹇兮

漢書揚雄傳註、文選陸士衡前緩聲歌註、鮑明遠學劉公幹體註、謝希逸宋孝武宣貴妃誄註引、及文選（唐寫本、六臣本、五臣本、淳熙本）、集註引陸善經本、章句各本、竇音「瑤」、「偃蹇」三字皆同。後漢書邊讓傳註引「之」作「而」。案「之」猶「而」也。古書通用。如史記屈原列傳懷沙「離愍之長鞠」，楚辭九章懷沙作「離慜而長鞠」。即其例。

見有娀之佚女

漢書揚雄傳註、文選謝希逸宋孝武宣貴妃誄註引、文選（唐寫本、六臣本、五臣本、淳熙本）、章句各本、及竇音「娀」、「佚」二字皆同。

文選陸士衡前緩聲歌註引「娀」作「娥」。疑涉彼正文「南要湘川娥」之「娥」字而誤。

洪考引釋文「佚」作「妷」。非是。姜註云：「妷蓋六朝俗譌字，以其與女字連文，遂改佚為妷也」。姜說蓋是。朱氏補註云：「佚讀懿也」。蓋本王註「佚，美也」為說。

吾令鴆為媒兮鴆告余以不好

漢書揚雄傳註引及文選（六臣本、五臣本、淳熙本）、章句各本皆同。騫音「鴆」、「媒」、「好」三字亦同。

雄鳩之鳴逝兮

騫音、唐寫本文選「雄」並作「𩿡」。洪考引釋文「雄」亦作「𩿡」（華案：洪補誤作鳩。今正。）錢傳云：「雄，陸氏作𩿡」張亨輯校謂：「陸氏或即釋文作者，抑陸德明別有楚辭釋文歟？」竊疑此陸氏或即陸善經，作「𩿡」當指陸氏所傳之本。騫音於「𩿡」字下註云：「尤弓反。或雄字也」。騫說是。「隹」、「鳥」二字古不分。猶「雞」之與「鷄」。「雄」、「𩿡」一字也。朱註云：「雄……黃云：『呼故反』。然則鳸字歟」？此黃不知何許人氏。惟朱疑或作「鳸」者，形譌也。易培基楚辭校補云：「雄乃維之誤，此承上句言」。易說非是。據王註「又使雄鳩銜命而往」、騫音及唐寫本文選均作「𩿡」、則楚辭故書原已作「雄」或「𩿡」義抑形俱無由誤為「維」。

漢書揚雄傳反離騷註引「鳩」作「鴆」。劉師培考異云：「據鳩字王氏無註，似以作鴆爲正」。「鳩」字王氏有註。其註云：「又使雄鳩銜命而往」。且此註文唐寫本文選註引之，五臣銑亦曰：「雄鳩多聲」。文選集註引音決云：「鳩，居尤反」。騫音亦作「鴆鳩」，且註云：「鳩，居尤反」。是楚辭故書，叔師所見並已如此。豈得謂其無註？劉氏直斷章取義耳。至漢書揚雄傳反離騷作「抨雄鴆以作媒」顏註引亦作「鴆」者，王氏念孫特有說焉。王先謙漢書補註云：「宋祁曰：『鴆江南本作鳩。監本作鴆。今從監本作鴆』。王念孫曰：『案宋校非也。離騷本作雄鳩。此文及註文本作雄鳩。離騷先言鴆，而後言雄鳩。此文但言雄鳩，又云百離而曾不壹耦。則不言鴆而鴆在其中。故註必兼引鴆與雄鳩而其義乃全。而監本作雄鴆，卽因註內鴆字而誤。雄鳩善鳴，故曰：雄鳩之鳴逝兮。淮南天文篇亦云：雄鳩長鳴。若作雄鴆，則非其指矣。徧考諸書，亦無雄鴆之文。子京不察，且幷改註文之雄鳩爲雄鴆。則豈有上言鴆，而下又言雄鴆者乎？弗思甚矣』」。王說確甚。騫音、唐寫及今本文選、章句各本皆作「鳩」，卽其證。九歎惜賢：「進雄鳩之耿耿兮」，亦言「雄鳩」。

余猶惡其佻巧

漢書揚雄傳註引、唐寫及今本文選、章句各本皆同。騫音「惡」、「佻」二字亦同。

心猶豫而狐疑兮

顏氏家訓書證、及文選孫子荆爲石仲容與孫皓書註、稽叔夜養生論註引皆同。唐寫及今本文選、章句各本亦皆同。

文選枚乘七發註引「而」作「以」。「以」、「而」古通，說已見上。

鳳皇既受詒兮

章句（文徵明書）「皇」作「凰」，俗字。章句（錢本）「詒」作「詔」。洪考、朱註亦並引一本作「詔」。朱曰：「非是」。案王註「若鳳皇受禮遺」、五臣濟曰：「詒，遺也。……如鳳皇者受遺玉帛」，則王逸、五臣濟所見本已作「詒」。又如騫音云：「詒，餘之反。詒，遺也。遺，餘季反」。唐寫文選集註引音決、唐寫及今本文選、章句各本（除錢本外）皆作「詒」。即其證。作「詔」蓋形譌。

欲遠集而無所止兮

文選五臣本「集」作「進」。洪考、朱註、錢傳亦皆引一本作「進」。朱氏曰：「非是」。據王註「欲遠集他方」云云，則王逸所見本已如此。文選（唐寫本、六臣本、淳熙本）、章句各本皆同。可證。

及少康之未家兮

章句（錢本）「及」作「又」。形誤也。或乃「及」之壞文，由錢註「當及其未用而求之」云云，可知。

世溷濁而嫉賢兮好蔽美而稱惡

文選（六臣本、淳熙本），「世」作「時」。洪考、錢傳亦並引一本作「時」。蓋避唐諱改。洪考、朱註、錢傳皆引一本「美」作「善」。今章句（文徵明書、黃省曾本、夫容館本、朱燮元本、馮紹祖本、兪初本、袖珍本、閔齊伋本、凌毓枬本、乾本）皆正作「善」。說文：「美與善同意」。

騫音「稱」作「偁」，最爲可貴。註云：「又稱同，尺仍反」。偁、稱正假字。

閨中既以邃遠兮

文選（淳熙本）、章句（錢本、文徵明書、黃省曾本、夫容館本、朱燮元本、馮紹祖本、袖珍本、閔齊伋本、兪初本、乾本）皆無「以」字。六臣本文選註云：「王逸本無以字」。洪考、錢傳亦並引一本無「以」字。朱註云：「既下一有以字」。疑「有」乃「無」之誤。否則底本正文不應有「以」字。「既以」，複語，以與已同。複語，古人往往略其一。騫音「遂」字同。

余焉能忍而與此終古

世說新語排調註、文選左太冲吳都賦註引「余」並作「吾」。世說新語註引「焉」作「不」。又無「而與」二字。文選吳都賦註引亦無「而與」二字。文選（六臣本、淳熙本）、章句（文徵明書、馮紹祖本）皆無「而」字。

索藑茅筳篿兮

騫音「索」作「索」。「索」、「索」古今字。說已見前。玉燭寶典八、漢書揚雄傳晉灼註、後漢書方術傳註引「藑」皆作「琼」。案爾雅釋草：「葍，藑茅」。釋文云：「藑音琼」。說文艸部：「藑茅，葍也」。玉部又云：「琼，亦玉也。從玉，夐聲」。是「藑」乃本字。「琼」則聲假字也。藝文類聚八十二引「藑」作「靈」。疑涉下文「靈氛」與註文「靈草」而妄改。玉燭寶典引「筳篿」作「莛蓴」，莛俗變。後漢書方術傳註引作「莛專」，專乃蓴之壞字；藝文類聚八十二引作「蓬蓴」，蓬乃莛之誤。「莛蓴」亦當從竹。騫音於「篿」字下註云：「案從草非也」。是也。今存各本概無從草者。然聞氏校補則云：「筳篿，玉燭寶典八，類聚八二，五百家註韓集八城南聯句祝註引並作莛蓴，於義爲長。古卜筮之具或用竹，或用草。……此云『索花茅』明是以草卜。……故知下『莛蓴』字亦當從艸。(「莛蓴」動詞，本作挻摶。挻摶雙聲連語，猶摶也，摶與揣同，數也。〈說文『諯，數也』，揣諯同〉。字或作端。卜居曰：「詹尹乃端策拂龜」，淮南子說山篇曰『筮者端策』，『端策』並猶韓非子飾邪篇『鑿龜數筴』之數策也。）王註曰『楚人名結草折竹以卜曰篿(原脫篿字，從兩漢書註補，引見下。）篿』。草竹並用，於古未聞。觀漢書揚雄傳註曰『莛蓴，折竹所用卜也』，俱無結草二字，疑王註亦本無此二字。註釋音辯柳先生集一四天對潘註引本書王註正無『結草』二字。蓋別本莛蓴字從艸，舊註云『結草以卜』，王本字從竹，註云『折竹以卜』，後人兩合而並存之，遂如今本。然正因今本註中誤衍『結草』二字，輒足推知衆家舊本正文『莛蓴』二字確有從艸作者爾」。案聞說既殊爲迂曲，亦且自相抵牾。既謂「古卜筮之具或用竹，或用草，」復引御覽七二七引歸藏本筮篇載古卜筮並用草類與竹類之具以爲援。然則又謂「此云『索藑茅』，明是以草卜，……故知下『莛蓴』字亦當從艸」。卜具既或用竹、或用草，何以「筳篿」必當從艸？不可從竹？聞氏豈不見王註明言：「筳，小破竹也；楚人名（結草。華案：二字聞氏以爲王註原本無之。乃今本所誤衍）折竹卜曰篿」。縱以聞氏所引兩漢書註而論，漢書揚雄傳註曰：「筳篿（聞氏誤作「莛蓴」），折竹所用卜也」，後漢書方術傳序註曰：「挻專，折竹卜也」，俱謂「筳篿」乃竹製之卜具。據此，則何以其字必當從艸？聞氏又引王註曰：「楚人名結草折竹以卜曰〈筳〉（原脫筳字，從兩漢書註補）篿」。非是。王逸未言楚人名結草折竹以卜曰筳篿也。玉燭寶典引王逸曰：「楚人折竹結草以卜謂爲篿也」；鶱音「筳」字下引王逸曰：「筳，小破竹也」；「篿」字下又引王逸曰：「楚人名結草折竹卜曰篿」。各本引王註語皆同。可證。是「筳」、「篿」二字，王註分別言之；結草折竹、草竹並用之卜，楚辭故書所載已如此。尤以王註中之「結草」二字，野王與鶱公所見楚辭古本已有之，豈可謂係今本註中誤衍？聞說各端皆謬。朱氏解故云：「離騷此文，正謂求靈草與折竹而卜之也。戴震屈原賦註云：『以，猶與也，語之轉，小斷竹謂之筳篿』，並是也。」張亨輯校亦云：「索藑茅以筳篿者，求取藑茅與（夏炘曰『以猶與也』。）筳篿耳。此亦重言取占卜之物，以命靈氛作占，聞氏謂無草竹並用之卜，泥矣……筳篿是竹卜，故正字宜從竹。從艸每與從竹相亂，故又從艸也」。戴、朱、張各氏說皆是。

命靈氛爲余占之

玉燭寶典八引「氛」作「氣」。蓋因氛字聯想而誤。靈氛古善占者之名。鶱音及各本皆同。不容譌出。

孰信脩而慕之

朱註曰：「占之、慕之，兩之字自爲韵」。江有誥非之。以爲「命靈氛爲余占之」與「孰信脩而慕之」二句無韻。王樹枏又非之，以爲二句非無韻，乃「占」字之誤耳。其離騷註云：「占當爲卜，與慕爲韻，後人誤從下文『欲從靈氛之吉占』句妄添口於卜下耳」。其說劉氏永濟韙之。通箋云：「惟占慕二音，絕不相近，疑占本作卜，卜慕爲韻。蓋卜聲古音在侯虞部，莫聲古音在模魚部，二韻音近旁轉」。郭沫若屈原賦今譯亦云：「慕字意難通，與上句占字亦不合韻。余以爲當是『莫心』二字誤合而爲一者也。心者任也，愛慕之極也。詩所謂『心乎愛矣』，又『中心藏之』。」王、劉、郭三家說似各有理據。然聞氏匡齋咸病之。其駁王、劉二氏說云：「夫此文占慕失韻，久成疑案。朱子二『之』字爲韻之說，固近臆測，後之說者亦未有以易之，故亦莫敢定其必非。逮至近人王樹枏、劉永濟二氏始謂占爲卜之譌。『卜』與『慕』侯魚合韻，余嘗疑其所見視朱子爲後來居上矣。及見龐元莫文昌雜錄二引此文正作卜，則益私喜其說之果信而有徵。今復諦審騷文，乃恍然於二氏之說之非也。遍考古書，凡言筮者，皆自筮而神占之。……本書九章惜誦亦曰：『吾使厲神占之兮』。凡此悉與此文『命靈氛爲余占之』同例。後文『欲從靈氛之吉占兮』，又『靈氛既告余以吉占兮』，俱曰占，不曰卜，尤其確證。王註本文曰『靈氛，古之明占吉凶者』，漢書揚雄傳註引晉灼說曰『靈氛，古之善占者』，足證漢人所見離騷字亦作占。然則此文之誤，不在占字，甚明。（華案：或雜錄有意改「占」爲「卜」，以合韻。亦未可知。）至雜錄所引，自是彼書之誤，不得反據以疑離騷也。……（前引文昌雜錄，據學津討原本。頃見文選旁證二七引雜錄字仍作占，不知所據何本。旁證所引，苟非依今本楚辭改轉，則世之欲助王、劉二氏爲說者，益可以不改自破矣）。」聞說言而有據。其校補又駁郭氏說云：「案慕與占不叶，義亦難通，郭沫若氏謂當爲『莫□』二字。因下一字缺壞，寫者不愼，致與『莫』誤合爲一而成慕字。郭說是也。惟謂所缺一字，耽欽琛探尋朋等必居其一，則似不然。知之者，此字必其音能與『占』相叶，其義又與『求美』之事相應，此固不待論，而字形之下半尤必須能與『莫』相合而成『慕』。今郭氏所擬，音固合矣，義亦庶几近之，於形則殆無一能與『莫』合而成『慕』者。於以知其不然。余嘗準茲三事以遍求諸與『占』同韵之侵部諸字中，則惟『念』足以當之。『念』缺其上半，以所遺之『心』上合於『莫』，卽『慕』之古體『𢡱』（楊統碑、繁陽令碑慕字如此作）矣。念、思也，戀也，『孰信脩而莫念之』，與上下文義亦正相符契。郭氏殆失之眉睫耳」。案聞氏評郭說，乃據郭氏之舊說，郭氏於此「慕」字已別有新解。見諸屈原賦今譯一書者已引如上。其見於「屈原研究」（載於歷史人物一書）一文者亦同。竊維郭氏新說以「慕」字爲「莫心」二字之誤合而爲一者，視聞氏又爲後來而居上矣。蓋「莫心」二字所以致誤合爲一者，以其位置之接近，如：「𢡱」使然。若據聞氏所云，「念」字缺其上半，欲以所遺之「心」上合於「莫」。除非刻意妄爲，否則勢所不能。而況「心」字無論於形，於義、於聲（段玉裁六書音韵表二：心、占古音同在第七部）皆合哉!?郭說甚佳。王師叔岷曰：「然此問題，似尚可增新解。竊疑『慕之』本作『慕止』，『止』與上文『之』叶韵。『止』『之』隸書形近，往往相亂，（史記孔子世家贊王念孫雜志有說。）『止』猶『乎』也，王註：『……欲相慕及者乎』？正釋『慕止』之義，詩齊風南山：『既曰歸止，曷又懷止』？上『止』字與『矣』同義，下『止』字與『乎』同義，『曷又懷止』？猶言『何又思念乎』？彼文之『懷止』，正猶此文之『慕止』也」。王師新解視郭說又益佳！

思九州之博大兮

章句（錢本）「思」作「愢」。洪補（四部叢刊本、惜陰軒叢書本）亦作「愢」。洪考云：「愢，古文思。亦作思」。錢傳亦引一本作「思」。文選各本及今本楚辭多同。

豈惟是其有女

文選（六臣本、淳熙本）、章句（錢本）「惟」字並作「唯」。洪補正作「唯」，洪考引一本作「惟」。「惟」、「唯」古通。說已見上。

曰勉遠逝而無狐疑兮

文選六臣註云：「王逸本無狐字」。洪考、朱註、錢傳亦皆引一本無「狐」字。案六臣所謂王逸本不知係何本。今考唐以前惟文選李善註本（卽淳熙本）無「狐」字。豈六臣所謂之王逸本、卽是李善所據以註文選之本乎？而今本之中，亦止戴氏屈原賦註本與朱氏補註本無「狐」字。戴氏音義云：「一作無狐疑。非」。然梁章鉅文選旁證則云：「六臣本無下有狐字，楚辭本、洪本並有註云：『一無狐字』。案有者是也。下文『心猶豫而狐疑』即其證」。「狐」字之有無，戴、梁言殊。且又各是其是。難以據從。劉氏通箋云：「按上文『心猶豫而狐疑』，猶豫狐疑，相對成文，此因上文誤衍狐字。梁章鉅反援上文爲證，謂有狐字者是，非也。六臣本文選註曰：『王逸本無狐字』。知王逸本初無狐字也，今據刪」。案劉氏無「狐」字說似是，又似非也。緣此句上文「心猶豫而狐疑兮，欲自適而不可」，下文「欲從靈氛之吉占兮，心猶豫而狐疑」，前後兩言「狐疑」，此所以易致誤衍「狐」字之由也。然彼上下文所謂「狐疑」，並當句與「猶豫」一詞相對成文。而此「無狐疑」不與「遠逝」對也。此華所以謂劉氏說似是者。然就句法言，「曰勉遠逝而無狐疑兮」，其中「勉遠逝」確亦與「無狐疑」相對成文。劉氏又焉能止許彼上下文之「猶豫」與「狐疑」相對成文，而不准此句之「勉遠逝」亦得與「無狐疑」相對成文哉？此非各本所以多與底本同之理由乎？

孰求美而釋女

騫音「釋」字下註云：「釋，置也。或作舍字。捨音」。又於「女」字下註云：「汝，屈原也」。朱氏補註亦云：「釋女讀若汝。言天下有好賢之君捨汝何求乎」？是「釋」字騫公所見別有作「舍」之本。然今本皆同底本作「釋」。騫音亦同。

何所獨無芳草兮

洪考云：「草，一作艸；舊作卉」。錢傳亦引一本作「卉」。今案騫音正作「艸」。惟不知作「卉」者係何本。今各本皆同底本。「艸」、「草」正假字。姜註謂「卉蓋艸之形似而譌」。

爾何懷乎故宇

洪考引一本「爾」作「尒」。案作「尒」非是。說文八部云：「尒，詞之必然也」。段註云：「後人多以爾字爲之。凡曰果爾，不爾，云爾……皆訓如此。……古書尒字淺人多改爲爾」。段說是也。作「尒」蓋六朝以來俗誤字。

騫音「宇」作「宅」。註云：「如字。或作宇音」。洪考、朱註並引一本作「宅」。疑卽騫公所據之本。洪補云：「若作宅，則與下韵叶」。朱註亦云：「宅，待洛反。尙書、周禮古文宅、度多通用也」。聞氏匡齋非之。校補云：「案一本作宅，非是。洪興祖曰：『若作宅，則與下韵』。洪意殆謂『宇』去聲，與下文『惡』入聲不叶，改作『宅』則叶也。實則上文索與妒韵，路與索韵，固與惡（入聲美惡之惡）韵，皆去入通叶。卽如本文以女女（汝）宇惡四字爲韵，若嫌宇與惡不叶，而必欲改宇爲宅以叶之，則女汝亦去聲也，又將改爲何字乎？文選亦作宇，諸本並同」。饒宗頤書錄云：「今騫本正作宅，下韵『孰云察余之善惡』。騫音『惡，烏各反』。與好惡之讀

『烏故反』別，是宅正與惡叶也。聞一多校補謂作宅爲非；或據陳第擬音以斥洪說，蓋於騷音未細覈故」。姜氏校註云：「寅按：王逸云『宇，居也』，考古無訓宇爲居者，王逸蓋用爾雅釋言宅居也之訓，因正文誤作宇，故後人乃改註從之也。則王本蓋亦作宅矣。惟洪朱以作宅爲入韻而宇不入韻，則非。宇惡宅皆魚模平上入通韻，皆無殊也，然作宅爲王舊本」。張亨輯校亦云：「今案宇、宅古韻同在魚部，形義亦近，故易相亂。審王註『居也』之訓，與爾雅釋言訓『宅』字同。而與釋詁宇字之訓異，（釋詁『宇，大也』。）王註常據爾雅，此亦或然。疑王所據本原作『宅』字。饒說是矣」。朱氏解故云：「敦煌本楚辭音：『宅，如字；或作宇音』。是舊無作宇之本，或音專行，遂改其字耳。段氏六書音韻表、第五部入聲引離騷：『宅、惡』，是也」。華案此字原本究作「宇」、抑作「宅」、若單循音、抑義以求之，則必失之一隅。必得兼顧音、義與形，方能得其髣髴者。就音而論，誠如洪補所謂：作「宅」則與下「惡」韻叶。段氏六書音韻表五入聲亦以「宅」、「惡」爲韻。然則江有誥楚辭韻讀却以「宇」、「惡」同在上聲魚部；聞氏校補力辨「宇」、「惡」爲韻；姜註云：「惟洪、朱以作宅爲入韻，而宇不入韻，則非。宇、惡、宅皆魚模平上入通韻，皆無殊也」。張亨輯校亦以「宇」、「宅」古韻同在魚部。足見以音而論，無由斷定作「宇」抑作「宅」之孰是孰非。再以義而論，王註「居也」之訓，與爾雅釋言訓「宅」字固合；然與詩大雅綿「聿來胥宇」毛傳之「宇」亦合。（毛傳：「宇，居也」）。廣雅釋詁二亦云：「宇，凥也」。凥，居正假字）。姜註「考古無訓宇爲居者」之說，殊欠謹愼。是作「宇」抑「宅」，於義兩合。再就形而言，則「宅」、「宇」形近易混，果爲致譌之由乎？要之，唐以前已有作「宇」與作「宅」之古本並傳。然作宇，疑是王本之舊。

世幽昧以眩曜兮

文選（六臣本，淳熙本）「世」作「時」。洪考、錢傳並引一本作「時」。避唐諱改也。

章句（錢本、馮紹祖本）「眩」作「昡」。洪本亦作「昡」。考異云：「昡，一作眩」。又補曰：「昡，日光也。其字從日；眩，目無常主也。其字從目。並熒絹切。淮南云：嫌疑肖像者，衆人之所眩耀」。案作「昡」者非是。王註云：「眩曜，惑亂貌」。章句與洪本正文雖並作「昡」，然所引王註仍作「惑亂貌」。知此兩本原亦必作「眩」。龔音、文選各本皆正作「眩」，是楚辭故書已如此。作「昡」疑涉下文「曜」字從日而譌。

孰云察余之善惡

文選（五臣本、六臣本、贛州本、淳熙本、淳祐本）「善」作「美」。洪考、朱註、錢傳亦皆引一本作「美」。案作「美」者非是。文選原亦當作「善」。由李善註所引王逸註語「不知善惡，誰當察我之善情而用己乎」、五臣良註「誰能察我之善惡而用之乎」云云，可證也。姜註云：「屈賦詞例，有善惡無美惡，美字蓋形譌而誤也」。姜說非是。「美」、「惡」形近，容或有譌誤之可能。然謂屈賦詞例有「善惡」而無「美惡」，則失察矣。上文云：「好蔽美而稱惡」。惜誓云：「眩白黑之美惡」。並「美」與「惡」對文與連文之例。雖然，此二例中之「美」，前者一本作「善」，後者王註謂「不能知人善惡之情」，是「美」、「惡」同義可互通。（說文云：美與惡同意。）此或文選本句所以通作「美惡」之理由乎？

章句（錢本）「善惡」作「中情」。洪考、朱註亦並引一本作「中情」。朱子曰：「非是。上文別有此句。此章韵不叶也」。朱說是。騫音正作「惡」、王註又謂「善惡」、「善情」，是楚辭故書已如此。劉氏通箋云：「按文選作『美惡』。疑當作惡美。此二句屬下段，不當與上爲韵，且承上文二美字而言也」。劉說無據，不可信。

民好惡其不同兮

文選（六臣本、淳熙本）「民」作「人」。洪考、錢傳並引一本作「人」。蓋卽此本。作「人」乃避唐諱改。說已見前。

騫音「好」、「惡」二字同。

戶服艾以盈要兮

藝文類聚八十二引「戶」作「扈」。作「扈」是也。「戶」其叚字也。說文邑部云：「扈，夏后同姓所封，戰甘者在鄂。」段註云：「姚察史記訓纂云：『戶、扈、鄂三字一也』。」離騷上文云：「扈江離與辟芷兮」。王註云：「扈，被也。楚人名被爲扈」。九辯云：「扈屯騎之容容」、亦同。五臣銑乃誤以爲「楚國家門比戶皆服艾草」。錢氏集傳亦誤以「戶服」爲「家家佩服之也」。蓋因上文「衆不可戶說兮」之「戶」聯想而誤。然今本多作「戶」。

藝文類聚八十二引「要」作「腰」。錢傳引一本作「䙅」。皆不知係何本。朱註云：「要，於遙反。卽古腰字」。是也。騫音正作「要」。音同「於遙反」。疑藝文類聚以今字代替古字。各本皆同底本作「要」。可證。姜註云：「䙅則後起衣䙅專字也」。蓋是。

謂幽蘭其不可佩

章句（文徵明書、黃省曾本、夫容館本、朱燮元本、馮紹祖本、閔齊伋本、凌毓枏本、乾本）「其」皆作「兮」。章句（袖珍本、俞初本）則並作「之」。洪考、朱註、錢傳皆引一本作「兮」、又一本作「之」。蓋卽此二本也。案作「兮」者非是。作「之」者通假字也。姜註謂：「之字不詞」；沈氏證辨云：「其與之皆衍文」。姜、沈二氏說並謬。作「兮」所以非是者，以不合離騷句中不用「兮」字之文例故也。又「之」、「其」古書多通用。呂氏春秋音初篇：「之子是必大吉」。註云：「之，其也」。荀子王制篇：「之所以接下之人百姓者」，議兵篇作：「其所以接下之人百姓者」。王制篇王先謙集解云：「荀書多以之爲其。富國篇『以奪之財、以奪之食，以難其其』，二之字與其連文，亦訓爲其」。詩采綠篇：「之子于狩，言韔其弓；之子于釣，言綸之繩」。裴學海古書虛字集釋九云：「之與其爲互文」。皆其例。張亨輯校云：「袖珍本、俞初本『其』並作『之』亦誤」。非是。文選與藝文類聚八十二引此並同。

覽察草木其猶未得兮

朱註、錢傳並引一本無「覽」字。非是。據逸註「察，視也。……觀視衆草（據文選註引。洪補引脫「視」字」）、竇音「觀，古丸反」，是王本及竇公所據本並以「觀」訓「覽」之證。有者是也。各本皆有之。

洪考云：「草一作艸，一作卉」；錢傳云：「草一作艸」。案「艸」、「草」，正假字。「卉」亦「艸」也。說見上文「何所獨無芳草兮」條。

洪考、朱註、錢傳皆引一本「猶」作「獨」。文選淳熙本正作「獨」。朱子曰：「非是」。是也。猶、獨古本通用，然此當作猶。據王註「觀視衆草尚不能別其香臭」云云，是王本原作「猶」字。姜註亦云：「猶未得，與下文豈字相呼應，獨者形近而誤也」。「猶」、「獨」形近說固嫌勉強，「猶……豈……」字上下相呼應，尚可通。

豈珵美之能當

騫音「珵」字同。註云：「本或作瑤字，非也。郭本止作程字。取同音」。是騫公所見尙有作「瑤」與作「程」之本，與今本皆別。王註云：「珵，美玉也。相玉書云：珵大六寸，其耀自照」。朱氏補註云：「珵，疑卽珽字。笏也。玉笏之首不抒者也。凡六寸通下玉笏共長三尺」。說文無珵字。而有珽字。玉部云：「珽，大圭，長三尺」。段註云：「珽，王逸引相玉書作珵」。儀禮士喪禮「竹笏」鄭註：「天子搢珽」。校勘記云：「珽，釋文作珵。云：本又作珽。同。張氏曰：監本作珵」。是「理」、「珽」同字。作「瑤」、「程」並誤。

蘇糞壤㠯充幃兮

騫音「蘇」字同。惟註云：「宜作穌。同私胡反」。說文艸部云：「蘇，桂荏也」。段註云：「桂荏，今之紫蘇。蘇之叚借爲樵蘇」。禾部云：「穌，杷取禾若也」。段註云：「離騷『蘇糞壤以充幃兮，謂申椒其不芳』。王逸曰：『蘇，取也』。韓信傳曰：『樵蘇後爨，師不宿飽』。漢書音義曰：『樵，取薪也。蘇，取草也』。此皆假蘇爲穌也。蘇，桂荏也。蘇行而穌廢矣」。騫、段二氏說並是。作「穌」固是矣，但各本皆假「蘇」爲之。且自王逸、騫公所據本已然。

文選（六臣本、淳熙本）「㠯」作「以」。洪考、錢傳並引一本作「以」。「㠯」、「以」古今字。

錢傳云：「幃，單帳也。一說幃與禕同。許歸反。今香囊也」。騫音於下文「樧又欲充夫佩幃」

之「幃」下註云：「又禕，又緯，同許韋反」。是「幃」又通作「禕」與「緯」。原本玉篇糸部「緯」字下野王註曰：「楚辭或以此爲幃字。幃，香囊也。音呼違反，在巾部」。說文巾部云：「幃，囊也」。段註云：「離騷『蘇糞壤以充幃』。王逸曰：『幃謂之幐。幐，香囊也』。按凡囊皆曰幃曰幐。王依文爲說，則謂之香囊耳。或曰爾雅『婦人之褘』亦作幃，是許所云幃也。今按此與爾雅之袂無涉。釋器曰：『婦人之褘謂之縭。縭，緌也』。郭云：『即今之香纓。女子旣嫁之所著，示繫屬於人』。詩『親結其縭』。毛云：『縭，婦人之褘也。母戒女施衿結帨』。孫炎釋爾雅『婦人之褘』云：『帨巾也』。禮之纓必以采繩。詩、爾雅之褘、縭乃帨巾。其不相涉甚明。景純註非許以囊釋幃，亦斷非釋器及毛詩之褘也」。段說是也。則「幃」本字，「禕」、「緯」並借字。騫音及各本正皆作「幃」。

聞氏校補「覽察草木其猶未得兮，豈珵美之能當？蘇糞壤以充幃兮，謂申椒其不芳」條下云：「今本四句中，上二句與下二句互易，則緦理亂而文義晦矣。姑著此疑，以俟達者」。聞說除臆測而外，別無內證實據。殊難服人。今據騫音「珵」、「蘇」、「幃」字之排列秩序觀之。是騫公所見古本之句序與今本同。上二句未必與下二句互易也。

欲從靈氛之吉占兮心猶豫而狐疑

漢書揚雄傳晉灼註引同。文選張平子思玄賦註引此「氛」字誤作「氣」。

巫咸將夕降兮懷椒糈而要之

饔音「椒」字同。註云：「又梂，又茮。同子遙反」。是饔公所見，隋時傳世尚有作「梂」與作「茮」之本。與各本皆異。文選張平子思玄賦註引此同。史記日者列傳集解引下句亦同。劉師培考異云：「說文繫傳卷一、卷十二並引椒作桂。疑誤」。姜註亦云：「字形之誤也」。然沈氏證辨則曰：「椒作桂，小徐所見本異。然註出椒香物。椒字上已出，不當叠用。桂亦香物也。此字似當从桂爲允」。沈說牽強。據饔音「椒，又梂，又茮」、王註「椒，香物，所以降神」云云，知楚辭故書已如此。今傳亦別無作「桂」之本，桂蓋梂之誤。梂乃椒之省。椒與茮同，說文有茮無椒。漢書揚雄傳孟康註引下句「糈」作「稰」。案說文無「稰」字。禮記內則「黃粱稰穛」，鄭註云：「熟穫曰稰，生穫曰穛」。說文米部云：「糈，粮也」。段註云：「凡粮皆曰糈。離騷王註曰：『糈，精米。所以享神』。其一耑耳」。據此，則熟穫之稰亦又糈之一耑也。饔音「糈」字同。註云：「依字宜先呂反。說文曰：『糈，粮也』。聲類曰：『糈，糤也』。案今以祠神米爲糈。音駛呂反。王逸云：『糈，精米，所以享神也』。宜作⿰礻胥字。駛呂反。說文：『祭貝也』。見示部。或從貝。字林貾字所音。從貝」。洪補曰：「糈，音所」。與字林「貾」字音合。洪補引孟康曰：「椒糈以椒香米饊也」。「饊」亦與聲類「糤」字同。蓋古從「食」與從「米」之字多同。如說文「飷」又作「粗」、分屬食、米二部。說文示部云：「⿰礻胥，祭且也」。段註云：「

山海經（華案南山經「糈用稌米」）離騷經皆作糈。王逸曰：『糈，精米，所以享神』。郭璞曰：「糈，祭神之米名」。疑許君所據二書作稰」。段疑有理。與靍公「宜作稰字」意合。而靍公訓「糈」爲「祠神米」，蓋亦本許書、王註、郭語爲說也。說文貝部云：「𧵍，齎財卜問爲𧵍」。段註云：「按糈皆當作𧵍。同音假借。𧵍所以餽卜者也。祭神米曰糈。卜者必禮神，故其字亦作糈」。段說蓋是。足見靍公「糈」字「或從貝」、並援字林「𧵍」字爲說之有徵也。

百神翳其備降兮

文選張平子思玄賦註引「百」誤作「白」。靍音「降」字同。

九疑繽其並迎

章句（文徵明書、黃省曾本、夫容館本、朱燮元本、馮紹祖本、袖珍本、閔齊伋本、俞初本、凌毓枏本、乾本）「疑」皆作「嶷」。（案九歌湘夫人「九嶷繽其並迎」。底本及各本亦多作「嶷」，洪、朱並引一本作「疑」。）洪考、朱註、錢傳亦皆引一本作「嶷」。案「疑」正字，「嶷」乃後起字。水經湘水「又東北過泉陵縣西」註云：「營水出營陽泠道縣南山。西流逕九疑山下。蟠基蒼梧之野，峰秀數郡之間。羅巖九舉，各導一溪。岫壑負阻，異嶺同勢，遊者疑焉。故曰九疑山」。洪補、朱註並引漢紀顏師古註云：「疑，似也。山有九峰，其形相似。遊者疑焉。故曰九疑也」。酈、顏二氏說並是。「疑」爲正字。

朱氏解故云：「繽故書當爲賓，讀如賓于四門。王逸以爲繽紛字，非也。漢書郊祀歌華爗爗十五云：『神之揄，臨壇宇。九疑賓，夔龍舞』。此楚聲也，字正作賓。楚俗降神，蓋有使巫飾爲九疑之神，以賓迎尊神者。夔龍舞，所以虞神，亦巫飾之爾。昔之說書者專以爲想像之辭，胥失之矣」。朱說固似有理。惜無直接內證以爲援。今據王註「繽，盛貌」、騫音「繽、匹賓反」云云，知王、騫二本作「繽」，與今本皆同。未必各家所說專爲想像之辭也。

陳第音義：「迎音寤，迓也。吳才老讀或謂恐是遻字之誤」。江有誥韵讀云：「迎當作迓，音寤」。戴氏屈原賦註：「迎」正作「迓」。其音義云：「迓，古音御。或譌作迎。因九歌湘夫人文誤」。劉氏通箋韙之。沈氏證辨亦云：「迎當爲迓。此作迎者，涉湘夫人而譌。迎與故不叶。段玉裁曰：迎，離騷合韵故字，讀如魚。段說未諦。朱駿聲未舉迎爲迓之譌。迓迎形近。爾雅釋詁：迓，迎也。釋文迓本作訝。說文以訝爲之。訝，相迎也。周禮曰：諸侯有卿訝也。徐鍇曰：周禮使將至使卿訝，謂以言辭迎而勞之也。大徐本補入迎字，迓故叶」。案各說皆似是而非。尤以「迎」與「故」不葉爲最。騫音正作「迎」。註云：「魚敬反」。洪、朱並音「魚慶反」。朱子且云：「葉音御」。朱氏補註云：「迎讀爲逆。迎逆雙聲」。沈氏責朱氏未舉迎爲迓之譌者，以迎字本不誤故也。易培基校補云：「案迎與下句『告余以吉故』爲韵，是「迎應讀去聲。史記天官書『迎角而戰者不勝』，徐廣曰：『迎亦作御』，是迎之古音，與御同也。又按元本迎作迓、迓御一聲」。

二朱氏與易氏說正同。段玉裁六書音韵表四：「迎，本音在第十部。離騷合韵故字，讀如魚」。段說是。魚陽古音合韵例所多有。王樹枏離騷註云：「古者陽、魚同入，故相爲韵，迎之韵故，猶詩桓家之韵王、方，禮記樂記廣之韵旅、鼓、雅、語、下也」。王說得之。騫音及各本皆作「迎」。不誤也。

皇剡剡其揚靈兮

後漢書張衡傳註、文選張平子思玄賦註引並同。

騫音「剡剡」二字同。

曰勉陞降以上下兮

文選（六臣本、五臣本、淳熙本）、章句（文徵明書、錢本、馮紹祖本）「陞」皆作「升」。洪考、朱註亦並引一本作「升」。蓋卽此本。廣雅釋詁一云：「陞，上也」。說文斗部云：「升，十龠也」。「陞」、「升」正假字。經傳多借「升」爲之。俗或加日作昇。韵會作「陞」。

騫音「曰」、「陞」、「降」、「上」、「下」各字同。

求榘矱之所同

說文萑部引、及文選（六臣本、五臣本、贛州本、淳熙本、淳祐本）「榘」皆作「矩」。洪考、朱註、錢傳皆引一本作「矩」，疑卽此本。「矩」乃「榘」之隸省。說文萑部引「矱」作「彠」。洪考、朱註、錢傳皆引一本作「彠」。騫音同底本。惟註云：「宜作彠。又蒦同。……廣疋曰：『彠，度也。度，徒各反』。字林曰：『彠，郭也』。」作「彠」是也。許君所據楚辭古本與騫公音本及今本悉異。

說文萑部引「同」與底本同。惟孫詒讓札迻曰：「七諫謬諫云：『不量鑿而正枘兮，恐矩矱之不同』。洪校云：『同一作周』。此同亦當作周，與下調協。同周形近。上文云：『何方圜之能周兮』。註云：『言何所有圜鑿受方枘而能合者』。洪校亦云：『周亦作同』。以彼及七諫別本證之，知此同亦當作周也。淮南子氾論云：『有主於中而以知榘彠之所周者也』。淮南王嘗爲離騷傳，氾論所云，必此本文。然則漢本固作周矣。自今本誤作同，而與調韵不協，考古者遂滋異論。江永古韵標準以爲古人相效之誤，戴氏音義同。段玉裁六書音均表則以爲古音三部與九部之合韵。兪正燮癸巳類稿又以爲雙聲爲韵，殆皆未究其本矣」。劉氏通箋云：「按孫說足發千古之疑。朱駿聲但疑調字爲詷之形誤，而未敢遽定周字爲同之誤字（華案，當作「同爲周之誤字」），亦好古之失也」。沈氏證辨亦以爲「孫說允，作周與調韵」。案孫、劉、沈各氏說是也。詳見上文「說文引楚辭考」：「求榘矱之所同」條。

湯禹儼而求合兮

朱註、錢傳並引「儼」一本作「嚴」。騫音正作「嚴」（洪補本亦作「嚴」。洪考引一本作「儼」）。騫音註云：「魚儉反。邇疋云：『儼，敬也』。」騫公蓋引釋詁文。郭註云：「儼然敬貌」。王註本爾雅爲說。「儼」、「嚴」正假字。

摯咎繇而能調

騫音「摯」字同。註云：「伊尹名」。疑本王註。

文選（六臣本、淳熙本）「咎」作「皐」。然註文仍同底本作「咎」。洪考、朱註、錢傳皆引一本「咎繇」作「皐陶」。姜註云：「咎繇、皐陶、皐繇，經典皆通用」。惟皐當作臯，皐乃臯之俗變也。

苟中情其好脩兮

後漢書張衡傳註、文選張平子思玄賦註引並同

又何必用夫行媒

文選（六臣本、贛州本、淳熙本、淳祐本）無「又」字。洪考、朱註、錢傳皆引一本無「又」字，蓋卽此本。劉氏通箋云：「無又字是」。劉說非是。「又」字與上文「苟」字相呼應。五臣本文選、章句（朱書、文徵明書、錢本、馮紹祖本）皆同。

騫音「夫」、「行」二字同。

張亨輯校謂章句（袖珍本、俞初本）誤奪「必」字。

說操築於傅巖兮武丁用而不疑

漢書揚雄傳晉灼註引此「用」下衍「之」字。

騫音「說操」二字同。

及年歲之未晏兮

白帖六引同。騫音「晏」字同。

時亦猶其未央

洪考、朱註、錢傳皆引一本「其」作「而」。五臣本文選正作「而」。聞氏校補云：「案『猶其』二字當互乙。上文『雖九死其猶未悔』，『唯昭質其猶未虧』，『覽余初其猶未悔』，『覽察草木其猶未得兮』，並作『其猶未』，可證。王註曰：『然年時亦尙未盡』，正以『尙未』釋『猶未』，是王本未倒」。聞說確甚。又上文「雖體解吾猶未變兮」，下文「芬至今猶未沬」；九章思美人「羌馮心猶未化」；九歎怨思「時溷濁猶未清兮」、「世殽亂猶未察」；憂苦「猶未殫於九章」；九歎遠遊「時溷濁其猶未央」，皆其例。尤以劉向九歎遠遊「時溷濁其猶未央」句最爲因襲屈子「時亦其猶未央」原文之鐵證。「其」猶「殆」也。

恐鵜鴂之先鳴兮

史記曆書「秭鴂先滜」索隱引「恐」作「慮」。與各本皆異。漢書揚雄傳反離騷「徒恐鷤䳏之將鳴兮」、玉燭寶典五引、騫音、及後漢書張衡傳註、文選張平子思玄賦註、阮嗣宗詠懷詩註引皆同。是西漢、隋、唐以來古本及今本無不如此。史記索隱引誤。

玉燭寶典五引「鵜鴂」作「題鴂」，騫音引廣疋、史記曆書索隱、漢書揚雄傳反離騷及師古註、後漢書張衡傳註引皆作「鷤䳏」；騫音作「鷤鴂」，惟「鴂」字下註云：「又䳏同」。文選各本作「鷤鴂」；後漢書張衡傳、及文選張平子思玄賦註、阮嗣宗詠懷詩註引皆作「鶗鴂」。是「鵜」字有作「題」、「鷤」、「鶗」之分。洪考、朱註並引一本「鵜」作「鷤」。錢傳亦引一本作「鷤」、又一本作「鶗」。「鴂」字又有作「䳏」之本。錢傳亦引一本作「䳏」。以音求之，騫音：「鷤，逵計、逵兮，徒典三反；鴂，古惠、古穴、古典三反」。史記索隱云：「鷤，音弟；䳏，音圭」；漢書揚雄傳註云：「鷤，音題；䳏，與鴂同鴕音」；洪補云：「鶙，音提；鴂，音決，一音弟；桂，一音殄絹」；朱註云：「鶙，音題，一音弟；鴂，音決，一音桂」；錢傳云：「鶙、鷤、鶗皆音提；鴂、鴂皆音決，又音桂」。據此，則「鶙」、「鷤」、「鶗」皆同音通假。作「題」或聲、形並近而誤也。同理；「鴂」與「鳴」亦同音通假。以義求之，王註云：「鶙鴂，一名買䳁。常以春分鳴也」。文選五臣向註云：「鷤鴂，鳥名。秋分前鳴則草木凋落」。謇音「鷤鴂」下註云：「文釋曰：『鶗鴂一名鵙。（華案：謇公誤作「鵙」，今據毛詩七月校勘記，說文鳥部及唐石經正。）今謂之伯勞。順陰氣而生。賊害之禽也』。王逸以為春鳥，謬矣。廣疋：『鳴鳴，布穀也』。案江之意，秋時有之。詩云：『七月鳴鵙』。毛傳云：「鵙，伯勞也』。箋云：『伯勞鳴，將寒之候』。」（案文釋聞氏謇音跋以為當即釋文之例。蓋隋唐以前舊籍。而江則是釋文作者之姓。饒氏書錄非之。以為文釋乃一切經音義所引文字釋訓、文字釋要之省稱。又曰：「謇公言『江之意』，其人無考，江或註字之誤，豈指思玄賦註歟？疑莫能明也」。「文釋」果為「釋文」之倒，抑為「文字釋訓」、「文字釋要」之省？以無確徵，未能定聞說之必是，抑饒說之必非。然饒氏以「江」為「注」字之誤，並指「江之意」為思玄賦舊註，則謬矣。今案洪補云：「按禽經云：巂周，子規也。江介曰：子規，蜀右曰杜宇，又曰鶗鴂，鳴而草衰。註云：鶗鴂，爾雅謂之鵙。左傳謂之伯趙。然則子規、鶗鴂二物也。月令仲夏鵙始鳴。說者云：五月陰氣生於下，伯勞夏至應陰而鳴。詩曰：七月鳴鵙。箋云：伯勞鳴，將寒之候也」。洪氏所引「江介曰」。與騫音「江之意」正同。則江乃南齊人江介明矣。容當另考，玆不旁贅。）饒氏書錄云：「又音引廣疋：『鷤䳏，布穀也』。按後漢書張衡傳章懷註引廣雅語亦同。然廣雅釋鳥原文云：『鷤䳏、鷶鵤，子規也』。『擊穀、鴶鵴，布穀也』。騫公實混爲一條。至章懷之誤，王念孫疏證已糾其失矣」。漢書揚雄傳師古註云：「鷤鳺鳥，一名買鵤，一名子規，一名杜鵑，常以立夏鳴。鳴則衆芳皆歇」。劉氏考異云：「案鳺當作鴂。史記曆書『秭鳺先滜』（徐廣本作子規。今俗本或誤缺。）索隱本作鷤䳏。……解者以鷤䳏爲杜鵑也。是索隱所據楚詞鳺字作䳏。後漢書張衡傳註、漢書揚雄傳顏註、羅願爾雅翼引此亦作鷤䳏。……據顏說似作䳏爲本字，鳺卽䳏字段文。王以買鵤爲訓。鵤鳺䳏並音近字也。惟隋唐已有作鳺之本。玉燭寶典五引作題鳺。又云其音鵙。故以音自名，始以題鳺卽鳴鳥。故文選思玄賦註、詠懷詩註並引作鶗鳺。任淵山谷詩內集註卷十二引作鷤䳏。卷六及事類賦註二十四亦均引作鶗鳺。廣韻因之遂列題鳺於十六屑。鳺字註、洪氏補註亦因之以音決爲本音。並以子規鶗鳺爲二物。誤之甚矣。」顏、劉二氏說並是。鵜鳺一名鷤䳏、一名題鳺、一名鶗鳺、一名巂周、一名子規、一名買鵤、一名杜鵑，又名鵙、伯勞，皆一禽之別稱異名也。張亨輯校又云章句（朱燮元本、凌毓枬本）「鳺」並作「頍」。其字之誤，正同「鶗」之作「題」。

使夫百草爲之不芳

文選（六臣本、贛州本、淳熙本、淳祐本）無「夫」字。洪考、朱註、錢傳皆引一本無「夫」字。疑卽此本。然鶱音、五臣本文選、章句各本、及史記歷書索隱、漢書揚雄傳註、後漢書張衡傳註、文選阮嗣宗詠懷詩註引皆有之。又文選張衡思玄賦註引「夫」作「乎」。「夫」、「乎」古通。亦可爲有「夫」字之旁證。

洪考引一本「草」字作「艸」、一本作「卉」。案艸與草、卉，古今字也。說已見前。

洪考、朱註、錢傳皆引一本無「爲」字。五臣本文選正無「爲」字。姜註云：「無爲字不詞，有之是也」。鶱音、文選（各本。除五臣本外）、章句各本、史記歷書索隱、漢書揚雄傳註、後漢書張衡傳註、文選張平子思玄賦註、阮嗣宗詠懷詩註引皆有之。

漢書揚雄傳註引無「之」字。與各本異。（附案：一本無「爲之」二字。劉氏考異云：「案事類賦註二十四引作『使百草兮不芳』。）

何瓊佩之偃蹇兮衆薆然而蔽之

文選（六臣本、贛州本、淳祐本）「佩」作「珮」。洪考、朱註、錢傳亦皆引一本作「珮」。疑卽此本。佩、珮正俗字，前已有說。北堂書鈔一二八引同。鶱音「偃」、「蹇」、「薆」三字同。

惟此黨人之不諒兮

騫音、文選（六臣本、五臣本、贛州本、淳熙本、淳祐本）「諒」皆作「亮」。洪考、朱註、錢傳皆引一本作「亮」。蓋卽此本。騫音註云：「亮、宜作諒。諒，信也。同力仗反」。騫公說是也。「諒」、「亮」正假字。文選註引王註云：「逸曰：『信，亮也』。」『信，亮也』。當作『亮，信也』。「信」乃「諒」之釋文（見說文）。疑王本原亦作「諒」，後人乃以「亮」代之。無怪乎騫公謂：「宜作諒」。

時繽紛以變易兮

文選（六臣本、淳熙本）、章句（錢本）「以」並作「其」。朱註謂一本作「其」。洪補本作「其」。洪考、錢傳並引一本作「以」。「以」、「其」古通。傳疏亦二字互訓。其例習見。詳裴學海古書虛字集釋卷一。

蘭芷變而不芳兮荃蕙化而爲茅

後漢書趙壹傳註引同。藝文類聚八十二引此「芳」作「芬」。涉同義複詞「芬芳」字而誤。文選顏延年呈從兄散騎車長沙詩註、北堂書鈔三十引下句並同。一切經音義八十四引下句無「而」字。

騫音「芷」、「蕙」、「茅」三字皆同。惟「荃」作「蓀」。註云：「蘇存反。司馬相如賦云：

『葴蒠若蓀』，是也。本或荼（華案：應爲「荃」字之筆誤）。非也。凡有荼字悉蓀音」。案說文無「蓀」字。艸部云：「荃，芥脃也」。段註云：「此字據上下文，則非楚詞荃字也」。離騷：「荃不察余之中情兮」，王註云：「荃，香草也」。九章抽思：「數惟蓀之多怒兮」，王註亦云：「蓀，香草也」。文選司馬相如上林賦：「葴持若蓀」，郭璞註云：「蓀，香草也」。洪慶善曰：「荃與蓀同」。楚辭「荃」、「蓀」恒通用。吳仁傑離騷草木疏蓀、荃不分。可證也。

何昔日之芳草兮今直爲此蕭艾也

洪考引「草」一本作「艸」、又一本作「卉」。未知係何本。文選五臣本、及藝文類聚八十二引此並無「蕭」、「也」二字。洪考、朱註、錢傳皆引一本無「蕭」、「也」二字。疑卽此本。王註云：「言往昔芬芳之草，今皆直爲蕭艾而已」。洪補曰：「顏師古云：齊書太祖云：詩人采蕭。蕭卽艾也。蕭自是香蒿，古祭祀所用，合脂爇之以享神者。艾卽今之灸病者。名既不同，本非一物。詩云：彼采蕭兮；彼采艾兮。是也。淮南曰：膏夏紫芝與蕭艾俱死。蕭艾賤草，以喻不肖」。洪引淮南，見俶眞篇：「蕭艾賤草，以喻不肖」。乃高誘註。蕭、艾二物，吳仁傑離騷草木疏言之甚明。然二物往往連言，自淮南王氏章句已然。章句今本皆同。

余以蘭爲可恃兮羌無實而容長

文選顏延之祭屈原文註引「容」作「害」。據王註「內無誠信之實，但有長大之貌」、文選五臣翰註「乃無實材，但容貌長大而已」云云，知叔師以來以至唐前古本已作「容」。註引作「害」，蓋害，隸書作害，與容形近而誤也。各本皆作「容」。不誤。

苟得列乎衆芳

文選（六臣本、贛州本、淳熙本、淳祐本）「列」作「引」。註引王註同。洪、朱、錢三家皆失校。案「引乎衆芳」及文選註（五臣註除外）引王註「引於衆賢之位」並爲不詞，疑文選註（五臣註除外）引王註語所以亦作「引」者，乃因正文之誤而改。原本決不作「引於衆賢之位」也。

椒專佞以慢慆兮

淳熙本文選李善註引「佞」作「侫」。章句（文徵明書）亦作「侫」。與各本異。說文女部云：「佞，巧讇高材也」。韓詩外傳云：「佞，詔也」。是「佞」正字。「侫」乃俗誤。鬗音「慢」作「慢」。六朝俗字也。洪考、朱註、錢傳皆引一本作「謾」。未悉所指何本。劉師培考異、聞氏校補並謂：「文選祭屈原文註引作謾」。今考文選（六臣本、五臣本、贛州本、淳熙本、淳祐本）皆作「慢」。不知劉、聞二氏所指文選究係何本？疑劉氏疏訛在先，而聞氏乃復傳其訛。朱註又引一本作「漫」。洪考引釋文作「嫚」。錢傳則謂：「陸氏作嫚」。案釋文作者無考。而錢傳屢稱陸氏，前文疑此陸蓋陸善經。唐寫本文選集註屢稱引「陸善經本云某」、「陸善經本某爲某」云云。玉海五十四引集賢註記、支那學九卷第一號載日本新美寬「陸善經之事蹟」皆謂陸善經有文選註之作。（參見饒宗頤楚辭書錄第一一八至一二四頁）則錢傳「陸氏作嫚」云者，似指陸氏文選離騷註，與洪補所引釋文無關。然則作「嫚」正「慢慆」之本字。說文女部云：「嫚，侮傷也」。段註云：「嫚與心部慢字音義同」。姜註亦云：「慢慆連文，則作嫚爲本字。說文：『侮傷也』。慢則或亦字，說文一曰不畏也。廣雅釋詁：『慢，傷也』。漫則借字矣」。姜說蓋是。文選（六臣本、五臣本、贛州本、淳熙本、淳祐本）、章句（文徵明書、錢本、馮紹祖本）文選顏延年祭屈原文註、北堂書鈔三十、藝文類聚八十九引皆同底本作「慢」。

騫音、文選（六臣本引王註、贛州本、淳熙本、淳祐本）、及顏延年祭屈原文註、北堂書鈔三十、藝文類聚八十九引「慆」作「謟」。洪考、朱註、錢傳亦皆引一本作「謟」。騫音註云：「謟，又慆。宜作滔，同他牢反。書曰：『象恭滔天』。孔曰：『滔，謾也』。詩云：『日月其滔』。毛曰：『滔，過也』。王逸曰：『滔，淫也』。」案騫公說是。說文無「謟」字。水部云：「滔，水漫漫大皃」。心部云：「慆，說也」。段註云：「說，今之悅字。尚書大傳：『師乃慆』，註曰：『慆，喜也』。可證許說。悉蟀傳曰：『慆，過也』。東山傳曰：『慆慆，言久也』。皆引申之義也。古與滔互叚借」。王註「慆，淫也」。正與許訓「滔」字義合。則「滔」、「慆」正假字也。又左哀十七年傳：「天命不謟」。釋文云：「謟，本又作滔」。則「謟」又「滔」之假矣。

榝又欲充夫佩幃

文選顏延年祭屈原文註引「榝」誤作「極」。形近而譌。騫音、文選各本、章句各本皆同底本。惟騫公音「疏黠反」，而六臣文選、洪補、朱註、錢傳則皆音「殺」。

藝文類聚八十九引脫「欲」字。

文選（六臣本、五臣本、贛州本、淳熙本、淳祐本）「夫」作「其」。洪考、朱註、錢傳亦皆引一本作「其」。疑即此本。朱子曰：「作其非是」。姜註亦云：「作夫是也」。案朱、姜說並未允。「夫」猶「其」也。乃指示代詞。二字古書往往通用。傳註亦多互訓。如禮記大學：「菑必逮夫身」，晏子春秋內篇雜上云：「禍必及其身」。文義正同。「夫身」猶「其身」也。戰國策趙策一：「知伯身死國亡地分，爲天下笑。此貪欲無厭也；夫不聽知過，亦所以亡也」。「夫」亦「其」也。（又參裴學海古書虛字集釋卷十）。文選顏延年祭屈原文註、藝文類聚八十九引並同底本作「夫」。劉師培考異、張亨輯校、姜氏校註皆謂藝文類聚八十九引「夫」作「其」，不知所據類聚係何本？疑張、姜二氏乃傳劉氏之訛。如劉氏於類聚引此脫「欲」字亦失校。

文選顏延年祭屈原文註引「幃」作「緯」。章句（錢本）作「褘」。錢氏集傳云：「褘，一作幃……褘、幃同許歸反」。原本玉篇糸部「緯」字下野王曰：「楚辭或以此為幃字」。騫音同底本作「幃」。註云：「又褘、又緯。同許韋反」。是野王與騫公所見隋前楚辭別有作「褘」與作「緯」之本。此二別本又為有唐李善註文選、有宋錢氏杲之傳離騷之所據矣。又張亨輯校謂章句（米書）作「韋」，疑是壞字。「褘」、「緯」同為「幃」之假字。

既干進而務入兮

洪考、朱註、錢傳皆引一本「而」作「以」。姜註云：「作以是也」。案作「而」亦未為非。蓋「而」猶「以」也。二字古書往往通用。參見王引之經傳釋詞卷七。

固時俗之流從兮

文選（六臣本、贛州本、淳熙本、淳祐本）、章句（元本、錢本、文徵明書、黃省曾本、夫容館本、朱燮元本、馮紹祖本、袖珍本、閔齊伋本、俞初本、凌毓枏本）「流從」皆作「從流」。洪考、朱註亦並引一本作「從流」，疑卽此本。聞氏校補云：「案當從一本作從流。『從流』古之恒語。孟子梁惠王下篇曰：『從流下而忘反謂之流，從流上而忘反謂之連』，韓詩外傳一『從（原誤促，據御覽七四引及列女傳貞順篇改）流而挹之，奐然而溢之』，本書哀郢曰『順風波以從流兮』，九歎怨思曰『願（原誤顧）屈節以從流兮』。詩伐檀釋文引韓詩薛君章句『順流而風曰淪』，文選雪賦注引作從流，晏子春秋諫下篇『順流九里』，類聚八六，御覽九三二並引作從流，是從流卽順流也。王註曰：『隨從上化，若水之流』，是王本正作從流。文選亦作從流。錢本，王鏊本，朱燮元本，大小雅堂本並同。」聞說固是。「從流」本古之習語。然有時亦可倒用，惜誓云：「俗流從而不止兮」，王註云：「楚國俗人流從諂諛不可禁止」。與本句之語例正同。據五臣註「固此諂佞之俗流行相從」云云，知唐以前固已有作「流從」之本矣。若戴震音義所謂：「流從，一作從流，非」。則又略嫌偏激矣。洪考云：「一本從誤作徙」。姜註謂：「徙從形近之誤也」。「徙」、「從」形誤固甚可能，疑或淺人刻意改「從」作「徙」，以順「流變」、「徙移」之義。

又況揭車與江離

爾雅釋草「藒草，芞輿」，郭註云：「藒草，香草。見離騷」。是郭所見楚辭「揭」作「藒」。邢疏引作「⿰禾曷」，與郭所見本及今本俱不同。尤有進者，卽與宋人所見本又有不同也。如洪考、錢傳並引一本作「藒」。皆異於今本。然則今本亦淵源有自，非僅文選、章句各本同，騫音亦同。則所謂今本，隋、唐以來已如此也。

文選（六臣本、贛州本、淳熙本、淳祐本）、章句（袖珍本、俞初本、乾本）「離」皆作「蘺」。

洪考、錢傳並引一本作「蘺」。胡氏考異云：「案蘺當作離。上『扈江離』無艹，似不當歧異也。楚辭二字皆作離。洪興祖補註云：『文選離作蘺』。謂五臣也，袁、茶陵二本正如此。但皆不著校語。蓋非」。胡說蓋是。

惟茲佩之可貴兮

章句（元本、文徵明書、黃省曾本、夫容館本、朱燮元本、馮紹祖本、袖珍本、閔齊伋本、俞初本、凌毓枬本、乾本）「之」皆作「其」。洪考、朱註、錢傳亦皆引一本作「其」。蓋即此本。案「之」猶「其」也。說已見前。（又吳棫才老者韵補引「兮」作「之」。不合離騷文例。非是。）

芳菲菲而難虧兮

原本玉篇亐部、文選劉孝標重答劉秣陵沼書註引並同。騫音「菲菲」二字亦同。劉師培考異云：「原本玉篇亐部引菲菲作霏霏」。案劉說誤。今考野王引實同。惟作「菲菲」耳。姜註亦因劉氏之訛而訛。洪考、朱註、錢傳皆引一本「而」作「其」。未審何本。然「而」、「其」古書通用，二字往往互訓也。（說見裴學海古書虛字集釋卷七。）文選張平子思玄賦註引「而」作「兮」，則誤矣。蓋不合離騷文例。

洪考引一本「虧」作「虧」。又洪補引王註語亦作「虧」。今章句（文徵明書、錢本）正作「虧」

原本玉篇亏部「虧」字下野王云：「或爲虧字，在兮部」。今案說文兮部無「虧」字。惟亏部云：「虧，氣損也。虧，虧或從兮」。段註云：「亏、兮皆謂氣」。是「虧」爲「虧」之異體。

芬至今猶未沬

五臣本文選「芬」字重作「芬芬」。洪考、朱註、錢傳皆引一本作「芬芬」。張亨輯校引梁章鉅文選旁證云：「六臣本芬字重，恐誤」。案梁謂「芬字重，恐誤」。是也。蓋涉上文「菲菲」重言而誤。然謂「六臣本文選芬字重」則非。是梁、張二氏必有一誤矣。

文選劉孝標重答劉秣陵沼書註引「芬」作「芳」。蓋涉上文「芳菲菲」字而誤。

文選（六臣本）、章句（米書、文徵明書）「沬」並作「沫」。（張亨輯校謂文選劉孝標重答劉秣陵沼書註引作「沫」。非是。查四部叢刊本、四庫善本叢書本、淳熙本註引皆同底本作「沬」。）

劉氏通箋云：「今考沫字當作沬，沬有微義。補註易王氏已也之訓，是也。諸家蓋以爲沫字耳。茲以絲聲，古音在之咍部，沬從未聲，古音在脂微部，二部音近通押」。饒氏書錄云：「按廣雅：『沬、既、央、極、已也』。招魂亦云：『身服義而未沬』。王逸註云：『沬，已也』。說同騫音。沬，亡蓋反，沬與茲叶。諸家以沬爲沫，陳第云：『古音迷，讀平聲』。殊無據。證以騫音字當從未作沬，非沫也。宋本集註正作沬。段玉裁以『茲』『沬』乃之脂合韻，是」。案「沫」之當作「沬」，劉、饒二氏說是。然謂「諸家以沬爲沫」，二氏說並未允也。實則諸家多作「沬」。

如謇音、文選（五臣本、淳熙本）、章句（錢本、黃省曾本、夫容館本、朱燮元本、馮紹祖本、閔齊伋本、俞初本、凌毓枬本、乾本）、及文選劉孝標重答劉秣陵沼書註引皆同底本作「沬」。張亨輯校亦云：「各本亦並作沬」。

歷吉日乎吾將行

朱註云：「一無吉字」。案上文共有二「吉」字。未知朱氏所指係何「吉」字。

文選揚雄甘泉賦註引無「乎」字。疑脫。各本皆有。

折瓊枝以爲羞兮

北堂書鈔一四五、初學記二六引並同。各本亦同。

精瓊爢以爲粻

後漢書張衡傳註、文選張衡西京賦註引「精」作「屑」。非是。蓋涉彼正文「屑瑤粲」及「屑瓊粲」之「屑」字而誤。漢書揚雄傳註、文選左思吳都賦註、張平子思玄賦註、北堂書鈔一四四引同。

漢書揚雄傳註、北堂書鈔一四四引「爢」並作「靡」。文選張平子思玄賦註引作「𪏮」。案六臣註文選：「爢，音糜」；李善註文選：「爢，音糜」；洪補：「靡，音糜」。但引文選「音靡」。不知所據何本？戴震音義云：「靡，靡爲切。與糜通」。朱氏補註云：「爢，音糜。……爢，讀爲䊳」。蹇音正謂：「爢，又䊳同。亡皮反」。案「䊳」爲正字。說文米部云：「䊳，碎也。從米，靡聲」。段註云：「王逸註離騷『瓊爢』云：『爢，屑也』。爢卽䊳字。……糜與䊳音同義少別。凡言粉碎之義當作䊳」。而「爢」、「靡」、「劘」、「糜」皆其假借矣。後漢書張衡傳註引「橤」；文選張衡西京賦註、左思吳都賦註引並作「蘂」。案皆非是。蓋涉彼正文「屑瑤橤」「精瓊蘂」之「橤」與「蘂」字而誤。劉師培考異謂後漢書註與文選註引並作「蕊」。姜註說同。皆不知所據何本而云然？

蹇音、文選各本、章句各本（袖珍本、長沙本除外）及後漢書張衡傳註、文選張平子思玄賦註、北堂書鈔一四四引「粻」字皆同。漢書揚雄傳註、文選張衡西京賦註、左思吳都賦註引皆作「糧」。章句（長沙本）亦作「糧」。章句（袖珍本）作「粮」。案說文無「粻」字。米部云：「糧，穀食也」。爾雅釋言云：「粻，糧也」。郭註云：「今江東通言粻。王註蓋本爾雅。而文選註引王註「糧也」作「粮也」。「糧」、「粻」古今字，粮乃俗體。（劉氏考異又謂：「唐龍朔寫本西京賦註引粻字作粮」。）

雜瑤象以爲車

騫音、文選各本、章句各本皆同。惟騫音云：「瑤，或作璠字」則騫公所見隋季尚有作「璠」之古本。與今本皆異。說文玉部云：「璠，璠與（段：各本作璵），魯之寶玉」。又云：「瑤，石之美者」。段註云：「九歌註云：『瑤，石之次玉者』。凡謂瑤爲玉者非是」。二氏辨璠爲玉瑤爲石之別明甚。今據王註「以言己德似龍玉而世莫之識也」云云，似「瑤」原當作「璠」。（離騷「瑤臺」註、九歌東皇太一「瑤席」註云「石次玉」，未訓爲玉）然騫音本已作「瑤」，則作「瑤」，乃隋、唐以來之通行本。

揚雲霓之晻藹兮

六臣本文選「揚」下有「志」字。洪考、朱註並引一本「揚」下有「志」字。朱子曰：「非是」。梁章鉅文選旁證亦謂：「誤也」。然衞瑜章「離騷集釋」「抑志而弭節兮」條下引張渡曰：「抑志，與屈心而抑志義別。志當讀作幟。漢書高帝紀『旗幟皆赤』，師古曰：『史家或作識，或作志，音義皆同』。是其聲通之證。……揚志亦卽揚幟也，淺人刪之」。（見游國恩等：楚辭集釋，第一至四十二頁）案師古說不誤。「旗幟」通作「旗志」可也。然「抑志」、「揚志」作「抑幟」、「揚幟」並難通。姜註云：「有志字不詞非也」。張說非是。胡氏文選考異云：「茶陵本揚下有志字。校語云：『五臣無』。袁本校語：『逸有』。案二本非也。楚辭無此。尤延之校改正之。

洪興祖云：『一本揚下有志字』。即指袁、茶陵校語所見而言，實誤本也」。胡說是。

漢書揚雄傳註引「霓」作「蜺」。與雄反離騷「乘雲蜺之旖旎」之「蜺」字合。是雄所見西漢本本作「蜺」也。爾雅釋天：「蜺爲挈貳」。郭註云：「蜺，雌虹也。見離騷」。是郭璞所見本猶仍作「蜺」之證。爾雅釋天「蜺爲挈貳」校勘記云：「唐石經、單疏本、雪牕本同。釋文：『霓，五兮反』。本或作蜺。漢書同」。是「蜺」、「霓」古字通用。而唐以來始有作「霓」之本。文選潘安仁藉田賦註引正作「霓」。今各本亦皆同。

章句（米書、文徵明書、黃省曾本、夫容館本、朱燮元本、馮紹祖本、袖珍本、閔齊伋本、吳中本、長沙本、俞初本、凌毓枬本、乾本）「藹」皆作「靄」。洪考、朱註、錢傳皆引一本作「靄」。蓋即此本。又洪補引釋文作「薆」。錢傳則云：「陸氏作薆」。朱註亦引一本作「薆」，然未明言係何本。案釋文作者無考。錢傳所謂陸氏，前文已疑爲陸善經。洪、朱、錢皆謂：「藹、薆、靄並於蓋反」。是三字同音可通假。朱氏解故云：「釋文是也。集韵十四太有云：『晻薆，鬱陰也』。其義即取自王註，……所據與釋文本正合。離騷『溘』字，王逸訓作奄，一作晻，又訓掩。敦煌本楚辭音於『溘吾遊此春宮』句出『溘，苦閤反。王逸曰：溘，奄也。案奄並作晻字，於感反。廣疋：晻晻，暗也。字詁云：亦隌字也。王逸又詁爲掩。凡作三形也』。……依王，晻、溘聲義俱近，溘，薆同字。……晻猶薆也。雙聲言之，則曰晻薆。漢書郊祀歌赤蛟十九云：『盡晻薆』。師古曰：『薆，音藹，晻薆，雲氣之貌』。此自楚聲，離騷舊本當與漢書同。其作藹者，以音改之，猶宅字也。（日本古鈔卷子本揚雄傳反離騷顏註引離騷已作晻藹字，則自唐以前，有此本矣。）靄則又蒙雲霓字從雨耳」。朱說蓋是。至謂日本古鈔卷子本揚雄傳註引已作「藹」者，考今本亦正作「藹」。又文選潘安仁藉田賦註引亦同作「藹」。是今作「藹」之本西漢以來已如此。

鳴玉鸞之啾啾

後漢書張衡傳註、文選揚雄羽獵賦註、張平子思玄賦註、曹子建洛神賦註、陸士衡前緩聲歌註、顏延年曲水詩序註引及文選各本、章句各本皆同。

文選司馬相如上林賦註引「鸞」作「鑾」。又引郭璞曰：「鑾，鈴也」。朱氏補註云：「鸞，讀爲鑾。鈴也。韓詩外傳曰在衡；詩烈祖箋曰在鑣；漢書司馬相如傳註曰在軌」。案說文金部云：「鑾，人君乘車四馬鑣八鑾。鈴象鸞鳥之聲」。又鳥部云：「鸞，赤神靈之精也。赤色五采，鳴中五音，頌聲作則至」。朱說得之。「鑾」、「鸞」正假字。王註「鸞鳥」之訓非是。文選司馬相如上林賦註引郭璞「鑾，鈴也」、漢書司馬相如傳註引郭璞「鸞，鈴也。在軌曰鸞」之說並是也。郭氏蓋讀「鸞」爲「鑾」。文選五臣翰註云：「鸞，車鈴也」。翰說亦是。蓋亦讀「鸞」爲「鑾」。

朝發軔於天津兮夕余至乎西極

文選班彪北征賦註引、及文選各本、章句各本皆同。

鳳皇翼其承旂兮

五臣本文選與章句（錢本）「翼」並作「紛」。洪考謂「文選翼作紛」、朱註亦引一本作「紛」，蓋指五臣本文選。張亨輯校引梁章鉅文選旁證云：「六臣本翼作紛，誤」。謂翼作紛誤，是也。然謂「六臣本翼作紛」，則非矣。是梁、張二氏必有一誤也。後漢書張衡傳註、文選張平子思玄賦註引、及文選（六臣本、贛州本、淳熙本）、章句（文徵明書、馮紹祖本）皆同底本作「翼」。又據王註「翼，敬也」，知王本原作「翼」。作「紛」者非是。後漢書張衡傳註、文選張平子思玄賦註引「旂」並作「旗」。亦並與彼正文「纚朱鳥以承旗」之「旗」同。是唐前別有作「旗」之本之證。王註云：「旂，旗也。畫龍虎爲旂也」。洪補曰：「周禮：『交龍爲旂，熊虎爲旗』。左傳曰：『三辰旂旗』。爾雅：『有鈴曰旂』。旂，渠希切；旗，渠之切」。朱氏補註云：「按帛上畫兩龍旂耑箸衆鈴者謂之旂。與畫熊虎之旗，聲義皆別」。洪、朱二氏說並是。然現存文選與章句各本皆作「旂」。豈彼作「旗」之本已無傳焉？

高翺翔之翼翼

洪考、朱註並引一本「之」作「而」。不知所引係何本。姜註云：「以詞例言，則之字是也」。案姜說未允。「之」猶「而」也。二字古書往往通用。如史記屈原列傳「離愍之長鞠」，楚辭九章懷沙作「離愍而長鞠」。又九章涉江「雖僻遠之何傷」？文選「之」作「而」。他例甚多，不勝枚舉。詳見裴學海古書虛字集釋卷七及卷九。文選王仲宣贈蔡子篤詩註引、及文選、章句各本皆同。

王註云：「翼翼，和貌也」。案王說非是。王師叔岷陶淵明詩箋證稿（台北藝文印書館一九七五年一月初版）歸鳥「翼翼歸鳥，晨去於林」箋證云：「案翼借爲翊，說文：『翊，飛皃』。離騷：『高翺翔之翼翼』。王粲贈蔡子篤詩：『翼翼飛鸞』。」此「翼」皆「翊」之借字。王師說是也。

文選王粲蔡子篤詩註引及各本皆同。

遵赤水而容與

文選班彪北征賦註、潘岳西征賦註引及各本皆同。

麾蛟龍以梁津兮

文選（六臣本、五臣本、贛州本、淳熙本）、章句（錢本）「以」皆作「使」。洪本亦作「使」而洪考引一本作「以」。朱註引一本作「使」。據王註「以蛟龍爲橋乘以渡水」云云，知王本原作「以」。文選張平子思玄賦註引正作「以」。沈氏證辨謂「使涉下而謁」。是也。

詔西皇使涉予

文選張平子思玄賦註引此同。

朱氏補註云：「詔當作誥。讀爲告。秦時始造詔字以當誥，爲上告下之義」。（華案：劉氏通箋誤朱氏補註之「詔」爲「韶」。）

章句（文徵明書、馮紹祖本）「予」作「余」。洪考引一本作「余」，蓋卽此本。洪補又云：「予，我也」。錢傳亦云：「予，與余同」。洪、錢說並是。「予」、「余」古書通用。說詳上文：「楚辭『予』字考校」。

路脩遠以多艱兮

文選曹大家東征賦註引同。各本亦皆同。

騰衆車使徑待

王註云：「騰，過也。言崑崙之路險阻艱難，非人所能由。故令衆車先過，使從邪徑以相待也」。聞氏校補云：「案『過衆車使徑待』，文不成義，乃又強釋之曰：『令衆車先過』，旣增字爲訓，復慎倒詞，註書之無法紀者，莫此爲甚。案說文馬部曰『騰，傳也』。傳當讀如儀禮士相見禮『妥而後傳言』之傳。淮南子繆稱篇『子產騰辭』高註曰『騰，傳也，子產作刑書，有人傳詞詰之』。漢書禮樂志『騰雨師，灑路陂』，謂傳言雨師使灑路陂也。後漢書隗囂傳『因數騰書隴蜀』，謂傳書隴蜀也。北堂書鈔一〇二引蔡邕弔屈原文『託白水而騰文』，謂託白水而傳文也。文選洛神賦『騰文魚以警乘』，謂傳文魚以警乘也。本書騰字多用此義。如本篇『騰衆車使徑待』，遠遊『騰告鸞鳥迎虙妃』，九歌湘夫人『將騰駕兮偕逝』，大招『騰駕步遊』，皆是。王逸於本篇訓過，於遠遊九歌大招並訓馳，傎矣」。案王逸於本篇訓「騰」爲「過」，固傎矣。然於遠遊、九歌、大招訓「騰」爲「馳」，則未傎也。聞氏引各書之「騰」，用說文說訓爲「傳」，固是也。然謂本書各「騰」字亦多用「傳」義，則牽強矣。朱氏補註云：「騰，奔馳也」。說文馬部云：「騰，傳也」。段註云：「傳與上文傳同。引伸爲馳也，爲躍也。……亦有叚騰爲乘者。如月令『絫牛騰馬』，讀乘匹之乘」。朱、段說並是。則「騰」有「馳」、「乘」、「奔」之義。除本句外，王註多本之。如本篇上文「吾令鳳鳥飛騰兮」，王註云：「飛行」；若依聞說作「飛傳」，則不詞矣。九歌湘夫人「將騰駕兮偕逝」，卽「將馳駕兮偕逝」也。五臣亦云：「將騰馳車馬與使者俱往」。並較「將傳車馬與使者俱往」之義爲勝。大招「騰駕步遊」，王註云：「騰，馳也」。

「馳騖步遊」亦視「傳騖步遊」義勝。九歎愍命：「騰駍驫以馳逐」，王註云：「騰，乘也」。亦較「傳」義為勝。聞說未必佳。又所稱淮南子繆稱篇高註，乃許慎註之誤。

朱註引一本「待」作「持」。方苞離騷正義云：「待當作持。周官旅賁氏『車止則持輪』。」梁章鉅文選旁證云：「方說非是。待與期正是韵。方不知古音耳」。洪考、錢傳又並引一本作「侍」。案作「持」、「侍」並因形近而譌。作「待」是也。王註「使從邪徑以相待也」，可證。

路不周以左轉兮

文選張平子思玄賦註引同。各本亦皆同。

屯余車其千乘兮

五臣本文選無「其」字。姜註謂：「有之是」。各本亦皆有之。文選江淹恨賦註引同。

齊玉軑而並馳

文選揚雄甘泉賦註引同。各本亦皆同。姜註云：「軑，六臣本作馱，寅按：筆誤也。當作軑」。姜氏不知所指六臣何本而云然。今檢四部叢刊本、四庫善本叢書本六臣註文選皆作「軑」。淳熙本李善註文選亦同。

駕八龍之蜿蜿兮

漢書揚雄傳晉灼註、後漢書張衡傳註、文選張平子思玄賦註引皆同。北堂書鈔十六引「駕八龍」三字亦同。文選潘安仁爲賈謐作贈陸機詩註引「蜿蜿」作「婉婉」。文選（六臣本、五臣本、淳熙本、贛州本）、章句（文徵明書、錢本、馮紹祖本）亦皆作「婉婉」。朱註引一本作「婉婉」，蓋卽此本。洪考引釋文及錢傳則引一本作「蜿蜿」。文選司馬相如封禪文註又引一本作「宛宛」。張亨輯校引臺靜農先生謂：「以作婉爲是。作蜿者爲後人所改。左傳成公十四年『婉而成章』註云『婉，曲也，謂曲屈其辭』。以曲狀龍甚是。而後人拘於婉爲順義，因而改婉爲『蜿』。蜿爲宛之借字，上林賦『蜿蟺膠戾』，註引司馬彪曰：『蜿蟺，展轉也』。封禪書『宛宛黃黃』之『宛宛』者，又卽『婉婉』之假借。又『載雲旗之委蛇』註『其狀婉婉』是亦形容旗在天空曲屈之狀，非若龍蛇在地之展轉也」。案臺先生說是。引左傳成公十四年「婉而成章」杜註與說文「婉」義亦合。杜註云：「婉，曲也。謂曲屈其辭，有所辟諱，以示大順而成篇章」。杜註實亦本許君「婉順」義而引伸之耳。至以曲狀龍而改「婉」爲「蜿」者，疑涉龍蛇所屬爲蟲類而致然。惟張氏謂：「宛宛又卽婉婉之假借」，則有未允。案說文宀部云：「宛，屈艸自覆也」。段註云：「上文曰：『奧，宛也』。宛之引伸義也。此曰『屈艸自覆』，宛之本義也。引伸爲宛曲、宛轉。如爾雅宛中、宛丘；周禮琬圭皆宛曲之義也」。說文又云：「奧，宛也」。段註云：「宛奧雙聲。

宛者，委曲也」。據此，則「宛」之引伸義爲「委曲」，而「婉」（本義「順」）之訓「曲」，則又借「宛」爲之。亦卽「宛」之借義也。張氏豈可倒言「宛又卽婉之假借」？惟此文故本蓋作「婉婉」耳。

載雲旗之委蛇

漢書揚雄傳註、文選張平子思玄賦註引、及章句（錢本、馮紹祖本）皆同。章句（文徵明書）「蛇」作「虵」。與各本皆異。案「蛇」、「虵」同字。

文選（六臣本、贛州本、淳熙本、淳祐本）「蛇」作「移」。洪考、朱註、錢傳皆引一本作「移」。蓋卽此本。

文選王簡栖頭陀寺碑文註引「委蛇」作「逶移」。

文選（五臣本）、謝靈運九日從宋公戲馬臺集送孔令詩註，阮嗣宗詠懷詩註、北堂書鈔十六引「委蛇」皆作「逶迤」。洪考、朱註、錢傳皆引一本作「逶迤」。疑卽此本。惟劉師培考異謂文選註引作「逶迆」。不知所據何本而云然？姜氏校註云：「詠懷詩註引作逶迆」，疑傳劉氏之訛。

文選司馬相如上林賦註、張平子東京賦註並引作「逶夷」。此洪、朱、錢三家所失校者也。案「委蛇」、「委移」、「逶迤」、「逶迆」、「逶夷」皆雙聲連語，姜註所謂：「聯綿字之以音爲衍，其本字不易定」者，是也。

抑志而弭節兮

章句（錢本）「抑」上有「聊」字。朱註引一本抑上有「聊」字。蓋卽此本。然朱子云：「非是」。朱說是。疑涉下文「聊假日以媮樂」之「聊」字而衍。

文選左思吳都賦註引「抑」作「仰」。案作「仰」非是。據王註云：「言己雖乘雲龍，猶自抑案弭節徐行」。則王本原作「抑」。各本皆同。淳熙本註引作「抑」，不誤。

文選吳都賦註引無「而」字與「兮」字。「兮」字固註引省矣，然「而」字不可省。蓋省則不合離騷文例矣。

沈氏證辨云：「弭，文選作彌。吳都賦劉逵註：『抑志弭節』。弭不作彌。弭彌兩義，韵亦不同部」。今案文選（六臣本、五臣本、贛州本）「弭」皆不作「彌」，沈氏不知何所據而誣指文選作「彌」？洪、朱、錢三家校亦皆未指文選作「彌」。

朱註、錢傳並引一本「弭節」作「自弭」。朱氏曰：「非是」。姜註云：「上言車乘，則此言弭節，於義爲暢，且弭節離騷恒語，作弭節者是也」。朱、姜二氏說是。

神高馳之邈邈

章句（錢本）「神高馳」作「邁高地」。朱註正引一本作「邁高地」。洪考又引一本作「邁高馳」。

一切經音義五十七引作「高馳之邈」。句首句末各略「神」與「邈」字。朱註云：「皆非是」。姜註云：「王註『高抗志行，邈邈而遠，莫能追及』，則作邁高地非王逸原本矣」。朱氏解故云：「季海按：哀郢：『衆踥蹀而日進兮，美超遠而逾邁』。與離騷此言正合，明楚語有之，一本是也。說文辵部：『邁，遠行也』，超遠逾邁，高馳邈邈，並有遠意。……許君說得之。玩離騷經、註，俱與神無涉，知今本誤爾」。朱季海說似有理。證以王註「邈邈而遠」，正合許君訓「邁」字之義。亦與一切經音義引作「高馳之邈」合。

奏九歌而舞韶兮

漢書揚雄傳晉灼註引「而」作「以」。案「而」、「以」古書通用。說已見前。各本皆與底本同。

聊假日以媮樂

洪考、朱註、錢傳皆引一本「假」作「暇」。今案章句（黃省曾本、夫容館本、袖珍本、閔齊伋本、俞初本）正作「暇」。洪補云：「顏師古云：『此言遭遇幽厄，中心愁悶，假延日月，苟為娛樂耳』。今俗猶言借日度時。故王仲宣登樓賦云：『登茲樓以四望兮，聊假日以消憂』。今之讀者改假為暇，失其意矣」。朱註亦謂作暇非是。案洪、朱說並是。文選張平子思玄賦註引及文選各本皆同底本作「假」。文選張平子思玄賦註引「以」作「而」。一如上述，「以」、「而」

古書通用。註引又衍「兮」字。蓋涉彼正文「雖遊娛以媮樂兮」，之「兮」字而衍。

陟陞皇之赫戲兮

洪考、朱註、錢傳皆引一本句首無「陟」字。不知所引係何本？然據王註「言己雖陟崑崙，過不周山，渡西海，舞九韶，陞天庭，據光曜」（據六臣本、五臣本、贛州本、淳熙本文選引及馮紹祖本章句引）云云，則王本固有「陟」字。又原本玉篇九兮部及文選張平子思玄賦註引並有之。雖則原本玉篇引作「涉」（劉氏考異改作「陟」），亦不失爲句首有之之旁證。今案作「涉」者非是。說文㳄部云：「涉水，徒行濿水也。從㳄、步。涉，篆文從水」。又𨸏部云：「陟，登也」。段註云：「釋詁曰：陟，陞也」。毛傳曰：『陟，升也』。陞者，升之俗字。升者，登之叚借」。段說甚是。又據爾雅釋詁「陟、陞也」及毛傳「陟，升也」之訓，則本篇「陟陞」云云乃係同義複語。

文選（六臣本、五臣本、贛州本、淳熙本）、及原本玉篇九兮部引「陞」皆作「升」。案「升」、「陞」正俗字。見上述。文選張平子思玄賦註引作「登」。案作「登」疑據同義字改。（說文：「陟，登也」。）

朱註引一本「戲」作「曦」。洪補云：「戲與曦同」。錢傳云：「戲讀如曦」。檢文選潘岳在懷縣作「初伏啓新節，隆暑方赫羲」，五臣「羲」正作「曦」。銑曰：「此時暑盛，故稱赫曦。赫曦，炎盛貌」。原本玉篇九兮部引「戲」作「義」。「曦」正字，義、戲並借字。文選張平子思玄賦註引、及各本皆同底本作「戲」。張衡思玄賦：「羨上都之赫戲兮」，曹植大暑賦：「溫風赫戲」，並與此作「戲」合。

忽臨睨夫舊鄉

文選王粲登樓賦註、張平子思玄賦註（二見）、王簡栖頭陀寺碑文註引皆同。各本亦皆同。

僕夫悲余馬懷兮

朱註引一本「悲」作「思」。（姜註誤作「忘」。失檢）不知所引係何本？「思」亦有「悲」義，文選張華勵志詩：「吉士思秋」。註：「思，悲也」。然此作「思」，疑非是。涉王註「懷，思也」而誤。文選潘安仁寡婦賦註引及各本皆同底本作「悲」。

章句（錢本）「余」作「予」。案「余」、「予」古書通用。說已見前。

俞樾讀楚辭云：「愚按：以懷思屬馬，言甚爲無理。懷當讀爲瘣。說文疒部云：『瘣，病也』。引詩曰：『譬彼瘣木』，今詩作壞。木以懷爲瘣，猶以壞爲瘣也。『僕夫悲余馬瘣兮，蜷局顧而不行』，蓋託言馬病而不行耳。詩云：『陟彼砠兮，我馬瘏兮，我僕痡兮，云何吁矣』。騷人之辭，卽本之詩也」。沈氏證辨云：「俞樾以懷當讀爲瘣，是也。……懷、瘣、壞三字同聲假借。

自得齋雜著云：『此與易：用拯（逗）馬壯，（易明夷渙卦文辭）詩：我馬虺隤，我馬玄黃，我馬瘏矣，我僕痡矣（周南卷耳），之意合。世之治離騷者，泥於善鳥香鳥（疑「草」之誤）惡禽臭物之說而忽之。此篇自『騏驥以駝騁兮，來吾道夫先路』。至『僕夫悲余馬懷兮，蜷局顧而不行』，全篇叙車馬之奔赴，冀赴君國之難。忠忱之情，溢於言表，哀感深矣」。案俞、沈說蓋是。是正王註「懷，思也」之非。

蜷局顧而不行

文選潘安仁寡婦賦註引「蜷」作「踡」。案九思憫上云：「踡跼兮寒局數」。註云：「踡，傴僂也」。朱氏補註云：「蜷當作卷。或作䝨、作韏。局，曲也。亦雙聲連語」。朱說蓋是。說文卩部云：「卷，厀曲也」。段註云：「卷之本義也。引伸爲凡曲之偁。大雅『有卷者阿』，傳曰：『卷，曲也』。」王註云：『蜷局，詰屈不行貌」；洪補云：「蜷，音拳。虫形詰屈也」。並本「卷，曲也」之義引而伸之。則「蜷」、「踡」並「卷」之俗字矣。

五臣本文選無「顧」字。案無之非是。蓋據五臣良註「蜷局廻（洪補引作「囘」）顧而不肯行也」云云，知五臣本正文亦必當有之。文選潘安仁寡婦註引及各本亦皆有。

已矣哉，國無人兮，莫我知兮

洪考、朱註、錢傳皆引一本無「哉」字。案文選陶淵明詠貧士詩註引正無「哉」字。疑非是。蓋涉彼正文「知音苟不存，已矣何所悲」無「哉」字而省。文選陸韓卿中山王孺子妾歌註引正作「已矣哉」。各本皆同。又詩北門云：「已焉哉，天實爲之，謂之何哉」？論語云：「已矣乎，吾未見好德如好色者也」。語例皆同。亦皆爲王逸所謂：「絕望之詞也」。

文選（六臣本、五臣本、贛州本、淳熙本）、章句（文徵明書、錢本、馮紹祖本）「人」下皆無「兮」字。朱註亦引一本無「兮」字。洪、錢本亦並無「兮」字，惟並引一本有「兮」字。姜註云：「人下朱註本有兮字。……非是。」華案有之亦未必非。文選張平子思玄賦註、阮嗣宗詠懷詩註、陶淵明詠貧士詩註引正皆有之。反之，如各本無「兮」字，則「國無人莫我知兮」之辭義易誤會爲：「國有人知我矣」，是非僅與屈子之原旨違，亦且與王逸「楚國無有賢人知我忠信」之義乖矣。

伍、參引書目

壹、楚辭類

一、楚辭白文本

一　宋米芾書行書離騷經。載容台集（佩文齋書畫譜卷七十八引）。中華叢書委員會影印。簡稱：「米書」。

二　明文徵明書離騷九歌。見嚴氏書紀法書五。日本東京二玄社刊書跡名品叢刊：明文徵明離騷／九歌／草書詩卷他，一九六三年。簡稱：「文徵明書」。

三　明正德十五年長沙熊宇刋篆字本。簡稱：「長沙本」。

四　明萬曆辛丑（二十九）年朱燮元刋篆刻楚騷。簡稱：「吳中本」（據張亨離騷輯校引）。又饒宗頤楚辭書錄（第三頁）「萬曆蘇州郡守朱燮元刻本」　姜亮夫楚辭書目五種（第一八頁　「明萬曆朱燮元、一龍兄弟重刋夫容館本」條下同）云：「章句後附篆文楚辭，題朱官虞輯。故宮善本目著錄」。疑卽此本。

五　明萬曆二十五年武林郁文瑞尙友軒刋袖珍本。簡稱：「袖珍本」。
六　明萬曆庚申烏程閔齊伋刋朱墨藍三色套印本。簡稱：「閔齊伋本」。
七　明萬曆二十八年庚子吳興凌毓枬刋陳深批朱墨套印本。簡稱：「凌毓枬本」。
八　清乾坤正氣集本。簡稱：「乾本」。

二、楚辭注釋本

九　漢王逸楚辭章句十七卷。簡稱：「王氏章句」；「王註」。
一〇　元刋本。（原書未見，據許維遹楚辭考異補稿、聞一多楚辭校補、易培基楚辭校補、張亨離騷輯校皆引之。）
一一　明正德十三年戊寅吳郡黃省曾校西蜀高第刋本。簡稱：「黃省曾本」。邵亭知見傳本書目題王鏊刋、高第黃省曾校刻、邵懿辰四庫簡明目錄標注及聞一多楚辭校補分王鏊與黃省曾爲兩本，皆誤。詒莊樓書目、張亨離騷輯校題嘉靖間吳郡黃省曾校刋本，恐並有誤。（參見饒宗頤楚辭書錄第二頁、姜亮夫楚辭書目五種第一二頁）。
一二　明隆慶五年辛未豫章王孫用晦夫容館覆宋本。簡稱：「夫容館本」。
一三　明萬曆間朱燮元懋和、朱一龍官虞校刋本。簡稱：「朱燮元本」。
一四　明萬曆十四年丙戌武林馮紹祖繩武父校刋本。又台北藝文印書館影印本。簡稱：「馮紹祖本」。

一五　明萬曆十四年丙戌俞初校刊本。簡稱：「俞初本」。

一六　隋釋道騫楚辭音殘卷。敦煌唐寫本：國立台灣大學影印敦煌秘籍留眞本；饒宗頤楚辭書錄圖版二至七。簡稱：「騫音」。

一七　宋洪興祖楚辭補注，四部叢刊本；惜陰軒叢書本；台北藝文印書館影印。簡稱：「洪補」。

一八　宋洪興祖楚辭考異。今已雜入楚辭補注中。簡稱：「洪考」。

一九　宋朱熹楚辭集注。一九五三年北京人民文學出版社影印宋理宗端平二年朱熹孫朱鑑刊本。台北藝文印書館影印本。爲本論文校勘部分所用之底本，又或簡稱：「朱註」。

二〇　朱熹楚辭集注，清光緒三年湖北崇文書局刊三十三種叢書本。簡稱：「朱注卅三叢書本」。

二一　朱熹楚辭集注，清黎庶昌古逸叢書之九，覆元本。簡稱：「朱注古逸本」。

二二　宋朱熹楚辭辯證，附於楚辭集注之後。

二三　宋錢杲之離騷集傳，清乾隆四十五年庚子歙縣鮑廷博輯知不足齋叢書本。簡稱：「錢氏集傳」，或「錢傳」。

二四　又清光緒三年丁丑湖北崇文書局刊三十三種叢書本。簡稱：「錢傳卅三叢書本」。

二五　又清光緒三十年甲辰南陵徐氏隨庵叢書景撫宋本重刊。簡稱：「錢傳隨庵叢書本」。

二六　宋黃伯思翼騷序，陳振孫直齋書錄解題引。

二七　宋楊萬里天問天對解，清胡思敬等輯豫章叢書覆江南圖書局舊鈔本。民國六年刊行。

二八　宋晁補之重編楚辭十六卷，四部叢刊本雞肋集三十六引其離騷新序上、下。又見姜亮夫楚辭書目五種第二七—三一頁引。

二九　明黃文煥楚辭聽直，明崇禎十六年刋。藏浙江圖書館及日本京都大學中國語文研究室。清林雲銘楚辭燈多引其說。

三〇　清王夫之楚辭通釋，清同治四年乙丑金陵刋船山遺書本。一九五九年北京中華書局排印本。

三一　清林雲銘楚辭燈，康熙三十六年丁丑挹奎樓刋本。又台北廣文書局影印本。

三二　清李光地離騷經注、九歌注，（饒氏書錄、姜氏書目五種並作「離騷經九歌解義二卷。」張丙炎榕村全集（饒氏書錄誤作榕園叢書、姜氏書目五種誤作榕村叢書、張亨輯校誤作榕村全書）本。

三三　清方苞離騷正義（又作離騷經正義），康熙、嘉慶間方氏刻抗希堂十六種全書本（饒氏書錄、張亨輯校並誤作抗希堂全書十六種本；姜氏書目五種誤作抗希堂全書九種本）。

三四　清蔣驥山帶閣注楚辭，康熙五十二年癸巳山帶閣初刋本。台北廣文書局影印本。一九五八年上海中華書局上海編輯所排印本，又一九七三年香港中華書局香港分局刋行本。

三五　清戴震屈原賦注七卷通釋二卷音義三卷，台北藝文印書館影初稿本。香港廣智書局楚辭四種本。

三六　清龔景瀚離騷箋，光緒三年湖北崇文書局三十三種叢書本。

三七　清陳本禮屈辭精義，嘉慶十七年壬申裛露軒刋本。台北廣文書局影印本。

三八　清朱駿聲離騷補注（又作離騷賦補注），道光二十七年丁未刋本。光緒八年臨嘯閣刋朱氏遺書（饒氏書錄、姜氏書目五種、張亨輯校皆誤作朱氏群書）本。簡稱：「朱氏補注」。

三九　清王闓運楚辭釋，光緒十二年丙戌成都尊經書院精刋本。台北文海出版社影印國學集要本。

四〇　清王樹枏離騷注，民國十六年陶廬叢刻本。

四一　清馬其昶屈賦微，光緒二十四年戊戌鉛印本。（案是書序末作：「光緒三十一年夏五月戊戌桐城馬其昶譔。「三十一」恐爲「二十四」之誤。饒氏書錄亦誤作「三十二」。）又台北廣文書局影印本。

四二　劉永濟屈賦通箋附箋屈餘義，北京人民文學出版社，一九六一年。簡稱：「劉氏通箋」。

四三　姜亮夫寅清屈原賦校注，上海商務印書館，一九五四年版，台北世界書局，民國五十年版。香港商務印書館，一九六四年版。

四四　王泗原離騷語文疏解，上海文藝聯合出版社，一九五四年。

四五　佘雪曼離騷正義，香港，雪曼藝文院，一九五五年。

四六　朱季海楚辭解故，北京，中華書局，一九六三年。

四七　王瀣離騷九歌輯評，台北，中華叢書委員會，一九五五年。

四八　陸侃如等楚辭選，上海古典文學出版社，一九五六年。

四九　郭鼎堂屈原賦今譯，北京，人民文學出版社，一九五五年。
五〇　衛瑜章離騷集釋，上海商務印書館，民國廿五年。又載於游國恩等楚辭集釋，香港文苑書屋，一九六二年。
五一　聞一多「離騷解詁」，清華學報，第十一卷第一期，民國二十五年。又聞一多全集本。
五二　文懷沙屈原九歌今譯，上海文藝聯合出版社，一九五二年。
五三　文懷沙屈原九章今繹，上海，棠棣出版社，一九五二年。
五四　文懷沙屈原離騷今繹，香港，新月出版社，一九六〇年。
五五　沈祖綿屈原賦證辨，台北，宏業書局，民國六十一年。
五六　臺靜農楚辭天問新箋，台北，藝文印書館，民國六十一年。
五七　馬茂元楚辭選注，香港，新月出版社，一九六二年。

三、楚辭論著

五八　佚名楚辭釋文，宋史藝文志總集類、晁公武郡齋讀書志、陳振孫直齊書錄解題皆著錄，洪興祖楚辭補注頗引之。
五九　唐柳宗元，天對載於楊萬里天問天對解。又載於復旦大學中文系古典文學教研組注天問天對注，上海，人民出版社，一九七三年。
六〇　宋吳仁傑離騷草木疏，清乾隆四十五年庚子鮑廷博知不足齋覆邵南江藏宋刋本。又光緒三年湖北崇文書局刊行本。又一九三七年商務印書館萬有文庫本。

六一　明周聖楷楚寶，通行本。

六二　明陳第屈宋古音義，清嘉慶十年乙丑學津討原本。

六三　明周拱辰離騷拾細一卷，附在離騷草木史十卷之末。清嘉慶八年癸亥聖雨齋重刊本。

六四　清陳昌齊楚辭辨韵，清道光三十年庚戌刊岭南遺書本。又民國商務印書館叢書集成初編本。

六五　清江有誥楚辭韵讀，清嘉慶二十四年己卯音學十書本。又民國二十三年甲戌渭南嚴氏校訂音韵學叢書本。刊于成都。台北廣文書局影印音韵學叢書八。

六六　清俞樾讀楚辭，光緒二十五年重刊春在堂全書本。

六七　清俞樾楚辭人名考，光緒二十五年重刊春在堂全書本。

六八　劉師培楚辭考異，民國二十四年寧武南氏校印劉申叔先生遺書本。簡稱：「劉氏考異」。

六九　廖平楚辭講義（又作楚辭新解），民國十四年成都存古書局刊六譯館叢書本。

七〇　謝无量楚辭新論，民國十二年商務印書館國學小叢書本。

七一　柳存仁「楚辭新論」，光華大學文哲，第二卷第二期，一九四〇年六月。

七二　易培基「楚辭校補」，國學叢刊第一卷第一期。

七三　胡適「讀楚辭」，胡適文存第二集卷一，第九一—九七頁。

七四　浦江清「屈原生年月日的推算問題」，歷史研究第一期，一九五四年。後收入楚辭研究論文集，北京，作家出版社，一九五七年。又收入浦江清文錄，北京，人民文學出版社，一九五八年。

七五 周祖謨「騫公楚辭音之協韵說與楚音」，輔仁學誌第九期。

七六 李嘉言「離騷錯簡說疑」，一九五一年八月光明日報，後收入游國恩等楚辭集釋。

七七 聞一多「屈原問題」，聞一多全集㈠，第二四五—二五八頁。

七八 聞一多「人民詩人屈原」，同右，第二五九—二六一頁。

七九 聞一多「廖季平論離騷」，同右，第三三五—三三八頁。

八〇 聞一多「什麼是九歌」，同右，第二六三—二七八頁。

八一 聞一多「怎樣讀九歌」，同右，第二七九—三〇三頁。

八二 聞一多「九歌古歌舞劇懸解」，同右，第三〇五—三三四頁。

八三 聞一多「敦煌舊鈔楚辭音殘卷跋」，大公報圖書副刊，一九三六年四月二日，及圖書季刊第三卷第一、二期合刊。後收入聞一多全集㈡，第四九七—五〇五頁。

八四 聞一多楚辭校補，武漢大學文哲季刊。後收入聞一多全集㈡，第三四一—四九五頁。簡稱：「聞氏校補」。

八五 郭鼎堂「屈原考」，今昔蒲劍，後收入屈原，香港，上海書局，作家與作品叢書，一九七二年。

八六　郭鼎堂屈原研究，開明書局，民國三十一年。一九五二年改版收入歷史人物一書。香港，大千出版社翻印。

八七　張縱逸屈原與楚辭，吉林人民出版社，一九五七年。

八八　張縱逸「楚辭語法」，載於游國恩等楚辭集釋，第二八九—三一三頁。

八九　游國恩楚辭概論，上海，商務印書館，民國十九年初版，萬有文庫本；又台北，商務印書館，民國五十七年，人人文庫本。

九〇　游國恩屈原，香港，學林書店，一九五七年。

九一　游國恩讀騷論微初集，民國二十六年，商務本。又民國五十六年商務人人文庫本。

九二　游國恩楚辭論文集，上海文藝聯合出版社，一九五五年。又香港文昌書局翻印本。

九三　陸侃如「屈原生卒考證」，學燈，一九二三年三月。

九四　陸侃如「宋玉評傳」，小說月報十七卷號外，一九二七年六月。

九五　陸侃如「大招招魂遠遊的著者問題」，讀書雜誌第二期。

九六　陸侃如「屈原評傳」，屈原，香港，上海書局，作家與作品叢書本，一九七二年，第七—六〇頁。

九七　衞瑜章「屈原生卒考」，同右，第八四—八六頁。

九八　饒宗頤楚辭地理考，民國三十五年商務本。

九九　饒宗頤楚辭書錄，著者自印本，香港蘇記書莊代售，一九五六年。
一〇〇　饒宗頤楚辭與詞曲音樂，著者自印本，一九五八年。
一〇一　林庚詩人屈原及其作品研究，上海，棠棣出版社，一九五二年。
一〇二　林庚「涉江的斷句及錯簡」，載於游國恩等楚辭集釋，第一一五—一一八頁。又收入詩人屈原及其作品研究。
一〇三　姜亮夫楚辭書目五種，北京，中華書局，一九六一年。
一〇四　楊樹達「離騷傳與離騷賦」，光明日報，一九五一年五月。
一〇五　錢穆「讀離騷」，中國文學講演集。
一〇六　錢穆「略論九歌作者」，同右，第九六—九七頁。
一〇七　楊柳橋「離騷解題」，載於游國恩等楚辭集釋，第四三—四七頁。
一〇八　蘇雪林「離騷淺論」，台灣，中國語文，第二卷第五、六期。
一〇九　蘇雪林「離騷新詁」，恒光月刊，第二期，新加坡恒光出版社，一九六四年，第六四—九〇頁。
一一〇　蘇雪林「楚辭國殤新解」，大陸雜誌，第四卷第七期，一九五二年。
一一一　蘇雪林屈原與九歌，台北，廣東出版社，一九七三年。
一一二　蘇雪林天問正簡，台北，廣東出版社，一九七四年。

一一三　蘇雪林「爲楚辭國殤新解質疑——敬答陳炳良先生」，大陸雜誌，第四十四卷，第二期，一九七二年。第一七一—一九頁。
一一四　蘇雪林「迦尼薩與鼠」，同右，第六、三一頁。
一一五　蘇雪林「從屈賦看中國文化的來源」，最古的人類故事，台北，傳記文學出版社，一九七〇年。
一一六　張壽平「離騷名稱考釋」，大陸雜誌，第十七卷，第四、五期。
一一七　張壽平離騷校釋，台北，中華大典編印會，一九六九年。
一一八　張壽平九歌研究，民國五十九年台北廣文書局本。
一一九　凌純聲「銅鼓圖文與楚辭九歌」，中央研究院院刊第一期，民國四十三年，台北南港。
一二〇　凌純聲「國殤禮魂與馘首祭梟」，蔡故院長元培逝世二十週年紀念論文集，中央研究院民族學研究所集刋第九期，民國四十九年。第四一一—四六一頁。
一二一　文崇一「九歌中河伯之研究」，同右，第一三九—一六二頁。
一二二　文崇一「九歌中的水神與華南的龍舟賽神」，同右，第十一期，第五一—一二四頁。
一二三　文崇一「九歌中的上帝與自然神」。同右，第十七期，第四五—七一頁。
一二四　張亨「離騷輯校」，國立台灣大學文史哲學報第十三期，民國五十三年，第一八一—二四八頁。

一二五　張亨「楚辭斠補」，紀念董作賓，董同龢兩先生論文集下册，中央研究院歷史語言研究所集刊第三十六本，民國五十五年，第六四九—七〇二頁。
一二六　何錡章屈原離騷研究，台北，華西出版社，民國五十八年。
一二七　何錡章「離騷就重華而陳辭新解」，大陸雜誌，第三十二卷，第四期。
一二八　劉秋潮「論離騷中朕吾余予等字的用法」，同右，第十一卷，第九期。
一二九　阮廷卓「離騷新詁」，同右，第十九卷第四期。
一三〇　陳炳良「楚辦國殤新解質疑」，同右，第四十三卷第五期。民國六十年，第五〇—五二頁。
一三一　陳炳良「再談有關『國殤』和迦尼薩」，同右，第四十六卷第一期，民國六十二年。第五三—五八頁。
一三二　張汝舟「談屈原的生卒」，光明日報，一九五一年十月。又收入楚辭研究論文集，北京，作家出版社，一九五七年。第二五四—二五八頁。
一三三　朱東潤「楚歌與楚辭」，同右，第三六五—三六七頁。
一三四　金德厚「關於離騷中插入的文字」，同右，第二輯第八一—九三頁。
一三五　周汝昌「從文懷沙先生的『屈原九歌今繹』說到『楚辭』中的『予』」，附於屈原九歌今繹，第九九—一一五頁。
一三六　黃勗吾「屈原與楚辭」，新加坡南洋大學學報，創刊號，創校十週年紀念論文集，一九六六七年，第一七一—三二頁。

一三七　李寶強「遠遊篇作者問題商榷」，同右，第七六—七九頁。

四、昭明文選（正文及注）本

一三八　日本京都帝國大學影舊鈔本文選集注殘卷。簡稱：「唐寫本文選」。

一三九　文選李善注六十卷，宋尤袤汝州刋本，清嘉慶乙巳胡克家影刋尤本。簡稱：「胡氏刻本」。

一四〇　文選六臣集注六十卷，宋贛州學刋本，四部叢刋影印宋本。簡稱：「贛州本」。

一四一　六臣注文選，四庫善本叢書本。台北藝文印書館影印。簡稱：「六臣本」。

一四二　宋紹興三十一年建陽陳八郎崇化書坊刋本。簡稱：「五臣本」。

一四三　宋淳熙八年辛丑晉陵尤袤延之刋本。簡稱：「淳熙本」。

一四四　宋淳祐七年丁未春月上元日刋本。簡稱：「淳祐本」。

一四五　明閔齊華文選瀹注，明刋本。

一四六　清孫志祖文選考異四卷李注補正一卷，讀畫齋叢書本。

一四七　清胡克家文選考異十卷，附刋於重刻宋淳熙本文選之後。簡稱：「胡氏考異」。

一四八　清張雲璈選學膠言二十卷，三影閣原刋本，文淵樓叢書影印本。

一四九　清梁章鉅文選旁證四十六卷，榕風樓刋本，蘇州覆刋本。

一五〇　清胡紹瑛文選箋證三十二卷，世澤樓活字本，聚學軒叢書本。

貳、古注類

一五一　周易正義，魏王弼、晉韓康伯注，唐孔穎達正義。台北藝文印書館影清嘉慶重刻宋十三經注疏本；又一九五七年北京中華書局用四部備要紙型重印本。附阮元校勘記。
一五二　尚書正義，漢孔安國傳、唐孔穎達正義。同右。
一五三　毛詩正義，漢毛亨傳、鄭玄箋、唐孔穎達正義。同右。
一五四　周禮注疏，漢鄭玄注，唐賈公彥疏。同右。
一五五　儀禮注疏、漢鄭玄注、唐賈公彥疏。同右。
一五六　禮記正義，漢鄭玄注、唐孔穎達正義。同右。
一五七　春秋左傳正義、晉杜預注、唐孔穎達正義。同右。
一五八　春秋公羊傳注疏，漢何休解詁、唐徐彥疏。同右。
一五九　論語注疏，魏何晏注、宋邢昺疏。同右。
一六〇　爾雅注疏，晉郭璞注、宋邢昺疏。同右。
一六一　孟子注疏，漢趙岐注、宋僞孫奭疏。同右。
一六二　戰國策漢高誘注，民國二十三年商務萬有文庫本。又一九五八年商務國學基本叢書本。
一六三　呂氏春秋漢高誘注，一九五四年北京中華書局諸子集成本。

一六四　淮南子漢許愼、高誘注，同右。
一六五　國語三國吳韋昭注，民國二十三年商務萬有文庫本。又一九五八年商務國學基本叢書本。
一六六　山海經晉郭璞注，清郝懿行箋疏，郝氏遺書本。又上海中華書局四部備要本。
一六七　山海經晉郭璞圖讚，同右。
一六八　方言晉郭璞注，錢繹箋疏。紅蝠山房本。又徐氏積學齋叢書本。
一六九　史記宋裴駰集解，台北藝文印書館據清乾隆武英殿刋本景印二十五史本。
一七〇　史記唐司馬貞索隱，同右。
一七一　史記唐張守節正義，同右。
一七二　水經北魏酈道元注，清王先謙校，思賢書局本。民國二十二年商務萬有文庫本。又一九五八年北京商務國學基本叢書本。
一七三　世說新認梁劉孝標注，惜陰軒叢書本。
一七四　漢書唐顏師古注，清王先謙補注，台北藝文印書館據清光緒二十六年庚子長沙王氏校刋景印二十五史本。
一七五　後漢書唐李賢注，清王先謙集解，台北藝文印書館據乙卯長沙王氏校刋景印二十五史本。
一七六　文選離騷唐陸善經注，是書久佚。見唐寫本文選集注本引。集注亦頗引公孫羅文選音決。簡稱：「音決」。

一七七 唐陸德明經典釋文，抱經堂本。
一七八 唐釋慧琳一切經音義，日本文元三年刋本。又海山仙館本。又民國五十九年台北大通書局景印一切經音義正續編本。
一七九 宋（遼）釋希麟續一切經音義，日本延亨三年刋本，又民國五十九年台北大通書局景印一切經音義正續編本。
一八〇 南唐徐鍇說文繫傳，小學彙函本。又叢書集成初編本。又四部叢刋本。
一八一 宋吳淑事類賦注，明嘉靖十一年壬辰華麟祥校刋本。
一八二 宋羅苹路史注，四部備要本。
一八三 宋魏仲舉編五百家注韓昌黎集，清乾隆富氏仿宋本。
一八四 宋章樵古文苑注，四部叢刋本。

叄、類書類

一八五 隋杜臺卿玉燭寶典，古逸叢書影日本舊鈔卷子本。
一八六 唐虞世南北堂書鈔，清南海孔氏三十有三萬卷堂校刋本。簡稱：「書鈔」。
一八七 唐歐陽詢藝文類聚，明嘉靖宗文堂本。又新興書局影宋本。簡稱：「類聚」。
一八八 唐徐堅等初學記，明嘉靖十年晉陵楊氏九洲書局刋本。又古香齋袖珍本。

一八九　唐馬總意林，四部叢刊影武英殿本。
一九〇　唐白居易、宋孔傳白孔六帖，明刊本。簡稱：「白帖」。
一九一　宋李昉等太平御覽，四部叢刊影宋刊本。清鮑崇城刊本。
一九二　宋潘自牧記纂淵海，明萬曆七年王嘉賓刊本。
一九三　宋王應麟玉海，清江寧刊本。
一九四　宋葉廷珪海錄碎事，明萬曆二十六年劉鳳校刊本。
一九五　宋祝穆，元富大用等事文類聚，明萬曆三十二年金陵唐富春德壽堂校刊本。
一九六　宋謝維新古今合璧事類備要前集續集，明嘉靖三十一年重刊宋本。簡稱：「合璧事類」。
一九七　宋人錦綉萬花谷，明嘉靖十四年崇古書院刊本。

肆、關係書

一、經　部

一九八　易經，十三經注疏本。
一九九　書經，同右。
二〇〇　詩經，同右。
二〇一　周禮，同右。

二〇二　儀禮，十三經注疏本。
二〇三　禮記，同右。
二〇四　春秋左傳，同右。
二〇五　春秋公羊傳，同右。
二〇六　論語，同右。
二〇七　爾雅，同右。
二〇八　孟子，同右。
二〇九　方言，漢揚雄四部叢刋景宋本。小學彙函本。
二一〇　白虎通義，漢班固，抱經堂本。
二一一　釋名，漢劉熙。小學彙函本。
二一二　說文解字，漢許愼撰，宋徐鉉新附字。平津館本。
二一三　原本玉篇，梁顧野王。古逸叢書影日本舊鈔卷子本。
二一四　廣韵，隋陸法言撰、唐孫愐重訂、宋陳彭年等重修，改名大宋重修廣韵，或宋本廣韵。民國四十五年台北藝文印書館影印張氏重刋澤存堂藏板本。
二一五　博雅（廣雅）。魏張揖小學彙函本。
二一六　埤蒼，魏張揖。

二一七　字林，晉呂忱。曾釗校刻本。

二一八　韵會，南唐徐鍇。

二一九　集韵，宋丁度等。楝亭五種本。

二二〇　正字通，明張自烈。

二二一　說文通訓定聲，清朱駿聲。朱氏遺書本。

二二二　說文釋例。清王筠。自刻本。

二二三　說文句讀，清王筠。自刻本。

二二四　說文繫傳校錄，清王筠。自刻本。

二二五　蛾術編說字，清王鳴盛。世楷堂刻本。

二二六　說文解字注，清段玉裁。學海堂本。台北藝文印書館影印經韵樓藏版本。附翁世華說文段注索引。

二二七　六書音韵表，附說文解字注後。學海堂本。

二二八　說文校議，清姚文田、嚴可均。李氏半畝園叢書本。

二二九　說文段注訂，清鈕樹玉。原刻本。武昌局本。

二三〇　說文解字校錄，清鈕樹玉。同右。

二三一　說文二徐箋異，清田吳炤。影印稿本。

二三二　說文引經考，清吳玉搢。姚氏咫進齋本。
二三三　說文解字注匡謬，同右。
二三四　說文古語考補正，清傅雲龍。卷刻本。
二三五　說文解字群經正字，清邵瑛。嘉慶丙子刻本。
二三六　席氏讀說文記，清席世昌。借月山房本。
二三七　說文解字義證，清桂馥。
二三八　說文解字斠詮，清錢坫。家刻本。江甯局本。
二三九　說文繫傳校勘記，清苗夔。壽陽祁氏本。小學彙函本。
二四〇　說文聲訂，清苗夔。自刻本。
二四一　說文解字注箋，清徐灝。
二四二　廣說文答問疏證，清承培元。廣州局本。
二四三　說文引經證例，清承培元。廣州局本。
二四四　說文校議議，清嚴章福。劉承幹刻吳興叢書本。
二四五　惠氏讀說文記，清惠棟。借月山房本。
二四六　越縵堂日記論說文，清李慈銘。上海商務版。又世界書局編本。
二四七　說文辨字正俗，清李富孫。新刻本。

二四八　說文辨疑，清顧廣圻。原刻本。武昌局本。
二四九　說文經字正誼，清郭慶藩。
二五〇　說文釋疑，清朱闓章。
二五一　文源，清林義光。
二五二　說文外編，清雷浚。
二五三　爾雅音義考證，清盧文弨。抱經堂本。
二五四　「原本玉篇跋」，清楊守敬。附古逸叢書本原本玉篇後。
二五五　說文解字詁林。丁福保。上海醫學書局原刊本。台北商務印書館影印楊家駱藏本。
二五六　羅振玉：貞松堂吉金圖，民國二十四年影印本。
二五七　羅振玉：讀碑小箋。
二五八　郭鼎堂：銘刻彙考、續編。
二五九　郭鼎堂：兩周金文辭大系圖錄考釋。一九三一年日本原刻本。考古學專刊甲種第三號，北京科學出版社，一九五七年。
二六〇　郭鼎堂：石鼓文研究，上海商務版，一九五一年。
二六一　郭鼎堂：金文叢考。北京，人民出版社，一九五四年。
二六二　容庚：金文編。民國十四年北京貽安堂印行。

二六三　楊樹達：積微居金文說，考古學專刋甲種第一號，北京科學出版社，一九五九年。
二六四　于省吾：雙劍誃吉金文選，台北藝文影原刻本。
二六五　金祥恒：續甲骨文編。國立台灣大學印行。

二、史　部

二六六　國語，四部叢刋影明刋本。士禮居本。
二六七　戰國策，四部叢刋影元至正十五年刋本。士禮居本。藝文景剡川姚氏本。
二六八　史記，漢司馬遷。藝文景乾隆武英殿二十五史本。又日本瀧川資言史記會注考證本。
二六九　漢書，漢班固。藝文景王氏補注二十五史本。
二七〇　後漢書，宋范曄。藝文景王氏集解二十五史本。
二七一　晉書，唐房玄齡等。二十五史本。
二七二　帝王世紀，晉皇甫謐。清宋翔鳳輯。浮溪精舍本。
二七三　穆天子傳，百子全書本。
二七四　山海經，四部叢刋景明成化本。
二七五　隋書經籍志，唐魏徵等。二十五史本。
二七六　舊唐書經籍志，後晉劉昫等。二十五史本。
二七七　新唐書藝文志，宋歐陽修等。二十五史本。

二七八　路史，宋羅泌。明刊本。嘉靖新鐫校宋本。
二七九　宋史藝文志，元阿魯圖，托克托監修。二十五史本。

三、子部

二八〇　老子，諸子集成本。
二八一　莊子，同右。又錢穆纂箋本。
二八二　荀子，諸子集成本。四部叢刋景古逸叢書本。
二八三　管子，諸子集成本。傳經堂本。
二八四　晏子春秋，諸子集成本。
二八五　韓非子，諸子集成本。四部叢刋景黃堯圃校宋乾道刋本。
二八六　呂氏春秋，諸子集成本。
二八七　韓詩外傳，四部叢刋景明沈氏野竹齋刋本。
二八八　淮南子，諸子集成本。四部叢刋景北宋刋本。
二八九　列子，諸子集成本。四部叢刋景宋本。
二九〇　列仙傳，漢劉向。郝氏遺書本。
二九一　白虎通，漢班固。古今逸史本。又續經解本。
二九二　論衡，漢王充。諸子集成本。漢魏叢書本。

二九三　風俗通義，漢應劭。叢書集成本。四部叢刊本。
二九四　潛夫論，漢王符。諸子集成本。
二九五　博物志，晉張華。古今逸史本。
二九六　顏氏家訓，北齊顏之推。抱經堂本。
二九七　困學紀聞，宋王應麟。翁元圻注。四部叢刊本。
二九八　項氏家說，宋項安世。聚珍版叢書本。

四、專書及雜書

二九九　梁、吳均：續齊諧記。抱經堂本。
三〇〇　梁、宗懍：荊楚歲時記。漢魏叢書本。
三〇一　梁、劉勰：文心雕龍。一九五七年北京中華書局據四部備要重印本。
三〇二　唐、顏師古：匡謬正俗。小學彙函本。
三〇三　宋、樂史：太平寰記。萬庭蘭校宋刻本。
三〇四　宋、張有：復古編。江甯局本。
三〇五　宋、沈括：夢溪筆談。學津討原本。
三〇六　宋、賈昌朝：群經音辨。澤存堂四種本。
三〇七　宋、吳棫：韵補。連筠簃叢書本。

三〇八　宋、王十朋：蘇東坡詩集注。四部叢刊景宋務本堂本。
三〇九　宋、陳振孫：直齋書錄解題。聚珍本。光緒間富順考雋堂刻巾箱本。
三一〇　宋、薛尙功：歷代鐘鼎彝器欵識。嘉慶二年阮氏刻本。
三一一　元、黃么紹（韶）：韵會舉要，元刻明補本。
三一二　清、顧炎武：日知錄。石印原刻本。
三一三　清、劉淇：助字辨略。康熙五十年刻聊城楊氏刻本。民國十二年長沙楊氏重刻本。又香港南國出版社，一九六〇年。
三一四　清、王念孫：廣雅疏證。學海堂本。
三一五　清、王念孫：讀書雜誌。王氏四種本。
三一六　清、王引之：經義述聞。經解本。
三一七　清、王引之：經傳釋詞。商務國學基本叢書本。台灣商務萬有文庫薈要本。
三一八　清、紀昀：四庫全書總目提要。石印本。同治七年廣州局刻廣州小字本。
三一九　清、孔廣森：詩聲類。家刻本。續經解本。
三二〇　清、潘祖蔭：攀古樓彝器款識。同治十一年刻本。
三二一　清、鄒漢勛：「屈子生卒年月考」，載讀書偶識，鄒氏遺書本。
三二二　清、江永：古韵標準。貸園叢書本。

三一三　清、臧用中：拜經日記。學海堂本。

三一四　清、姚鼐：古文辭類纂。康氏刻本。蘇州局繙康本。

三一五　清、俞樾：古書疑義學例。俞氏叢書本。

三一六　清、俞正燮：癸巳類稿。連筠簃叢書本。

三一七　清、孫詒讓：札迻。自刻本。藝文影印本。

三一八　清、孫詒讓：古籀遺論。民國十八年燕京大學容庚校刋本。

三一九　清、吳汝綸：古文辭類纂校勘記。北京排印本。

三二〇　清、馬瑞辰：毛詩傳箋通釋。中華書局聚珍倣宋版印。藝文影光緒十四年廣雅書局刋本。

三二一　清、黎庶昌：古逸叢書。遵義黎氏校刋本。

三二二　清、崔述：考古續說觀書餘論。叢書集成初編本。又崔東壁遺書本。

三二三　清、龐元英：文昌雜錄。學津討原本。

三二四　近人，劉師培：古曆管窺。劉申叔先生遺書本。

三二五　裴學海：古書虛字集釋。民國二十三年商務本。

三二六　王國維：觀堂集林，王忠愨公遺書初集本。

三二七　王國維：觀堂別集、補遺。王觀堂先生全集本。

三二八　王國維：「殷卜辭中所見先公先王考」及「續考」。觀堂集林。

三二九　夏淸貽：「與唐立庵論爾雅郭注佚存補訂書」，國立北平圖書館刋八卷一號。

三四〇　傅斯年：「『新獲卜辭寫本後記』跋」，傅孟眞先生集。民國四十一年台灣大學排印本。
三四一　胡適：「吾我篇」，胡適文存卷二，第三四九—三五六頁。
三四二　聞一多：「端午考」，聞一多全集(一)，第二二一—二三八頁。
三四三　聞一多：「端節的歷史教育」，同右，第二三九—二四三頁。
三四四　聞一多：「人民的詩人——屈原」，同右，第二五九—二六一頁。
三四五　聞一多：聞一多全集，香港遠東圖書公司，一九六八年。
三四六　馬宗霍：說文解字引群書考，北京科學出版社，一九五九年。
三四七　楊樹達：「讀漢書札記」，漢書窺管，北京，科學出版社。一九五五年。
三四八　楊樹達：高等國文法，上海，商務，一九五五年。
三四九　楊樹達：詞詮，北京中華書局，一九五四年。
三五〇　范文瀾：文心雕龍注附校記，民國十四年天津新懋印書館印行。民國二十年北平文化學社印本。民國二十五年上海開明書店印本。
三五一　浦江靑：浦江清文錄，北京人民文學出版社，一九五八年。
三五二　王大隆：「楚辭音殘本跋」，載趙詒琛、王大隆輯庚辰叢編。民國二十九年。
三五三　高名凱：「漢語的人稱代名詞」，燕京學報第三十期；又載漢語語法論。
三五四　呂叔湘：文言虛字，香港大光出版社，一九五八年。

三五五　呂叔湘：中國文法要略，民國三十一年上海商務本。又香港商務本，一九五七年。
三五六　林明波：「清代雅學考」，慶祝高郵高仲華先生六秩誕辰文集，民國四十七年，第六九一二一四頁。
三五七　周法高：中國古代語法，中央研究院歷史語言研究所專刊之三十九，一九五九年。
三五八　郭沫若：歷史人物，香港大千出版社，一九五二年。
三五九　陳槃：春秋大事表列國爵姓及存滅表譔異（增訂本），中央研究院歷史語言研究所專刊之五十二，民國五十八年。
三六〇　王師叔岷：史記斠證夏本紀第二，中央研究院歷史語言研究所集刊第三十八本，民國五十七年，第一九一一一八〇頁。
三六一　又：史記斠證卷四十楚世家第十，同右，集刊第四十二本第一分，民國五十九年，第三五一八〇頁。
三六二　又：史記斠證卷八十四屈原賈生列傳第二十四，同右，集刊第四十六本第一分。民國六十三年，第三一一八六頁。
三六三　又：陶淵明詩箋證稿，台北藝文印書館，民國六十四年。
三六四　翁世華：「跋原本玉篇」，新加坡新社學報第五期，一九七三年第一一二五頁。
三六五　又：「郭璞『爾雅音義』名義釋疑」，大陸雜誌，第四十九卷第三期，民國六十三年，第四一—五〇頁。

三六六　又：「楚辭九歌的倒裝法」，台北中華文化復興運動推行委員會，中華文化復興月刊，第八卷第六期，民國六十四年，第四九—五五頁。

五、日人著作

三六七　鈴木虎雄譯：「離騷」，支那文學研究，一九〇七年。

三六八　淺見安正：楚辭師說，明治四十四年（一九一一）先哲遺著漢籍國字解全書第十七集。早稻田大學編印。

三六九　淺見安正譯：楚辭辨證，同右。

三七〇　日釋清潭萬仞譯：國譯楚辭十四卷。國譯漢文大成文學部第一卷。大正十一年（一九二二）初版。

三七一　兒島獻吉郎：楚辭考。昭和八年（一九三三）支那文學雜考本。隋樹森譯。民國二十五年商務國學小叢書本。

三七二　白川靜：「屈原の立場」，立命館文學，第一〇九、一一〇期。

三七三　齋藤護一：「淺見絅齋之楚辭觀」斯文第十七卷第十一期。

三七四　青木正兒：「楚辭九歌之舞曲的結構」，支那學第七卷第一期。紀庸譯，載於國文月刊第七十二期。胡浩川譯，載於青年界，第四卷第四期。

三七五　新美寬：「陸善經之事蹟」，支那學第九卷第一期。

三七六　林泰輔：龜甲獸骨文字，日本商周遺文會影印本。北京富晉書社翻印。

三七七　竹治貞夫編：楚辭索引，台北中華書局，民國六十一年。

六、西文著作

三七八　F. X. Biallas, "K'ü Yüan, His Life and Poems". Journal of the North China Branch of the Royal Asiatic Society, Vol. lix, 1928, pp. 231-53.

三七九　———, "The Fisherman", ibid, 58, 1928, p. 246.

三八〇　———, "Küh Yüan's Fahrt in die Ferne". Asia Major, Vol. 7, 1931, pp. 179-241.

三八一　F. X. Biallas, "Die Letzten der Neun Lieder Küh Yüan". Monumenta Serica I, 1935,

三八二　E. Erkes, Das Zurückrufen der Seele des Sung Yü, Leipzig, 1914.

三八三　———, "The Ta-Chao, Text, translation and notes", Asia Major, Hirth Anniversary Volume, 1923, pp. 67-86.

三八四　———, "The Chao-yin-shi", Asia Major, Vol. 1, 1924, pp. 119-24.

三八五　———, "The God of Death in Ancient China". T'oung Pao, Vol. xxxv

1939, pp. 185-210.

三八六 ——————, "Zu Chü Yüan's T'ien-Wen", Monumenta Serica, Vol. 6, 1941, pp. 273-339。

三八七 ——————, "On the T'ien Wen 'Reconstruction'", with A. Fang, Monumenta Serica, Vol。7, 1942, pp. 285-287.

三八八 H. A. Giles, "Pu Chü, Yü Fu and Shan Kuei", Gems of Chinese Literature, Kelly and Walsh, Shanghai, 1884.

三八九 David Hawkes, Ch'u Tz'u, the Songs of the South, (An Ancient Chinese Anthology)。The University Press, Oxford, 1957.

三九〇 J. R. Hightower, "Chü Yüan Studies", The 25th Anniversary of Kyoto Imperial University Volume, part 11, 1954.

三九一 J. Legge, "The Li Sao Poem and its Author", Journal of the Royal Asiatic Society, Vol. xxvii, 1895, pp。847-64.

三九二 Lim Boon-keng, The Li Sao, an Elegy on Encountering Sorrows, Commercial Press, Shanghai, 1935.

三九三 E. H. Parker, "The Sadness of Separation, or Li Sao". China Review,

Vol. vii, 1879, pp. 309-14.

三九四 R. Payne, "Nine hymns, Nine declarations, Li Sao". The White Pony, an Anthology of Chinese Poetry from the Earliest Time to the Present Day, pp. 81-109, Allen and Unwin, London, 1949.

三九五 Marquis d'Hervey de Saint-Denys, Le Li Sao Poeme du IIIe Siecle avant notre ere, Paris, 1870.

三九六 A. Waley, "Kuo Shang", A Hundred and Seventy Chinese Poems, Constable, London, 1918.

三九七 ———, "Ta Chao" (The Great Summons), More Translations from the Chinese, Allen and Unwin, London, 1919. Both these translations reappear in Chinese Poems, Allen and Unwin, London, 1946.

三九八 ———, The Nine Songs, A Study of Shamanism in Ancient China, Allen and Unwin, London, 1955.

三九九 H. Wilhelm, "Bemerkungen Zur T'ien-wen Frage", Monumenta Serica, Vol. 10, 1945, pp. 427-32.

四〇〇 Yang Hsien-yi and Gladys Yang, Li Sao and Other Poems of Chü Yüan, Foreign Languages Press, Peking, 1953.